한국현대
생활문화사
1960년대

한국현대
생활문화사
1960년대

근대화와 군대화

김성보 김종엽 이혜령 허은 홍석률 기획 | 오제연 외 지음

창비

역사는 인간이 만들어나간다

극단의 세기라 불리는 지난 세기 동안 한반도만큼 그 극단을 격렬하게 체험한 지역도 드물다. 20세기가 파시즘, 자본주의, 공산주의 이념이 경합한 시대였다고 한다면 한반도는 20세기에 이 모든 것을 경험했다. 20세기 전반기를 채운 일제 강점기에 식민지 조선인들은 일제 파시즘의 지배를 뼈저리게 경험했다. 후반기인 제2차 세계대전 종전 후에는 동족상잔의 전쟁을 거치며 고착된 체제 대립을 받아들여야 했으며, 내적으로는 파시즘적 정권의 독재를 장기간 감내해야 했다. 그리고 오늘날의 한반도는 여전히 냉전시대가 남긴 분단의 굴레에서 벗어나지 못하고 있다.

20세기를 총력전의 시대라 부른다면 한반도는 전쟁의 영향을 지속적으로 받고 또한 강도 높게 경험한 대표적인 지역이라 할 수 있다. 일제 강점기 한반도가 양차 세계대전의 전쟁터가 되는 것은 다행히 모면했다 하더라도, 수많은 청년과 여성들이 강제로 징병·징용되어 전쟁터로 내몰렸다. 해방 이후 3년간의 잔혹한 전쟁, 여기에 베트남전 참전까지 더한다면 대한민국 수립 이후 한국현대사는 '전쟁을 끌어안은 역사'라 해도 과언이 아니다.

현재 우리의 모습은 극단의 20세기 한반도에 거주한 사람들이 마을 주민에서 대도시민까지 다양한 층위의 지역사회 공동체 구성원으로서, 농민·노동자·자본가 같은 계급적 존재로서, 가정주부·학생·회사원·군인 같은 사회적 직분의 존재로서, 그리고 국민국가의 국민으로서 삶을 영위하며 각각의 정체성을 형성해간 결과물이다. 제국과 국가, 거대 자본이 강요하는 인간형과 이를 위한 제도와 장치, 담론이 체계적으로 작동하는 현실에서 한국인들은 순응, 일탈, 저항 등을 거듭하며 국민, 노동자, 여성, 학생 등 다양한 주체에 새로운 정체성을 불어넣었다. 이는 좀더 인간다운 삶을 누리기 위한 수많은 희망과 선택 그리고 다양한 이해와 욕망이 맞물리는 과정이었다. 역사는 늘 우리의 예상을 뛰어넘어 전개되었고, 그 과정에서 거듭되는 광기와 퇴행을 목도하면서도 우리는 희망의 끈을 놓지 않았다. 역사는 인간이 만들어나간다는 자명한 사실을 알기 때문이다.

21세기 한국사회는 냉전·분단시대가 남긴 굴레를 끊어버리고 근본적인 변화를 모색해야 하는 과제에 직면해 있다. 냉전, 전쟁, 분단 그리고 불평등과 부정 속에서 희망을 일구어간 지난 세기 역사에 대한 성찰은 새로운 변화의 출발점을 찾는 작업이다. 여전히 구시대가 남긴 분단의 굴레에서 벗어나지 못하고, 생활문화에 적극 개입해 대중의 행위와 의식을 철저히 통제한 유신체제가 신화화되는 현실을 마주하고 있기에 한국사회의 변화에 대한 갈구가 더욱 큰 것인지도 모른다. 변화가 어느 순간에 어떠한 방식으로 또 올지는 예견할 수 없으나 구시대의 유제를 털어버리기 위한 정치투쟁을 일상의 영역에서부터 벌이며 조그마한 변화를 만들어갈 때 거대한 변화가 이루어진다는 점은 분명하다.

『창작과비평』 창간 50주년을 기념해 내놓는 '한국현대 생활문화사' 시리즈의 기획의도는 다양한 조건과 행위가 맞물리며 역사가 창조되는 공간으로서 생활문화 영역, 일상 생활문화를 통해 시대의 특성을 불어넣는 인간들의 행위, 그리고 그 과정에서 만들어지는 새로운 주체의 등장과 변화를 풍부하게 보여주고자 하는 데 있다. 즉 이 시리즈가 '생활문화사'를 중심으로 한국현대사를 성찰하는 목적은 정치사, 경제사, 외교사, 지성사, 사회사 등과 같은 다른 분야사와 대립각을 세우기 위함이나, 일상사나 신문화사의 중요성을 부각하려는 데 있지 않다.

생활문화사는 국제정치 질서나 자본주의 경제 질서 또는 이데올로기 같은 구조적 요인에 의해 인간 행위와 선택이 규정된다고 보는 관점이나 사건사 중심으로만 역사를 설명하는 방식은 비판하나, 생활문화를 구성하고 변화를 일으키는 정치, 경제, 사회, 문화의 모든 요인들을 주목한다. 또한 생활문화 영역을 정치와 분절된 영역이 아니라 정치적 성격을 강하게 띤 영역으로서 주목한다. 20세기 제국과 국가 그리고 자본은 정치적·경제적 목적으로 대중의 일상생활 영역에 목적의식적으로 개입하고 지배하려 했다. 남과 북은 이념과 체제를 달리했음에도 불구하고 국민/인민을 만들기 위해 대중 계몽과 생활양식 개편에 힘을 쏟았다.

1950년대부터 1980년대까지 10년 단위로 4권의 책으로 펴내는 '한국현대 생활문화사' 시리즈는 3년간의 전쟁, 4·19혁명과 5·16군사쿠데타, 고도경제성장, 유신체제의 압제와 민주화운동 그리고 냉전체제 해체의 격변 속에서 이어져온 주체들의 삶을 다양한 각도에서 조명하고 있다. 한국뿐만 아니라 북한 생활문화의 주요한 변화상도 2~3개의 장들로 비중 있게 다루고 있어 남과 북을 함께 살펴볼 수 있게 했다. 책의 처음과 끝에도 공을 들였다. 각 권은 시대를 개관한 「크게 본 ○○○○년대」로 열고,

동시대 중국과 일본의 상황을 들여다볼 수 있는 「그때 동아시아는?」으로 닫는 형식으로 구성해, 미시적으로 다룬 생활문화사들을 거시적이며 비교사적인 맥락에서 파악하는 데 도움을 주고자 했다.

끝으로 지난 2년여의 시간 동안 생활문화 영역을 통해 한국현대사를 재조명하는 데 힘을 쏟으신 필자 여러분께 진심으로 감사를 드린다. 모쪼록 '한국현대 생활문화사' 시리즈가 한국사회의 현재를 성찰하고 긍정적인 변화를 만들어가는 데 힘을 보태기를 소망한다.

2016년 여름
한국현대 생활문화사 기획위원
김성보 김종엽 이혜령 허은 홍석률

1960

차
례

北

그때 동아시아는?

일러두기

1. 이 책의 외국 인명과 지명의 표기는 국립국어원 외래어표기법을 따랐다.
2. 몇몇 용어의 경우 역사적 맥락과 시대상황을 고려해 표기했다.
   - 당대의 용어는 가급적 그대로 표기했다. 예) 국민학교
   - 널리 알려져 형태가 굳어진 북한어는 두음법칙을 적용해 표기했다. 예) 조선노동당
   - 남북한 국가명은 한국과 북한으로 표기하되, 역사적 맥락에 따라 구분해 표기했다. 예) 한국과 북한, 남한과 북한, 대한민국과 조선민주주의인민공화국
   - 재난(災難)과 난리(亂離)가 공존한 시대상황을 반영하고, 재난이 난리를 포괄하는 개념으로 파악하는 국립국어원의 해석을 준용해 '재난을 피해 멀리 옮겨간다'는 의미의 '피난'과 '난리를 피해 옮겨간다'는 의미의 '피란'을 구분하지 않고 '피난'으로 표기했다.
3. 단행본과 잡지, 신문 등의 정기간행물은 『 』, 기사, 논문, 영화, 예술작품 등은 「 」, 노래 제목은 ' '로 묶었다.

[크게 본 1960년대]

겨울공화국으로 가는 길목에서 외침

이 혜 령

1960

야간통행금지의 시대,
한 야간 산책자의 보고

　한국은 미군정기부터 1982년 1월 5일까지 주민들의 야간통행을 금지하는 '야간통행금지'를 시행해왔다. 한국전쟁 정전 후 '공비 소탕' 등의 목적으로 강화된 통행금지 ^{약칭} 통금 시간은 다소 완화되기도 하고 유동적이기도 했지만, 1962년 6월부터 사람들은 자정이 되기 전에는 모두 집으로 돌아가야 했고 거리를 배회하면 안 되었다.* 통금시간이 되어도 집에 돌아가지 못한 채 거리를 서성이던 사람들은 유치장에 갇히는 등 호되게 다루어졌다.** 이 제도는 그 시절을 회고하는 영화에 우스운 에피소드로 등

---

* 미군정 법이 아니라 대한민국 정부하에서 이루어진 야간통행금지의 법제화는 1954년 4월 1일 공포된 경범죄처벌법 제1조 제43호의 '야간통행제한에 관한 법문'에 의거해 4월 22일부터 시행되었다. 야간통행금지 시간은 유동적으로 조정되었는데 1962년 6월부터 1981년 1월 6일 해제될 때까지는 자정부터 새벽 4시까지 4시간 동안 실시되었다. 심연수 「야간통행금지제도와 밤 시간의식 형성에 관한 연구: 1971~1990년 동아일보 기사를 중심으로」, 이화여자대학교 국제대학원 한국학과 석사학위논문 2011, 19~20면 참조.
** 야간통행금지 위반은 가벼운 에피소드일 수 없었는데, 경찰들에게 구타를 당해 내장 파열에

장하면 그만인 소재는 아니었는데, 야간통행금지는 치안security을 위해 국민이 자율적으로 실천해야 할 사회적 품행의 최전선이었기 때문이다. 그 시간이 되어도 집으로 돌아가지 않는 자는 부랑자나 불량 청소년이거나, 아니면 불륜 남녀나 난잡한 유흥에 빠진 대학생들이거나, 그렇지 않다면 밤을 타 잠행을 해야 하는 불온분자들로 간주되었다. 이미 1950년대 정비석의 소설을 영화화한 「자유부인」1956은 가정의 자명종 시계의 시침이 통금시간을 향해갈수록, 춤바람이 나 집을 나간 오선영 여사의 일탈과 위험이 가중된다는 것을 보여주었다. 1960년대는 자정의 사이렌 소리에도 아랑곳하지 않는 자의 목록에 불온분자들을 추가했다. 최인훈이 1963년 6월부터 1966년 6월까지 여러 잡지에 게재한 연작소설 『크리스마스캐럴』을 통해, 이미 한국인들에게 익숙해진 야간통행제한을 밤을 통제한다는 것의 의미로 바꾸어 제시한 이유는 여기에 있었던 것 같다.[1] 이 연작이 뜨문뜨문 발표되던 시기는 박정희가 우여곡절 끝에 민간인 신분으로 직선제 선거(1963년 10월)에 출마해 제3공화국의 대통령이 되어 대학생들의 극심한 반대 시위와 여론에도 불구하고 한일협정을 강행하던 시기(1964~65년)를 포함하고 있었다.

이 소설은 365일 중 밤 외출이 허용된 크리스마스이브의 '풍속' 문제로 대두된 야간통행제한을 둘러싼 가족 간의 에피소드적 갈등을 사실적이고도 풍자적으로 그려내는 것에서 시작해 마지막 연작 「크리스마스캐럴 5」1966에 이르면 야간통행제한이 야간 산책자로 상징된 '혁명가' '불온분자'를 준동치 못하게 해야 하는 치안의 문제였음을 밝히고 있다.[2] 「크리스마

이른 경우가 있을 정도였다. 1969년 8월 18일 새벽 2시 50분쯤 야간통행금지 위반으로 대구역전파출소에 연행된 정태화(39) 씨의 사례가 그러했다. 「통금 위반으로 연행됐다 형사에 매맞고 중태」, 『조선일보』 1969년 8월 19일자; 박원순 『야만시대의 기록 2』, 역사비평사 2006, 417면.

스캐럴 5」에서 화자인 '나'는 통행제한 시간이 시작되는 자정 무렵부터 밀려드는 혹독한 겨드랑이의 통증이 밤거리를 배회할 때만 잦아든다는 사실을 알고 밤마다 산책을 나간다. 혼자만의 야유^{夜遊}에서 '나'는 서울시청 광장에서 피투성이가 된 중·고등학생과 대학생들을 만나게 된다. 다리가 부서지고 눈알이 튀어나오고 골수가 쏟아진 머리들이 뒤엉켜 있는 반^半 시체들이 시체를 두고 벌이는 "괴상한 의식"은 4·19 이후의 나날들을 암유한 것이다. 4·19 이후가 이렇게 그려질 수밖에 없었던 데에는 5·16쿠데타 세력들이 궁극적으로 시청 앞의 젊은이들과 같은 위반자가 아니었기 때문으로 제시된다. 한강 모래사장에서 산책을 하던 '나' 앞에 총소리와 함께 나타난 "담대한 통행제한 위반자들", 그들은 1961년 5월 16일 야밤에 한강 인도교를 건너 이틀 남짓 만에 정권 이양을 받아낸 쿠데타 집단이었다. '나'는 같은 "동호^{同好}"인 "심야의 집단 산책자들"이 정권을 잡자으레 통행제한이 없어지리라 기대했으나 그 기대는 곧장 무망한 것으로 밝혀진다. 사람들은 "계엄령이 퍼져서 나다니지 못했다". 퇴폐적 풍조를 조장한다고 비난받아온 크리스마스이브의 통행제한 해제는 수많은 밤의 통행제한을 증명하는 것일 뿐이라는 사실을 야밤에 한강을 건너온 쿠데타 세력의 집권과 권력 행사가 잘 보여준 것이다. 밤의 산책자는 공권력의 감시망에서는 "레닌" "안중근" "김구" 같은 이들과 동일시될 수 있으며, "간첩"이나 그도 아니라면 "도둑"으로도 간주된다는 것이 작가 최인훈이 묘파한 1960년대 시대상황이었다. 독재가 강화될수록 통제되어야 할 국민의 밤 시간이 늘어났다고 해도 과언이 아니다. 유신체제가 성립된 1970년대 전후 네 차례 선포된 비상계엄은 통금시간을 밤 10시에서 4시로, 즉 6시간 연장시키는 조치를 담고 있었기 때문이다.

—
분단의 역사를
불러낸 1960년대

그러나 1966년 박정희 쿠데타 세력을 야간통행제한 위반자들이라고 위트 있게 말할 수 있을 정도의 작가적 여유는 아마도 작가가 4·19에서 비롯된 이 시대의 열망과 기대를 저버리지 않은 데서 나온 것일 터이다. 시청 광장에 모인, 피투성이가 된 얼굴로 엉엉 우는 젊은이들, 그들을 지켜보는 밤의 산책자의 존재는 작가의 눈에 맺힌 시대 이미지일 것이다. 이 그로테스크한 이미지는 1960년대를 박정희의 시대로만 규정할 수 없게 만드는 강력한 실제들에서 기원할 것이다. 무엇보다 감시의 눈을 피해, 연행되어 유치장에 던져질 수 있는 위험을 무릅쓴 채 밤 산책을 하는 자의 몸으로 느껴질 묘한 쾌감과 전율은 희망과 절망, 용기와 비굴, 안도와 불안이 혼재했던 1960년대를 살아간 많은 사람들의 지각적이고도 인식론적인 경험을 잘 상징한다. 이러한 경험의 기원에 4·19혁명이 자리 잡고 있음은 물론이다. 이승만 정권의 장기집권을 기도한 3·15부정선거에 대한 반대로 일어난 4·19혁명은 수많은 사상자를 낸 후에 독재정권을 무너뜨리는 데 성공한다. 필자가 생각하기에 이 경험은 민주주의의 이상을 확충시키는 결정적 계기라고 할 수 있다. 그것은 어떤 정부여야 할 것인가, 어떤 국가여야 할 것인가를 둘러싼 직간접적인 정치·사회 참여의 경험일 뿐만 아니라, 이 책의 처음에 이어질 세 편의 글이 보여주듯이 단지 일하고 먹어야 하는 인간이 아니라 말을 하고 표현하는 존재로서의 인간의 '인간다움'의 상태에 대한 경험이었다.* '박정희 시대'의 시작인 1960년대를 '자유와 빵'이라는 토픽, '두 송이 장미, 한 그릇 밥'이라는 토픽의 변증

법이 역동적으로 작용한 문화정치의 장으로 읽어내기도 하는데,[3] 필자는
이를 조금 더 '자유'와 '두 송이의 장미' 쪽으로 비틀어놓고 싶은 생각이
다. 그쪽이 이제 너무나 유명해진 베냐민Walter Benjamin의 『역사철학테제』
의 진보의 천사처럼 과거의 잔해와 폐허로 얼굴을 돌리는 역사인식과 관
련되어 있기 때문이다.

이와 관련해 시인 김수영이 4·19 경험을 1945년 8·15해방의 경험에 빗
대어 말한 사실을 언급하고 싶다. 이는 새로운 역사인식의 등장과 관련이
있기 때문이다. 김수영은 청계천변에 있었던 문우 박인환이 운영한 서점
과 관련한 추억담인 「마리서사茉莉書舍」1966에서, 가난한 아웃사이더들의
철학과 문학의 진정한 스승일 수 있었던 마리서사의 시대를 통해서 "우리
문단에도 해방 이후 짧은 시간이기는 했지만 가장 자유로웠던, 좌우의 구
별 없던, 몽마르뜨르 같은 분위기가 있었다는 것을 자랑삼아 이야기해보
고 싶었다."[4]고 말한다. 이 시기는 김수영이 이른바 이어령과의 '불온시
논쟁'을 촉발시킨 「지식인의 사회 참여」에서도 언급된다. 그는 이 글에서
"지식인이 그의 의중의 가장 참다운 말을 못하게 되고, 대소의 언론기관
의 편집자들이 실질적인 검열관의 기능을 발휘하고 대학교의 강당을 '폭
동참모본부'로 인정하게 되고, 월수 50만 원을 올리는 유행가수가 최고
예술가 행세를 하는 것을 당연한 것으로 보는 사회의 상식이 형성된다. 그
리고 이것을 근대화를 위한 '건전한 상식'이라고 생각"하는 1960년대 말
의 상황은 "8·15 직후의 2, 3년과 4·19 후의 1년 동안"과는 전혀 다른 "자
본주의의 고도한 위협의 복잡하고 거대하고 민첩하고 조용한 파괴작업"

---

* 폴리스라는 서구 정치의 기원적 형태에 내재되어 있는 '먹는 입'과 '말하는 입'의 분할·분열은
민주주의라는 인민주권의 형식을 띤 근대 주권에도 관철되어 있는 아포리아임은 김항 「말하
는 입과 먹는 입」, 『말하는 입과 먹는 입』, 새물결 2009, 23~42면 참조.

과 무엇보다도 "유상무상의 정치권력의 탄압"이라는 "명확한 금제의 힘"
이 작용하는 시대임을 이야기한다.* 이 책에 수록된 임유경의 「지식인과
잡지 문화」, 이순진의 「영화, 독보적인 대중문화」에서는 4·19혁명 직후
자유로운 분위기 속에서 이루어진 문화적 힘의 성장과 위축을 생생하게
엿볼 수 있을 것이다.

여하튼 「마리서사」와 「지식인의 사회 참여」는 당대 정부의 탄압으로 언
론의 자유가 혁격히 침해받던 상황에 대한 환기와 비판을 위해 쓰인 것이
지만, '역사논쟁'이 중대한 정치적 의제가 된 오늘날 주의 깊게 봐야 할 것
은 김수영이 지금-여기의 시대상황을 비판하기 위해 4·19 직후를, 8·15
직후와 겹쳐서 보는 해방의 역사적 상상력일 것이다. 그것은 그 짧고 찬란
한 묵시론적 시간이 지나고 닥쳐온 탄압과 학살, 전쟁, 죽음으로 뒤엉킨
과거를 환기하지 않고는 미래를 생각할 수 없는 시간의식이다. 현재와 더
나은 미래를 위해 정치적 슬로건이 아니라 가까운 과거인 한국 근현대 역
사의 장면 장면들을 출현시키는 역사의식은 1960년대에 본격화되었다고
해도 과언이 아니다. 6·3 한일협정 반대 운동은 당대를 식민지 시대로의
회귀로 바라보는 시각의 출현이자 식민지 유산의 청산이라는 과업의 출
발이었다.

1964년 3월 24일 시작된 '한일 굴욕 외교 반대' 시위는 반정부 운동으
로 전화되었으며, 6월 3일 학생 시위대가 청와대까지 임박하기에 이르자,
비상계엄령이 선포되어 경찰과 군 병력에 의해 진압된다. 그 직후 6·3운

---

* 김수영 「지식인과 사회 참여」(1968. 1.), 『김수영전집2 — 산문』, 민음사 2003, 218~19면. 의
 용군으로 강제 징집되어 탈출을 감행하다 거제도 포로수용소에 수감된 체험으로 압축되는 김
 수영의 전쟁 체험에서 유래한 근대 정치체에 대한 시학적 상상은 4·19혁명과 그 이후의 정치
 적 좌절에 의해 변화한다. 그 궤적에 대한 추적으로는 박지영 「김수영의 전쟁 체험과 정치체에
 대한 인식의 도정」, 『상허학보』 47집, 2016 참조.

동의 배후라는 인혁당 사건(1964년 8월)이 발생하고, 이듬해인 1965년 6월 21일 전국 13개 대학과 58개 고교에 조기 방학과 휴교 조치가 내려지고 6월 22일 도쿄에서 한일 양국 외상에 의한 한일협정 조인이 이뤄졌으며, 8월 14일 국회에서 비준되었다. 이 비준에 반대한 학생시위는 위수령이 내려진 가운데 캠퍼스에 난입한 무장 군인에 의해 진압되었다. 이 책에서도 확인할 수 있겠지만, 한일협정 반대 운동은 쿠데타 세력이 억압적 통치기술을 전면적으로 동원하는 계기였으며, 다른 한편으로는 식민지 경험이 집단적·개인적 자기 정의와 역사 이해를 위한 지식으로 구축, 체계화되기 시작한 분기점이기도 했다. 식민지 경험은 특정 세대에 국한된 개인의 체험 차원을 넘어서 사회와 역사에 대한 총체적 상으로 정립되기 시작했으며, 현재적 규정력을 지닌 역사로 인식되기 시작했다. 가장 대표적인 예로는 최초의 『이상전집』[1966]을 간행한 임종국이란 문학도가 6·3운동의 열기와 낙망의 소산인 『친일문학론』을 같은 해에 간행한 것을 계기로, 자신의 의식 속에 내재한 식민성을 비판하여 친일파 청산에 평생 동안 헌신했던 사례일 것이다.[5]

　정부 출연 연구기관 고위 책임자가 공식 행사장에서 자신의 할아버지가 일제시대 동양척식주식회사의 고위 임원으로 친일파였음을 자랑스레 말하며 "천황 폐하 만세"를 삼창했다는 뉴스[6]가 보도되기도 하는 오늘날, 임종국의 역사의식은 새삼 되새길 필요가 있다. 그의 역사의식이 4·19혁명과 8·15해방의 경험적 의미를 사상과 표현의 자유뿐만 아니라 가난과 돈의 굴레로부터의 '해방'—이는 근대화에 의한 '탈피'나 '해방'은 아니었다—에서 찾은 김수영과 비슷한 점은 갈수록 경제적 의미로 협애화된 근대화가 역사의 발전 내지 진보를 의미한다는 역사인식에서 비껴 서 있다는 점일 것이다. 그의 저작은 더할 나위 없이 민족주의적이지만, 근대화

프로젝트라는 어젠다를 공통분모로 삼아 경합을 벌였던 민족주의의 조류에 처음부터 합류하지는 않았다.[7]

일본, 식민지라는 기표마저 '근대적' '근대성' '자본주의' 등으로 호환할 수 있도록 만드는 담론이 1960년대에 동시에 전개된 것 또한 언급하지 않을 수 없다. 그 전에 앞에서 언급한 김수영의 「마리서사」의 한 구절을 인용해두고자 한다. 우리는 이 책의 첫 글인 오제연의 「4·19혁명 전후 도시빈민」에서도 이들 신문팔이 소년들과 마주치게 될 것이다.

> 길가에서 매일같이 만나는 신문 파는 불쌍한 아이들을 볼 때마다 느끼는 자책감에서 헤어날 길이 없다. 역사를 긴 눈으로 보라고 하지만, 그들의 천진난만한 모습을 볼 때마다, 왜 저 애들은 내 자식만큼도 행복하지 못한가 하는 막다른 수치감에서 헤어날 길이 없다.[8]

김수영으로 하여금 제 자식의 행복을 수치스러운 것으로 느끼게 만든 신문팔이들, 또 그들과 비슷한 처지였을 넝마주이들과 구두닦이 소년들은 4·19혁명의 주역이었다. 그러나 그들을 역사의 그늘 속으로 가라앉게 만든 담론, 즉 가난과 빈곤을, 가난한 자들을 비정상적인 것으로 치부하고 죄악시하는 '조국 근대화'의 깃발이 날리기 시작했다. 그것은 지금도 그시대를 향수케 하는 뜨거운 깃발이라기보다는 사실 뜨겁게 느껴지도록하는 차가운 깃발이었다.

―
조국 근대화의
차가운 깃발 아래서

자본주의라는 특수한 사회관계가 한국사회에 급속히 확산·일반화되기 시작한 시점이 박정희 정권기이며, 제3공화국의 경제개발은 이런 의미에서 한국근대사의 중요한 전환 국면을 낳았음°을 오늘날 누구도 부인하지는 않는다. 5·16쿠데타 세력의 '혁명 포고문' 네 번째 공약으로 "절망과 기아선상에 허덕이는 민생고를 시급히 해결하고 국가 자주경제 재건에 총력을 경주할 것입니다."라고 되어 있는 등 경제문제가 언급되고 있지만, 황병주에 따르면 박정희 정권이 근대화 담론을 지배의 핵심적인 담론으로 삼게 된 시기는 1963년 대통령 선거를 전후로 한 시점이라고 한다.* '조국 근대화'란 용어 또한 그 무렵부터 등장한다. 그에 따르면, 박정희 정권은 빈곤을 경기변동에 따라 상대화될 수 있는 개인이나 특정 계층의 실제적 빈곤 이상의 토픽, 즉 정치적 동원의 레토릭으로 상승시킴으로써, '조국 근대화'를 지배담론으로 구사할 수 있었다. 박정희는 빈곤을 전체 사회, 민족, 국가의 수준으로 추상화시켜 빈곤의 단위를 국가/민족으로

---

* 황병주 「박정희 체제의 지배담론 ― 근대화 담론을 중심으로」, 한양대학교 사학과 박사학위논문 2008, 90면. 쿠데타 세력은 "이와 같은 우리의 과업이 성취되면 참신하고도 양심적인 정치인들에게 언제든지 정권을 이양하고 우리들의 본연의 임무에 복귀할 준비를 갖추겠습니다."는 혁명 포고문의 여섯 번째 공약을 저버리고 민정 참여를 선언했다. 그 후 오랜 기간 비밀리에 준비·창당한 민주공화당의 대통령 후보로 나선 박정희는 1963년 10월 15일 실시된 대통령 선거에서 윤보선과 대결해 승리를 거뒀다. 한편 이 승리는 조직력과 자금력에서 야당을 압도한 상황에서 표 차이가 15만 표밖에 나지 않은 신승(辛勝)이었다. 박정희가 고전하게 된 원인과 36도선 이북은 여당이, 주로 농촌지방인 36도선 이남에서는 여당이 승리하는 '남북선거' 현상의 원인을 사회·경제·정치적 차원에서 분석한 본격적인 논의로는 이병준 「1963년 5대 대통령 선거에 나타난 특성과 원인」, 『사림』 36권, 수선사학회 2010 참조.

확정하는 후진성의 비교체계를 논리화함으로써 근대적 생산력의 증강을 국가/민족적 목표로 내세울 수 있었다.[10]

박정희 정권에 의해 경제개발계획이 추진된 1962년부터 1969년까지 국민총생산은 연평균 10퍼센트로 증가해 표면상으로는 다른 어느 시기보다 높은 성장을 보였다. 이렇게 수치화 내지 수량화된 경제지표가 세계체제 내에서 국가/민족의 위상이 상승했음을 보여주는 일상적 증거로 보도될 때, 그것을 통해 그 민족/국민 됨에 대한 자부심이 향상될지는 몰라도 이를 빈곤 극복과 상대적 박탈감의 해소라는 감각적 경험으로 느끼게 만들 입체영화적 기술은 개발되지 않았던 것 같다. 더욱이 공업화를 기반으로 한 경제개발계획은 도시·농촌 간의 소득 격차를 증대시켰으며 광범한 이농과 인구의 서울 집중 현상을 낳음으로써 도시빈민을 양산했다. '조국 근대화'는 국가/민족의 부흥이 곧 국민 개개인의 것은 아니라는 경험적이고도 실제적인 간극을 유지하고, 국민이 이 사실에 대해 침묵하는 한에서만 운용될 수 있는 지배담론이자 정책이었던 것이다. 그 캐치프레이즈는 근대화와 군사화라는 대의를 일체화시킨 향토예비군 창설을 의미화한 "일하면서 싸우고 싸우면서 일하자"는 표어로 귀결되었다. 조국 근대화는 4·19혁명에 의해 새로 탄생한 민주공화국을 얼어붙은 겨울공화국으로 변화시킨, 다른 무엇보다 강력한 주문이었던 것이다.[11] 이러한 상황은 이 책에 실린 오제연의 「병영사회와 군사주의 문화」, 윤충로의 「베트남전쟁 참전의 안과 밖」에서 더 자세히 알 수 있을 것이다.

이 즈음에서 이 책에 실린 글의 대강을 일별해보도록 하자.

오제연의 「4·19혁명 전후 도시빈민」은 실제로 4·19 당시 밤 시위를 벌인 도시의 주민들을 조명하고 있다. 4·19혁명의 주체로 학생이 대표되면서 가려진 도시빈민의 시위 참여와 그 동기들 나아가 도시빈민이던 노동자 전태일의 죽음, 광주대단지 사건에 이르기까지 도시빈민의 삶에 각인된 한국의 어두운 뒷면을 펼쳐내고 있다. 4·19혁명의 도화선이 된 마산은 도시빈민의 형성이란 면에서 한국적인 특징을 잘 드러내고 있는 도시 중 하나였다. 마산은 도항지로서 해방 직후 일본 등지에서 돌아온 귀환동포가 정착했으며, 1950년 한국전쟁 이후로는 피난민이 도시빈민층을 형성하던 곳이었다. 이들의 참여가 마산항쟁을 격렬하고도 유례없는 것으로 만들었는데, 이 글에서 무엇보다 인상 깊게 서술된 것은, 경찰이 시위대의 얼굴을 알아볼 수 없도록 해달라는 시위대의 요구를 받아들인 시민들이 불을 끈 상태에서 이루어진 밤 시위이다. 도시빈민들이 주도한 밤 시위는 시위대가 관공서를 습격하는 등 주로 학생들에 의해 주도된 낮 시위보다 과격한 양상을 보였다. 이승만 정권에 의해 폭도의 폭동으로 규정된 마산 항쟁에 나타난 격렬한 밤 시위의 양상은 4·19혁명 당시 광주와 부산, 서울, 대전과 대구 등에서도 나타났다. 이들의 시위 양상이 '파괴'와 '혼란' 으로 규정되면서 이들은 서서히 4·19혁명의 기억에서 사라졌지만, 개발 시대에 갈수록 주변부로 밀려난, 이 '언어'를 갖지 못한 도시빈민의 정치적 언어는 이들이 전태일처럼 자신들의 몸을 불사르고 광주대단지 사건처럼 공공기관 건물을 파괴하고 도로를 점거할 때만 간신히 들리기도 하는 것이었음을 말한다.

대항문화 내지 저항문화의 진원지로서 1980년대까지 한국의 대학이 차지한 독특한 위상은 4·19혁명과 그 이후 전개된 대학생들의 반정부 투쟁을 통해 형성되었다고 해도 과언이 아닐 것이다. 임유경의 「대학과 광장의 탄생」은 4·19혁명의 주체로서 대학생들이 자신을 진정한 시민이자 권력의 감시자로 정의하면서 만들어낸 대학의 정치문화를 다루고 있다. 1964~65년 동안 이어진 격렬한 한일협정 반대 시위는 '굴욕적 한일협정'

반대라는 구호 아래 '화형식' '성명전' '가두시위' '단식농성' 등 데모의 다양한 형식을 선보임으로써 이목을 집중시켰다. 이에 박정희 정권은 데모를 잠재우고자 '계엄령' '위수령' '휴교령' 등의 조치를 통해 대학을 폐쇄하고자 했을 뿐만 아니라, 학원법과 언론법을 통해 대학생들의 데모로 인해 정권의 존립에 위해를 가하는 정치적·사회적 불안 요소들을 강력히 예방하고자 했다. 유신체제는 이렇게 준비되고 있었다.

한일협정 반대 운동에서 잘 드러나듯이 당대 대학생들과 지식인들은 식민지 역사, 남한 자본주의의 성격, 근대화의 방향과 민주주의의 진로 등에 대한 진지한 모색과 발언을 했다. 이어지는 「지식인과 잡지 문화」는 지식인 잡지의 붐이 이러한 지식인의 공론장을 형성하는 데 유력한 기능을 했음을 보여준다. 시대정신을 관통하는 또는 그것을 주도하는 지식인 잡지가 존재한다는 것은 그 사회의 공론장이 존재한다는 유력한 증표였다. 4·19혁명은 특히 시사와 정치, 학술과 문예 등의 내용을 골고루 갖춘 종합지의 성격을 띤 지식인 잡지 때문에 그 열망과 이념을 지속시킬 수 있었다. 『사상계』 10주년 기념호는 민정이양 약속을 파기하고 군정 연장을 공표한 3·16성명에 부쳐 '군사독재'라 비판했다. 1964~65년의 한일협정 반대 운동을 지지하고 정부 비판을 강화했던 『청맥』과 『사상계』 등은 정부의 탄압 대상이 되어 폐간되기에 이르며 이는 1970년대까지 비판적인 잡지의 절차적 운명이 되었다고 한다. 이 글에서는 1960년대 말부터 본격화된 주간지가 선도한 대중적 저널리즘 시대의 생활 풍경뿐만 아니라, 1966년 창간된 계간지 『창작과비평』이 지식인 잡지들이 하나둘 폐간된 1960~70년대에 수행한 계몽적이고도 비판적이었던 독특한 역할에 대해서도 다루고 있다.

1960년대는 영화의 시대라 할 만큼 다양하고 많은 영화들이 제작되었다.「영화, 독보적인 대중문화」에서 이순진은 대중적 영향력에서 다른 매체의 경쟁을 불허한 영화는 검열과 선전이라는 두 차원에서 정부 정책의 주요한 대상이었다고 말한다. 신필름의 대표이자 감독인 신상옥은 바로 영화제작자로 국가를 받아들임으로써 화려한 필모그래피를 만들 수 있었다. 흥미로운 것은 이 글에서 1960년대 시대상의 변화를 아버지와 가정 상像의 변천으로 서술하고 있다는 점이다. 냉전적 세계질서와 기존 사회구조와 윤리관에 의구심을 보낸 세계 각국의 뉴웨이브 영화와 다르게, 1960년대 초반 한국영화는 아버지를 부정하기보다는 새로운 아버지를 꿈꾸었다. 자식세대의 미래에 대한 낙관적 전망을 담은 가족드라마는 1950년대 '아프레걸'과 '자유부인' 등이 상징한 미국화에 대한 보수주의적 대응과 4월혁명 이후의 희망적 정서가 혼재된 산물이다. 도시 서민 가정을 중심으로 한 낙관적 세계의 전망은 1960년대 말「미워도 다시 한번」같은 영화에서는 사라진다. 계급적 양극화는 사람들이 순응주의적으로 받아들이는 것만 가능할 뿐 극복을 위한 어떤 도덕적·감정적 자원조차 무력화시킬 만큼 큰 것으로 영화에 반영되었다.

이정은의「재벌의 탄생, 부정축재자의 비상」은 4·19혁명 이후 정경유착에 의해 부를 축적한 기업에 대한 비등해진 비판 여론과 이에 따른 정책의 추이를 다루면서, 1960년대가 재벌의 탄생기였음을 말한다. 4·19혁명에서 시민들은 장기집권을 위해 부정선거를 획책한 이승만 정권에 정치자금을 대줌으로써 부를 축적한 기업들을 부정축재라는 죄명으로 불러내어 징죄할 것을 요구했다. 그러나 이러한 요구는 관철되지 않았다. '경제 위기' '기업 의욕 상실' 등을 성토하고 언론에 직접 나선 기업가들은 그들의 조직을 결성했고, 5·16쿠데타로 집권한 박정희 군사정권과 적극적 협상을 벌여 외자外資를 유치하는 대가로 정부의 경제개발사업의 주체로서 각종 혜택을 입었으며, 정부의 경제성장 정책의 입안 과정에 중요한 자문으로서 호출받았다. 4·19혁명 때만이 아니라 6·3 한일협정 반대 운동 때도, 재벌은 부정축재자로 민심의 심판대에 세워졌지만, 재벌이 국민경제상 차지하는 비중이나 책임을 고려해야 하며 재벌에 대한 비판은 산업 근대화에 저해가 된다는 견해가 학계와 언론을 통해서 퍼져나가고 있었다. 이 글에도 언급되었듯이 베트남전쟁은 한국 재계의 성장에 비약적인 계기가 되었다.

윤충로의 「베트남전쟁 참전의 안과 밖」은 베트남전쟁이 군사주의와 경제제일주의가 결합된 전후 한국의 현대성이 형성되는 데 결정적이었다고 해도 과언이 아닌 국가적 프로젝트의 장이었음을 말한다. 한국군의 베트남 파병은 미국의 강제가 아니라 1961년 11월 케네디와의 회담에서부터 적극적 의사를 밝혀온 박정희 정권의 의지에 기반을 둔 것이었다. 베트남 파병은 미국이 지원해주던 한국군 유지 비용을 한국정부가 부담하도록 하는 정책인 군원 이관과 군 감축 등에 대한 미국과 일부 국내 여론을 일거에 무마시키고 군부를 강화할 수 있는 기회였다. 그뿐만 아니라 경제적으로도 거대한 수익을 가져다줄 꿈의 사업이었다. 특히 후자의 부분은 이 전쟁이 국민들의 사회적 삶으로 확장되고 내재화된 중요한 유인책이었다. 그러나 이 글은 그것을 경제성장과 발전의 계기로만 인식하는 것이야말로 베트남전쟁에 대한 한국인들의 거대한 망각의 효과라는 사실을 일깨운다. 다음 글에서도 서술되겠지만 베트남전쟁과 파병은 징병제의 강화, 주민등록증제도의 실시 등 전사회를 군사화·병영화시키는 결정적인 계기가 되었다. 무엇보다 전쟁으로 인한 죽음과 상처, 잔혹한 것으로 유명했던 한국군에 의한 베트남 민간인 학살 등에 대한 성숙한 성찰이야말로 이 전쟁이 오늘날 우리에게 무엇이었는가를 물을 때 빠질 수 없는 화두가 되어야 함을 이 글은 주장한다.

오제연의 「병영사회와 군사주의 문화」는 1960년대를 한국전쟁을 계기로 팽창한 군부가 전사회를 정치적으로뿐만 아니라 문화적으로 장악한 시대임을 서술한 글이다. 한국전쟁 발발 후 3년간 10만이던 한국군이 70만 대군으로 팽창했다는 사실을 지적하면서 시작하는 이 글은 5·16 군사쿠데타의 중요한 요인으로 장성 승진의 길이 가로막힌 군부 내부의 불만을 꼽고 있다. 이 같은 불만을 품은 군 장교들의 권력 장악으로 감군이 중지되고 이들의 정계와 정부 요직으로의 진출이 가능해졌다. 그뿐만 아니라 미국으로부터 지속적으로 요구되던 감축안이 철회된 결정적인 계기인 베트남 파병과 그것을 원조하는 후방의 민간 동원 사업에서 잘 나타나듯이 사회 전체가 병영사회로 변하게 되었다. 군부의 사회적 위상은 징병제의 의무 수행을 국민/비국민의 자격을 가르는 강력한 기준으로 만드는 조치들에 의해서도 강화되었다. 1962년 주민등록법의 실시는 빈틈없는 신체 징발을 위한 조치였으며, 1968년 북한의 무장공비가 청와대 인근 북악산까지 침투한, 일명 김신조 사건으로 더 잘 알려진 '1·21사태'를 계기로 도입된 주민등록증제도는 감시와 통제의 시스템을 자연화·고도화한 결정적인 조치였다.

한편 1960년대는 북한이 사회주의 사회 건설에 있어 자신감을 과시하던 시기였다. 한국전쟁 당시 폭격으로 가족을 잃고 집과 공장, 마을이 초토화된 상황에서 새로운 삶의 터전과 이웃을 복원하기 위한 인민들의 희망과 자발적 노력이 '천리마운동'과 같은 사회주의 산업화 운동 속에 녹아들 수 있었기 때문이라고 한다. 이세영의 「천리마운동과 사회주의 근로인민의 탄생」은 흥미롭게도 1958년 현재 21세의 나이로 48명의 동료 노동자를 이끈 평양제사공장 작업반장 '길확실'이라는 여성의 이야기로 시작한다. 이 여성은 만들어진 영웅일 수도 있지만 이 글이 강조하고자 한 것은 이 천리마의 영웅을 가능하게 한 사회적 조건에 있다. 전쟁 후 북한 공장의 노동자들 다수는 고아들이나 전쟁의 상흔을 가진 이들로 기숙사 나 공장 근처의 노동자 주거지에 모여 살았다. 이들에게 직장 동료들이란 노동과 일상을 함께하는 가장 친밀하고도 중요한 사회적 관계를 맺고 있 는 사람들로서, 무엇보다 공장의 작업반이 전쟁 체험을 함께 나눌 수 있는 '감정공동체'로 기능한 데서 천리마 영웅들은 탄생 가능했다는 것이다. 그러나 북한의 대외적 고립과 남북의 군사 갈등이 심화되자 인민들에게 서로 자발적으로 협력하는 '근로인민'이 아닌 또다른 정체성, 즉 전사로 서의 정체성을 주입하면서 북한사회는 경직되어갔다.

우리는 정은이의 「북으로 간 재일조선인 '째포'의 삶」을 통해, 이 시기 북한사회의 또다른 면을 보게 된다. 막대한 인명 손실을 낳은 한국전쟁 후, 북한은 전후 복구에 필요한 인력과 인구의 충원을 위해 사회주의 동맹 국에 거주하던 해외 동포 및 고아들을 대상으로 귀국을 독려하는 사업을 펼쳤다. 재일조선인 '북송'은 북한-소련 사회주의 진영과, 일본 좌·우익- 미국의 공조에 의해 이루어진 이벤트로, 1959년 12월 14일 975명이 니가 타 항을 떠난 이래 1984년까지 지속되었다. 1960년대는 이 북송사업이 가장 활발했다. 각국의 기밀해제 문건 등 여러 사료뿐만 아니라 '재일탈북 자'에 대한 면담조사를 통해 쓰인 이 글에 따르면, 일본 내부의 차별과 멸 시에서 벗어나 더 나은 삶을 꿈꾸며 북으로 간 이들에게 북한은 못사는 원주민들의 땅이었으며 그들을 '동요계층' '적대계층'으로 분류해 정치적 으로 차별했다. 그러나 그들이 갖고 온 물건들, 일본의 가족들이 보내주는 돈과 상품들은 북한사회에 자본주의적 시장과 소비문화를 실어나르는 독 특한 영향을 미쳤음이 드러난다.

끝으로 강진아는 「그때 동아시아는?」에서 한국만큼이나 대전환을 맞고 있던 일본과 중국의 1960년대를 서술하고 있다. 이 글에서는 1960년대에 형성된 정치적·문화적 감수성을 지니게 되는 일본과 중국의 중요한 세대로서, 일본의 '전공투 세대'와 중국의 '문혁 세대'를 인상 깊게 다루고 있다. 미국과 일본의 상호방위 의무 강화를 위한 신안보조약 체결에 반대하는 안보투쟁으로 시작된 일본의 1960년대는 미국과 서독이 주도한 자유무역 질서의 수혜와 베트남특수에 힘입어 고도성장의 시대를 맞게 되는데, 학생운동 그룹의 하나인 전공투는 대중소비 사회가 성숙한 조건에서 폭력혁명을 주장함으로써 그 강렬한 등장과 달리 대중적 공감을 얻지 못했다. 한편 중국의 문혁 세대는 중소 분쟁과 베트남전쟁을 계기로 외교적으로 고립된 중국의 위기를 내적 이념과 계급적 질서의 강화로 돌파하고자 한 문화대혁명을 통해 형성된 세대이다. 이들은 전후 베이비붐 세대이자 건국 후에 태어나 철저한 사회주의 교육을 받은 세대로, 성인이 될 무렵에는 정규직을 찾기 어렵게 되고 당 관료의 특권화가 뚜렷해지는 등 사회주의적 평등 원리가 관철되지 않는 사회적 상황의 돌파구를 문화대혁명에서 찾게 된다. 문화대혁명은 많은 인명 사상자를 낳았을 뿐만 아니라 경제적으로나 지적으로 중국을 후퇴시키는 결과를 가져왔다고 평가받는다.

중국의 문화대혁명이 절정이던 시기, 또 일본의 대담한 전공투 투쟁이 도쿄의 시민들에게 커다란 충격을 안기던 때, 세계는 격동을 하고 있었다. 베트남전쟁에 대한 반전운동이 전세계적으로 물결치던 1968년 파리에서 불어온 새로운 혁명의 바람은 미국과 소련이 주도한 두 진영에 의해 뒷받침된 냉전 지배체제에 대한 윤리적 파산선고였지만, 그 시간에 한국은 '겨울공화국'이 되어가고 있었다. 겨울공화국은 10년 가까이를 버틸 정도로 꽤 성공적으로 건조되고 유지된 것 같다. 그 환영이 아직도 지속되고 있는 것을 보면 말이다. 그 이유가 오늘날 항간의 주장처럼 따스한 집과 밥에 대한 국민적 열망 때문이었는지에 대해서 우리는 여전히 의문을 가져야 한다.

경제지상주의와 군사력 증강을 수반한 병영사회화라는 기초 위에 세워진 겨울공화국이 21세기에 다시 구축된다면, 집과 마을, 산과 강에 깃든 그 모든 생명의 안위와 평화를 해칠 것이라는 두려운 상상을 오늘날 하게 되는 건 왜일까? 더이상 경제적 전략과 전쟁의 잠재적 가능성하에 국가의 정당성과 사회적 삶이 조직되어서는 안 된다는 것을 1960년대 생활문화사를 다룬 이 책을 통해서도 독자들이 느낄 수 있기를 바란다.

4·19혁명 전후 도시빈민

오제연

1960

시대의 그늘 속
사람들

　오랜 독재의 마침표를 찍는 사건으로 1960년대는 시작되었다. 4·19혁명. 한국 민주주의의 이정표와 같은 이 사건의 주인공은 우선 학생들이다. 처음에는 고등학생들이 시위를 선도했으며 4월 19일을 전후로 대학생들이 나서서 이 시위를 혁명으로 발전시켰다. 그러나 4·19혁명에는 학생들의 모습에 가려 우리가 잘 보지 못했던 또다른 주인공이 존재한다. 그 흔적은 1960년 3월 15일, 4대 정부통령 선거가 치러진 당일 밤에 찾을 수 있다.

　1960년 3월 15일 선거가 끝나자마자 마산에서는 민주당 당원과 1000여 명의 시민이 부정선거를 규탄하는 시위를 벌였다. 평화롭게 진행되던 낮 시위는 밤이 되자 돌변했다. 밤의 익명성은 사회적 약자가 당당하게 나설 수 있는 기회를 제공했다. 3월 15일 밤 시위는 학생보다 시민이 주도했다. 특히 도시빈민의 참여가 두드러졌다. 일례로 당시 마산에서 사회경제적으로 가장 어려운 처지에 있었던 '귀환동포'가 다수 거주하는 신포동 주민 중에 품팔이, 부두노동자, 구두닦이, 넝마주이, 홍등가의 여성들이 거리로 뛰쳐나왔다. 그늘진 곳에서 군말 없이 숨죽여 살아온 이들은 자신의 나약함을 가려주는 어두운 밤에 그동안 쌓이고 쌓인 울분과 응어리진 한을 폭발시키려는 듯 시위에 적극 가담했다.[1]

이 글에서는 시대의 그늘에 가려져 있던 도시빈민들에 대한 이야기를 들춰내보고자 한다. 그 전에 이들 도시빈민이 어떻게 형성되었는지 그 기원부터 살펴보자.

한국에서 근대적 의미의 도시빈민은 일본의 침략과 식민지배를 거치면서 등장했다. 1910년대 조선총독부가 실시한 토지조사사업과 1920년대 강화된 식민지적 지주경영으로 인해 소작농이 증가하고 소작 조건은 더욱 악화되었다. 그 결과 생활이 극도로 어려워진 농민들은 화전민으로 떠돌거나 도시로 떠나 토막민, 날품팔이 노동자로 살아갔는데, 그 수가 연간 15만 명에 이르렀다. 1930년대 이후에는 일본이 대륙 침략을 위해 식민지 조선을 병참기지화하면서 그나마 이전보다 노동력에 대한 수요가 늘어나기는 했지만 농촌에서 축출된 과잉인구를 흡수할 정도는 아니었다. 그럼에도 농촌을 떠난 사람들은 계속해서 도시나 해외로 이동했다. 1942년 서울의 토막과 같은 불량 주택 거주자만 해도 약 7500호, 3만여 명에 이를 정도였다.*

1945년 해방 이후에도 도시빈민 문제는 여전히 심각했다. 아니, 일본의 식민지배가 초래한 후유증으로 도시빈민은 오히려 증가했다.[2] 미군정기 (1945~48년) 한국사회는 광범위하고 지속적인 경제 파탄과 만연한 빈곤에 시달렸다. 빈곤의 직접적인 원인은, 첫째 식민지 조선의 경제에서 결정

---

* '토막'은 일반적으로 땅을 파고 그 단면을 벽으로 삼거나 혹은 땅 위에 기둥을 세우고 거적 등으로 벽을 삼은 원시적 형태의 주택을 말한다. 즉 '토막민'은 토막과 같은 불량 주택에 사는 가난한 사람들을 의미한다. 이들은 일제 강점 이후 급증해 1920년대부터 사회문제가 되었다.

1930년대 토막집과 1960년대 무허가 천막집
맨땅 위에 자리를 깔고 짚이나 거적때기로 지붕과 출입구를 만든 1930년대의 토막집(왼쪽)과 1960년대 무허가 천막집(오른쪽)은 크게 다르지 않았다. 일제 강점기 이래 많은 빈민들이 이런 불량 주택에서 살았다.

적인 비중을 차지했던 일본의 자본과 인력이 일시에 철수하고, 둘째 미국과 소련의 한반도 분할 점령으로 남북 경제가 단절되면서 생산력이 전반적으로 위축되었기 때문이다. 또한 생산력 위축과 더불어 미군정의 미곡 정책이 초래한 식량기근과 인플레이션은 빈곤을 심화시킨 또다른 요인이었다. 그 외에도 수많은 귀환동포와 월남인이 남한으로 넘어옴에 따라 급격하게 늘어난 인구 역시 빈곤을 가속화시켰다.

미군정 시절 빈곤문제는 심각했다. 미군정 보고서에 따르면 당시 남한 인구 1600만 명 중 절반에 가까운 750만 명이 구호물자를 받을 정도였다. 특히 미군정 3년 동안 신체장애 등을 지닌 요要구호자가 최소 200만 명 이상 존재했던 것으로 보이는데, 이 중 절반은 해방 이후 남한으로 돌아온 귀환동포들이었다.*

---

* 브루스 커밍스의 연구에 따르면 해방 직후 인구이동이 많은 지역일수록 정치적 급진도가 컸다고 한다. 귀환동포들은 식민통치의 가장 큰 피해자로서 해방 직후 식민 잔재가 여전히 남아

빈민문제는 1950~53년 한국전쟁을 거치면서 더욱 악화되었다. 전쟁의 살상과 파괴는 그 자체로 사람들에게 고통이었고, 생산은 크게 위축되었다. 여기에 통화량이 급증하면서 인플레이션을 촉진해 사람들은 극심한 물가고에 시달렸다. 또한 전쟁을 겪으면서 약 150~200만 명 정도의 사람들이 북한에서 남한으로 내려왔는데, 이들 월남인들은 도시 곳곳에 정착해 판자촌을 중심으로 하는 도시빈민 집단의 일원이 되었다.

1953년 휴전 이후 경제상황은 호전되기 시작했으나 빈곤문제는 쉽게 해결되지 못했다. 특히 원조경제하 잉여농산물의 도입에 따른 저곡가 정책과 과중한 세금 및 고리채의 피해는 농업생산력의 저하와 함께 농촌의 몰락을 재촉했다. 농촌의 빈곤은 매년 2월 하순에서 5월 초의 보릿고개가 되면 전농민의 30~40퍼센트가 초근목피로 연명해야 할 정도로 심각했다. 농촌이 피폐해짐에 따라 많은 농민들은 살길을 찾아 도시로 몰려들었고, 이러한 이촌향도 대열은 1950년대 내내 도시의 급격한 팽창과 더불어 수많은 도시빈민을 양산했다. 서울의 경우 1955년 150만 명 정도였던 인구가 1960년에는 250만 명으로 늘어났는데, 이러한 추세는 각 지방의 주요 도시도 마찬가지였다.[3]

마산은 해방 직후부터 1950년대까지 인구 유입을 통한 도시 팽창과 빈민 증가의 양상을 잘 보여주는 도시다. 해방 직후 봇물 터지듯 이어진 귀환동포의 행렬은 1946년 초 거의 마무리되었다. 1946년 2월 말 현재 남한으로 들어온 동포는 약 150만 명을 헤아렸다. 당시 귀환동포 대부분은 고향이나 친인척이 거주하는 연고지로 돌아갔다. 그러나 강제로 끌려갔다

있다는 사실에 더 크게 분노했다. 또한 그들은 해외 생활을 통해 넓은 안목을 가질 수 있었고 자연스럽게 좌익 이데올로기를 접할 수 있었다. 대구에서 시작해 경북, 경남, 전남으로 확산된 1946년 10월항쟁은 빈곤 속에서 고통받던 귀환동포를 중심으로 한 빈곤 대중들이 미군정의 식량정책에 반발한 대표적인 사건이다.

돌아온 징용·징병자와 달리 도항노동자들은 일본으로 떠날 때 이미 조선 내에서 몰락한 사람들로 생활터전과 경제적인 기반이 전혀 없던 상태였다. 고향으로 가보았자 그들을 기다리는 것은 굶주림뿐이었다. 그래서 도항노동자 대부분은 돌아올 때 머물렀던 항구에 정착하는 경우가 많았다. 대표적인 곳이 부산항과 마산항이다.

이에 따라 마산의 인구가 급격하게 증가했다. 1945년 6만 명 정도였던 마산 인구는 불과 2년 사이에 8만 2000여 명으로 늘어났다. 1946년 2월 마산에 머물고 있던 귀환동포가 3만 명 정도로 추산되므로, 이들 3만 명 중 2만 명 이상이 마산에 그대로 정착한 셈이다. 마산에 정착한 귀환동포들의 생활은 비참했다. 많은 이들이 숙소도 없이 방황해야 했다. 특히 1945년 말부터 시작된 미곡 부족 상황과 1946년 6월 전국을 휩쓴 콜레라는 이들의 생존을 더욱 위협했다. 주택난과 식량난에 시달리던 귀환동포들은 마산부청으로 달려가 시위를 벌이기도 하고, 일부는 일본으로 역밀항하기도 했다.

곧이어 1950년에 벌어진 한국전쟁은 새로운 마산시민을 형성하는 계기가 되었다. 전쟁 초기 마산에는 5만 명 정도의 피난민이 유입되었다. 그리고 전쟁이 끝날 무렵에는 2만 명 정도가 마산에 정착해 마산의 인구는 11만 명 정도가 되었다. 한국전쟁 휴전 후 1950년대 중·후반에는 베이비붐과 더불어 농촌경제 붕괴로 인한 이촌향도로 마산의 인구가 15만 명 이상으로 급속히 늘어났다. 이처럼 1950년대 마산시민은 토박이 주민에 귀환동포, 피난민, 유랑민 등 이주자들이 섞여 다양하게 구성되었다. 이주자들은 새로운 터전에 정착하기 위해 피땀을 흘리며 노력했다. 생계비를 마련하기 위해 수단 방법을 가리지 않고 발버둥 쳤음은 물론 미래를 위해 자녀 교육에도 열을 올렸다. 마산의 교육열은 인근의 부산이나 진주에 비해 높았는데, 이는 귀환동포나 피난민 중에 일제 강점기부터 근대 교육을 받은 사람들이 많았기 때문이다. 이러한 교육열은 문맹률의 감소와 더불어 비판적인 언론을 접하고 사회 모순을 인식할 수 있는 능력을 갖춘 구성원들이 증가함을 의미했다. 당시 마산은 부산에 비해 원조경제의 혜택을 받지 못해 1950년대 말 실업률이 30퍼센트에 육박했다.[4] 마산의 도시 빈민들이 당하는 고통에 비례해서 그들의 불만과 비판의식은 더욱 커질 수밖에 없었다. 1960년 4·19혁명이 마산에서 본격적으로 그리고 격렬하게 시작된 것도 이러한 마산의 특성과 깊은 관련이 있다.

도시빈민,
밤 시위를 지배하다[5]

1960년 3월 15일에 치러진 4대 정부통령 선거는 상상을 초월하는 부정으로 얼룩졌다. 이에 마산의 민주당 당원들은 당일 곧바로 선거 무효를 선언하고 규탄 시위를 벌였다. 낮에 시작한 마산의 부정선거 규탄 시위는 1000여 명의 시민들이 동참한 가운데 평화롭게 진행되었다. 그러나 낮 시위를 주도한 민주당 당직자들을 경찰이 폭행하고 체포하면서 분위기가 바뀌기 시작했다. 저녁 7시 정도가 되자 민주당 마산시당사 앞에 다시 시민들이 모여들었다. 이들은 몇몇 청년들의 주도 아래 남성동 파출소를 향해 진격했다. 수백 명의 군중들은 돌멩이와 막대기 등 손에 잡히는 것들을 닥치는 대로 파출소로 던졌다. 저녁 8시가 지날 무렵 파출소에서 사격이 시작되었고 이 과정에서 학생 한 명이 쓰러졌다. 이에 더욱 흥분한 시민들이 파출소로 밀어닥치자 경찰들은 창문을 통해 황급히 피신해버렸다. 파출소를 완전히 장악한 시민들은 사무실 집기와 비품을 때려 부수고 공문서를 찢어 팽개쳐버렸다.

3월 15일의 밤 시위는 마산 시내 곳곳에서 격렬하게 전개되었다. 밤 시위 당시 시위대를 주도한 청년과 학생들은 불이 훤히 켜진 건물을 향해 "불을 끄시오!" 하고 큰소리로 경고했다. 경찰이 시위대의 얼굴을 볼 수 없도록 등화관제를 강력히 요구했던 것이다. 이 바람에 온 시가는 암흑천지, 어둠의 도시로 변해버렸다. 누가 누구인지 분간할 수 없는 어둠 속에서 시위대는 거침없이 행동했다. 특히 자유당 마산시당 사무소, 국민회, 서울신문 마산지사 등을 지날 때 몽둥이로 문과 유리창을 부수고 돌팔매질로 건물을 파손시켰다.

격렬한 밤 시위는 4월 11일 김주열의 시신이 발견된 후 벌어진 2차 마산항쟁에서 다시 시작되었다. 4월 11일 마산 앞바다에서 3월 15일 1차 마산항쟁 당시 실종됐던 김주열의 시신이 발견되었다. 저녁 6시가 넘어 김주열의 시신이 안치된 도립마산병원에 300여 명의 중고생이 모여 시위를 시작했다. 도로 연변을 꽉 메운 수천 군중과 합류한 시위 행렬이 무학국민학교 앞을 지나 자산동 철교 밑에 이르자, 이미 헤아릴 수 없을 정도의 수많은 인파가 거리에 넘치고 있었다. 시위대는 불이 켜진 연도의 건물을 향해 1차 항쟁 때와 마찬가지로 "불을 꺼라!" 하고 외치며 앞으로 나아갔다.

2차 마산항쟁은 1차 때보다 더 많은 사람들이 참여한 대규모 시위였다. 도시빈민을 비롯한 시민의 호응과 열기 또한 압도적이었다. 시위대는 여러 파출소를 타격하는 한편, 마산시청, 창원군청, 경찰서, 소방서, 자유당사, 서울신문 지국, 국민회, 형무소 등에 돌멩이 세례를 퍼붓고 건물에 난입해 기물을 파손했다. 밤 시위 과정에서 불빛을 내보내 시위대의 행동에 지장을 준 제일은행 마산지점, 마산일보사도 투석 세례를 받았다.[6]

"경찰을 학생에게 맡겨라"
4월 11일 김주열의 시신이 발견되자 2차 마산항쟁의 불이 붙었다. 그날 밤부터 학생과 시민 모두 거리로 쏟아져나왔다.

　이승만 정권은 마산의 항쟁을 '폭도'에 의한 '폭동'으로 규정했다. 그러나 이는 권력의 입장에서 바라본 모습일 뿐이었다. 소외된 도시빈민들은 거대한 권력 앞에서 자신의 의사와 요구를 표현할 수 있는 '언어'가 힘의 행사밖에 없는 경우가 대부분이다.[7] 밤은 그들이 가진 그 언어를 표출할 수 있는 가장 적절한 시간이었다. 권력의 감시와 통제에서 벗어나 자신의 언어로 자신의 의사와 요구를 분출할 수 있는 밤은, 그래서 권력에게는 두려운 시간이다. 실제로 마산에서 시위대가 타격한 시설들은 대부분 권력기관 혹은 권력과 밀착한 어용기관이었다. 특히 정권의 첨병으로서 민중의 원성을 많이 샀던 경찰시설이 많이 공격당했다. 이는 당시 밤 시위를 주도한 도시빈민들이 이승만 정권, 특히 경찰에 대한 불만이 컸음을 잘 보여준다.

　4·19혁명 당시 도시빈민이 시위에 나선 곳은 마산만이 아니었다. 4·19혁

명의 클라이맥스인 4월 19일 대규모 시위가 일어난 서울, 광주, 부산에서도 도시빈민이 시위에 적극 참여했다. 이날 그들은 '낮'에도 자신의 얼굴을 당당히 드러내고 권력과 치열하게 맞섰다. '밤'에는 시위가 더 격렬해졌다. 그리고 이 과정에서 경찰의 무차별 발포로 많은 사람들이 희생당했다. 그래서 이날은 '피의 화요일'이 되었다.

4월 19일 광주의 오전 시위는 고등학생만의 시위였다. 그러나 오후 들어 시민들이 시위에 합세하기 시작했다. 시위대는 파출소가 보이면 공격해서 유리창을 부수곤 했다. 시내 쪽 파출소들은 모두 시위대의 공격을 받았다. 밤이 되자 시위대는 "폭력경찰 때려죽여라" "민주 역적의 소굴 경찰서를 쳐부수자!" 등의 구호를 외치며 광주 경찰서를 향해 행진했다. 시위대가 경찰서 주변에 모여들자 경찰은 실탄사격을 개시했다. 경찰의 무차별 사격으로 7명이 사망했다. 7명을 직업별로 분류해보면 공원노동자 2명, 취업 준비 중인 속성학원생 2명, 무직 3명 등이었고, 학생은 1명도 없었다.[8]

4월 19일 부산에서도 다양한 집단이 시위에 참여했다. 이 가운데 구두닦이, 전차표 파는 사람, 음식점 종업원, '양아치'라고 불리는 넝마주이, 엿장수 등 도시빈민의 참여가 눈에 띄었다. 특히 구두닦이, 넝마주이들은 인상적인 외형 때문에 많은 이들의 이목을 집중시켰다. 이들은 4월 19일 부산진 경찰서 습격에 적극 가담했다. 오후 2시경 서면 로터리에 모인 수천 명의 시위대가 부산진 경찰서를 향해 돌을 던지기 시작하자, 경찰은 총을 난사했고, 이로 인해 많은 사상자가 발생했다. 이에 격분한 군중들은 경찰차와 소방차, 트럭에 불을 지르며 저항했다. 연기와 총성으로 뒤덮인 서면 일대는 마치 전쟁터를 방불케 했다.[9]

4월 19일 밤 서울에서도 일부 시위대가 경찰에게서 무기를 탈취해 종로와 을지로 일대를 휩쓸다가 종로3가와 서울운동장 앞에서 경찰과 총격전을 벌였다. 40여 대의 차량을 탈취해 밤거리를 달리던 시위대는 동대문, 청량리 주변의 파출소를 습격해 모조리 불태우고 30여 정의 카빈총을 빼앗았다. 이들은 서울 동북부를 누비며 미아리를 거쳐 의정부 무기고를 찾아 창동까지 밀려갔다. 이곳에서 시위대는 창동지서 경찰들과 한참 동안 총격전을 벌이다가 자정 무렵 안암동 고려대 뒷산으로 퇴각했다. 계엄군은 시위대 1500명을 포위해 고려대 안으로 몰아넣었다. 계엄군이 무장한 시위대를 무리하게 무력으로 진압하지 않고 투항을 유도하자, 결국 시위대는 무기를 버리고 자진 해산했다. 반면 고려대에 들어갔던 시위대 중 약 200명의 어린 소년들은 철조망을 뚫고 안암동 쪽으로 도망쳐 4월 20일 아침 신설동 로터리와 성북구청 사이에서 계엄군 지프의 유리창을 모조리 부수는 등 과격 시위를 이어갔다. 이들은 버스 3대와 택시 12대를 탈취해 거리를 폭주하면서 구호를 외치다가 아침 7시 20분경 성북서 기동대에 의해 해산되었다.[10] 도시 무장봉기나 다름없는 이러한 과격한 시위를 벌인 사람들 중에는 소수의 대학생도 포함되어 있었지만, 대부분은 야간 중고등학교나 공민학교에 재학 중인 어린 고학생을 비롯한 도시빈민이었다.

도시빈민들은 왜 4·19혁명 당시 적극적으로 시위에 나섰을까? 부산에서 시위에 나섰던 한 도시빈민의 증언이 참고가 된다. 그는 한국전쟁으로 고아가 된 후 구두닦이를 하며 구두닦이 조직 내 중간보스까지 올라간 사람이었다. 이 시절 그의 신조는 "나보다 잘나가는 놈들 등을 치고 불쌍한 놈들은 먹여 살린다."는 것이었다. 그랬던 그가 4·19혁명 당시 부산에서 시위에 참여했다. 그는 같은 하숙집에 있던 대학생에게 처음으로 글을 배웠는데, 그에게 왜 시위를 하는지 물어보니 "이승만 정권이 우리나라 다 말아먹었다."라고 답했다고 한다. 이에 그는 "그럼 나도 앞장선다. 요것들

이 정치 잘못해서 우리 엄마 아버지 다 잃어버렸다."라고 생각하며 시위에 나섰다고 한다.[11]

즉 4·19혁명 당시 도시빈민의 시위는 사회경제적인 불만과 권력에 대한 분노 속에서 자연발생적으로 전개된 측면이 강했지만, 그 속에는 일정하게 '조직'과 '연대'의 힘이 작동하고 있었다. 특히 1950년대 도시빈민 중 고아, 구두닦이, 넝마주이 등은 나름의 조직을 만들어 생활하는 경우가 많았고, 이 과정에서 서로 간에 또는 학생들과 관계를 맺기도 했다. 이러한 조직력과 연대가 도시빈민들의 자연발생적인 불만과 분노를 혁명의 불길로 타오르게 한 것이다.

1960년 4월 26일 주요 도시에서 4월 19일을 방불케 하는 대규모 시위가 재개됐다. 모두가 이승만 퇴진을 요구했고 결국 이날 오전 이승만 대통령은 사임을 발표했다. 이승만의 사임에도 불구하고 이날 전국 곳곳에서 격렬한 시위가 계속되었다. 부산의 경우 4월 26일 시위대 5만 명이 도청을 점령하고 자유당 지부 7개소, 경찰서 6개소, 파출소 30개소를 소각 또는 파괴했다. 이날 부산의 시위 군중들은 경찰차를 빼앗아 몰고 사이렌을 울리며 시위했으며, 택시와 버스, 트럭 등에 나눠 타고 시가를 오갔다. 그들 중 일부는 부산을 벗어나 인근의 마산으로 원정 시위를 떠나기도 했다. 수십 대의 차량을 몰고 마산으로 향한 1000여 명의 원정 시위대는 연도의 경찰서 5개 지서를 습격하고, 경찰이 버리고 간 카빈총과 경찰복을 노획했다. 이들은 밤 8시 30분경 마산에 들어왔는데, 경찰복을 입은 학생, 경찰모자를 쓰고 카빈총을 거꾸로 멘 청년, 탄대를 두르고 소총을 든 소년들이 버스 지붕 위에 올라앉아 만세를 불렀다.[12] 부산에서 온 원정 시위대에는 주먹을 쓰는 깡패, 건달, 양아치, 구두닦이, 행상인이 태반이었으며, 이밖에도 홍등가의 여인, 품팔이, 노동자가 더러 끼어 있었다고 한다.[13]

4월 26일 시위가 가장 격렬하게 진행된 곳은 대전과 대구였다. 대전에서는 26일 낮까지 평화적으로 전개되었던 시위가 저녁이 되면서 격렬한 양상으로 바뀌었다. 밤이 깊어지자 시위대는 관공서를 집중적으로 공격했다. 군과 경찰이 시위대 해산을 시도했으나 시위대는 이를 거부하고 돌을 던지며 대항했다. 결국 군인들이 공포탄을 발사하며 시위 진압에 나서면서 진정되었다.[14] 당시 언론은 26일 대전 시위에 대해 "중·고등학교 학생 및 대학생 데모는 질서정연하게 끝났으나 이날 밤 구두닦이 등 일부 불량 청소년들은 '추럭' '택시' 등 차량을 빼앗아가지고 거리를 휩쓸면서 대전 경찰서 및 10개 파출소와 자유당 사무소 등을 파괴했다."라고 보도했다. 즉 파괴의 주체는 도시빈민이었다.

4월 26일 대구의 시위 역시 밤이 되면서 점점 격해졌다. 대구 3개 경찰서 관내 파출소는 대부분 텅텅 비었고 책상, 의자, 각종 서류 등은 모조리 부서지고 찢기고 불타버렸다. 대구시청도 시위대의 공격을 받았고, 대구 시내 도처에서 시위 군중들이 방화한 화염이 밤하늘을 물들였다. 대구지역 언론들은 4월 26일 밤의 격렬한 시위를 "손에 손에 곤봉을 가진 학생 아닌 소년들" "10세 전후의 꼬마 소년들과 15~16세의 소년들이 뒤섞인 군중들"이 주도했다고 보도했다.[15] 4월 26일 대구 밤 시위의 주인공도 도시빈민들이었던 것이다.

혁명의 기억에서
사라진 이들

4·19혁명 과정에서 희생된 사망자는 총 186명이다. 이 중 대학생은

22명인 데 비해, 도시빈민이라고 할 수 있는 하층 노동자(61명)와 무직자(33명)는 무려 94명이나 된다. 1·2차 마산항쟁만 따로 떼어놓고 봐도, 사망자 13명 중 하층 노동자, 무직, 미상 등 도시빈민으로 볼 수 있는 사람이 7명이며, 소요죄 입건자 66명 중에서는 40명이나 됐다. 여기에 대학생은 1명도 없다. 4·19혁명 당시 도시빈민의 희생이 컸던 것은 앞서 언급한 대로 그들이 적극적으로 나섰기 때문이었다. 그럼에도 불구하고 오늘날 4·19혁명의 주인공으로 도시빈민을 떠올리기가 쉽지 않다. 왜 도시빈민은 4·19혁명의 기억 속에서 사라졌을까? 그 이유는 도시빈민들의 과격한 행동에 비판적이었던 대학생과 지식인, 언론의 인식 속에서 찾을 수 있다.

도시빈민과 더불어 4·19혁명에 결정적인 역할을 한 대학생들은 도시빈민의 과격한 행동을 '파괴'와 '혼란'으로 인식했다. 그들은 도시빈민들이 처한 현실을 잘 알고 있었지만, 장차 한국사회를 이끌어나갈 엘리트로서 공동체의 질서 확립을 더 중요하게 생각했다. 여기에는, 첫째 1950년대 학도호국단을 통한 국가의 학원 통제 속에서 대학생들이 성장하며 체화한 질서에 대한 규율, 둘째 이승만 정권이 1959년 조봉암을 '법살法殺'하고 1960년 4·19혁명 내내 각종 시위를 공산주의자의 사주로 몰아붙이거나 북한의 침략 기회라며 공포 분위기를 조성한 것 등이 영향을 준 것으로 보인다.[16] 결국 대학생들은 이승만 하야 이후 질서를 회복하는 데 앞장서는 방식으로 자신과 도시빈민을 구별했다.

지식인과 언론은 도시빈민의 과격한 시위를 비난하고 학생의 질서정연한 시위 모습을 칭송하면서 이러한 구별을 더욱 분명히 했다. 1960년 4월 11일부터 시작된 2차 마산항쟁부터 지식층 시민들은 시위 주동자를 연행하는 사직 당국에 낮에 이루어진 학생시위와 밤에 있었던 시위를 구별할 것을 요구했다. 그들은 학생들이 주동이 된 낮 시위는 목적이 순수했

4·19혁명 당시 전소된 경찰 지프를 지나치는 시위대
자발적으로 참여한 도시빈민들의 과격하고 급진적인 시위 없이 이승만 정권이 붕괴될 수 있었을까? 이
들이 있었기에 시위가 혁명의 성격으로 발전할 수 있었다.

으나 일부 청년층이 선도한 밤 시위는 폭행과 파괴를 수반한 시위로서 근본적으로 목적이 다르다고 주장했다.[17] 언론도 4·19혁명 과정에서 "중·고등학교 학생 및 대학생 데모가 질서정연"했다는 점을 수시로 강조하면서, 학생의 질서의식을 상찬할 만한 청년세대의 민주주의적인 태도라고 평가했다.[18] 일례가 4월 26일 서울에서 시위대가 이기붕의 집을 습격했을 때를 보도한 기사이다. 일부 어린 학생들이 불을 지르려고 했으나 대학생들이 이를 제지했는데, 이기붕의 집이 타면 이웃집에 불길이 옮겨질지도 모르기 때문이었다고 한다. 이 광경을 본 한 언론사 기자는 "대학생의 지성이 없었던들 이번 혁명의 사태는 무지한 파괴로 끝맺었을지도 모른다."라고 논평했다.[19]

물론 간간이 도시빈민의 과격한 행동을 이해하는 지식인과 언론도 있었다. 1960년 5월 14일자 『국제신보』는 「'양아치'도 이 나라의 아들딸들이다」라는 칼럼을 실었다. 이 칼럼은 '양아치'를 정처 없이 부랑하는 소년, 구두닦이, 신문 파는 아이들의 불량성에 치중한 호칭으로 규정했다. '양아치'들은 4·19혁명 당시 스크럼을 짜고 거리를 행진하고, 트럭이며 지프차며 징발해선 '타이아'가 터지도록 가득 타고 질주하며 기세를 올렸고, 관서나 권력자의 집을 부순 선봉적 역할을 했지만 공공연한 비난을 많이 들었다. 그들의 동기와 행동은 학생과 달리 처음부터 악하다는 이유 때문이다. 따라서 양아치들에 대한 철저한 단속과 처벌의 요구가 높았다. 그러나 이 칼럼은 "학생들의 의욕을 보람있게 하기 위해서 힘을 보태주고 그러면서 데모의 범죄면을 그같이 담당해줌으로써 양아치는 학생의 순결을 법적으로 보장해준 수단으로 자기희생을 감행"했다고 새로운 해석을 가했다. 또한 "금반今般의 데모가 학생들만으로선 그처럼 거창한 세력으로 되지 못했을 것 아닌가 싶다. 커다란 흐름이기는 했어도 완고한 절벽을 일조

一朝에 무너뜨릴 수 있게까지 결정적 위력을 가진 힘으론 되지 못했을 것 아닌가 싶다. 학생들의 청류淸流에 양아치의 분별없는 탁류濁流가 섞임으로써 노도怒濤가 되고 격류激流가 되었던 것 아닌가 싶다."며, 따라서 "양아치에게도 몇 분인가의 논공이 있어도 가할 것"이라고 주장했다.[20] 『동아일보』1960년 9월 3일자 역시 구두닦이 소년들의 비참한 삶을 설명하면서, "4·19가 터지자 누구보다도 그들이 용감했다. 다방 골목에서 빌딩 그늘 밑에서 벌떼같이 쏟아져 나와 혁명전선 선봉에 섰다. 저녁거리고 뭐고 다 집어치우고 맨주먹으로 총부리와 맞붙어 싸웠다. 그리하여 피를 쏟고 쓰러졌다. 그 생명 무려 수백"이라며 4·19혁명 당시 구두닦이의 활약을 인정했다.[21]

그러나 이처럼 도시빈민을 4·19혁명의 주인공으로 인정하는 경우는 예외적인 사례일 뿐이다. 오히려 4월 19일 이후 주요 도시에서 치안을 담당한 군 수뇌부는 혁명에 참여해 과격한 시위를 벌인 도시빈민을 일반 학생과 구별해 '깡패'와 '불량배'로 간단하게 낙인찍어버렸다. 즉 그들은 혁명의 주체가 아니라 단지 질서를 파괴하고 혼란을 가중시키는 범죄자일 뿐이었다. 4·19혁명 당시 과격한 시위에는 도시빈민뿐만 아니라 일반 중·고등학생과 대학생도 종종 가담했지만, 사회 전반의 인식은 질서 있고 순수한 학생과 난동과 파괴를 일삼는 위험한 불량배를 끊임없이 구별하면서 전자를 우대하고 후자를 배제했다. 이 과정에서 스스로를 내세우기 어려웠던 도시빈민은 혁명의 주인공 자리를 박탈당하고, 학생만 혁명의 유일한 주체로 남게 되었다.

이렇듯 4·19혁명에서 가장 용감하게 싸웠지만 행동 이외에는 자신의 요구를 관철할 '언어'를 갖지 못했던 직업 소년 등 도시빈민은 혁명주체의 자리에서 내려와야 했다. 그리고 이들은 시간이 지나면서 4·19혁명의 기억 속에서 서서히 사라져갔다. 이들이 없었다면 과연 이승만 정권이 붕괴될 수 있었을까? 도시빈민의 급진적인 시위 형태는 결국 시위대와 독재 정권 사이의 대립을 화해 불가능한 적대적 대립으로 만들었다. 학생 일반의 설득력 있는 호소력이 결합된 조직적 시위와, 이들이 만들어낸 시위 공간에 적극 참여한 도시빈민의 자발적이고 급진적인 시위는 서로 불과 기름의 관계처럼 작용하면서 시위를 혁명의 성격으로 발전시켰다.[22] 도시빈민도 학생과 마찬가지로 4·19혁명의 당당한 주체임에 틀림없다.

'환경미화' 된 삶

　4·19혁명에 적극 나섰으나 곧 그 기억 속에서 사라진 도시빈민들은 1961년 5·16쿠데타 이후 정권에 의한 사회 통제가 강화되면서 한동안 저항의 주체로 나서지 못했다. 오히려 박정희 정권은 1960년대 들어 한국전쟁의 피해 복구를 위해 제공하던 각종 구호 대책과 시설들을 감축하기 시작했다. 당시 정부는 무상구호가 의타심 조장 등 부작용을 초래해 자립정신의 쇠퇴를 가져왔다고 판단했다. 이는 박정희 정권이 경제적 약자들이 처한 고통의 원인을 개인의 게으름과 나태함으로 돌리면서 노동을 강조하는 한편, 국가에 의한 구호정책을 비생산적인 것으로 인식하고 있었음을 잘 보여준다. 이와 같은 구호정책 축소와 자활에 대한 강조는 1970년대까지 지속되었다.

　서울시 역시 1960년대 중반에 들어서자 그나마 있던 무상구호 정책을 모두 폐지하고 근로구호 정책으로 바꿔나갔다. 그러나 1960년대 중반 서울, 부산 등 대도시 주민의 60퍼센트 이상이 담세 능력이 없는 저소득층이었다. 당시 서울시민 350만 명 가운데 직업에 종사하고 있는 인구는 겨우 80만 명에 조금 못 미쳐 그 비율이 20퍼센트 정도밖에 되지 않았다. 그 시절 한국의 경제상황에서 안정적인 직업을 갖고 임금을 받는 사람들은 소수에 불과했다. 이러한 절대빈곤의 현실에서 살아남기 위한 유일한 방법은 가족 구성원 모두가 시장에 뛰어들어 생계를 위한 호구책을 찾는 것이었다.[23] 1960년대 중반 봉천동과 동부이촌동에서 실시한 조사에 따르면, 도시빈민 주거지역 주민은 전체의 70퍼센트 이상이 품팔이, 지게꾼, 행상, 공원, 미장이 같은 하루살이 인생들이었으며 무직자도 상당히 많았다.[24]

1960년대 중반 이후 저임금에 기초한 산업화가 본격화되면서 농촌 경제는 더욱 어려워졌다. 농촌의 많은 젊은이들은 희망이 없는 고향을 등지고 살길을 찾아 도시로 이주했다. 특히 서울은 이 과정에서 글자 그대로 '만원滿員'이 되었다. 농촌을 떠나 도시로 몰려든 이들은 대부분 도시 곳곳에 무허가 건물을 짓고 사는 빈민이 될 수밖에 없었다. 이러한 도시빈민 문제를 해결하기 위해 서울시는 1960년대 내내 총 20개 지구에 판잣집 정착촌을 만들어 도시빈민 이주정책을 추진했다.

1960년대 서울시의 도시빈민 이주정책은 도시미관을 해치는 불량 주거지를 도심에서 벗어난 다른 곳으로 옮기는 데 중점을 두었다. 도시 외곽이나 주변지역으로 옮기기 위해 적당한 장소를 찾았으나 결국 이주민을 정착시킨 곳은 정부 소유의 산이나 구릉지였다. 그곳은 철거민과 이농민 등 도시의 가난한 사람들의 주거지가 되었다. 결국 서울 도심부 일대의 무허가 건물들을 없애기 위해 실시한 철거 작업은 도시 외곽에 또다른 불량 주거지를 재생산하는 결과만 낳았다.[25]

1968년경 서울시 행정구역 내에는 도시빈민 대상 대규모 정착지를 조성할 국·공유지가 더이상 남아 있지 않았다. 이에 서울시는 1968년 5월

1969년 서대문구 금화지구에 들어선 아파트
아파트 뒤의 산꼭대기까지 빼곡히 들어찬 집들이 더욱 압도적이다. 1960년대 중반 이후 서울은 글자 그
대로 만원(滿員)이 되었다.

경기도 광주군 중부면의 땅 300만 평을 선정해 전체 10만 가구, 55만 명을 수용하는 인공도시를 만들 계획을 세웠다. 이것이 오늘날의 성남시로 당시에는 '광주대단지'라고 불렀다. 당시 박정희 대통령은 1968년부터 본격적으로 들어오기 시작한 외국인 관광객을 맞이하기 위해 우선 주요 철도역 주변을 말끔히 정리하라는 지시를 내렸다. 이 같은 대통령의 지시에 따라 철도 연변 무허가 건물 철거에 쫓기던 각 구청들은, 광주대단지가 제대로 정비되기도 전에 철거를 단행하고 철거민들을 그곳으로 보내기 시작했다.

1969년 9월 1일 광주대단지에 최초로 입주한 주민들은 용산역 주변 철거민 3000여 가구였다. 1970년부터는 철도 연변 철거민들뿐 아니라 일반 철거민들도 속속 정착했다. 그런데 당시 광주대단지에는 변변한 건물조차 없는 상황이었다. 광주대단지 주민들은 시에서 지급한 천막이나 토막집 같은 움막에서 생활해야만 했다. 이곳에서 생활터전인 서울에 접근하는 것 역시 쉽지 않았다. 버스도 자주 다니지 않았고 그마저도 을지로5가까지 1시간 30분이나 걸렸다. 상하수도 시설도 제대로 갖춰져 있지 않았다. 이처럼 '선입주 후건설' 방침에 따라 광주대단지 주민들은 열악한 환경 속에서 비참한 생활을 해야만 했다.

그럼에도 불구하고 "서울 근교 광주대단지라는 곳에 가면 무허가 건물을 짓고 살 수가 있다." "딱지를 사면 땅도 20평씩 얻을 수 있다." "불편하기는 하지만 서울에서 출퇴근이 가능하다." 등의 소문이 돌고, 1971년 4월 대통령 선거와 5월 국회의원 선거를 앞두고 여당에서 "토지 무상 양여, 5년간 면세"와 같은 장밋빛 공약을 내걸면서, 전매 입주자들이 대규모로 광주대단지에 모여들었다. 그 결과 1970년 말에서 1971년 초 광주대단지의 땅값은 상식 이상으로 폭등했고, 주민 중 전매 입주자의 숫자가 철거민을 초과하게 되었다. 그러나 1971년 국회의원 선거 직후 서울시는 주민들의 기대와는 달리 애초 평당 2000원으로 사정된 광주대단지의 땅값을 8000원~1만 6000원까지 4등급으로 올려 사정하고, 이마저 분할 상환이 아닌 일시불 상환으로 받기로 결정했다.[26] 이는 하루하루 입에 풀칠하기도 어려운 주민들에게 엄청난 충격이었고 그만큼 불만이 커졌다.

전매 입주자 등이 중심이 된 일부 주민들은 당국과 협상 혹은 담판을 통해 문제를 해결하려고 시도했다. 대표적인 것이 1971년 7월 19일 2000여 명이 모인 가운데 개최된 '유지대회'와 7월 23일 5000여 가구의 날인을 받은 '진정서 제출'이었다. 그러나 당국은 진정서에 아무런 반응을 보이지 않았고, 오히려 주민들에게 '건물 취득세 납부 통지'를 보냈다.

이에 분노한 광주대단지 주민들은 8월 10일 최소 3만에서 최대 6만 명이 참여한 것으로 추산되는 대규모 궐기대회를 개최했다.

사태의 심각성을 알아챈 서울시는 집회 전날인 8월 9일 부시장이 광주대단지로 내려가 주민들이 조직한 투쟁위원회와 직접 협상을 시도했다. 부시장은 집회 당일인 10일 오전 11시에 서울시장이 직접 와 협상에 나설 것을 약속했다. 그러나 회의와 교통 혼잡을 이유로 11시까지 서울시장이 모습을 드러내지 않자 주민들은 흥분하기 시작했다. 한마디로 자신들의 존재를 무시했다는 감정, 다른 식으로 말하자면 가난한 자들은 국민으로 보지도 않는다는 박탈감이 주민들 사이에 퍼져나갔다. 결국 흥분한 청년들의 "나가자!"라는 외침과 함께 사태는 봉기의 길로 내달았다. 주민들은 "속았다, 우리를 사람 취급도 하지 않는다."며 강하게 분노를 드러냈으며, 성남사업소, 출장소, 관용차량, 소방차, 파출소 등을 파괴하고 불을 지르는 등 공공연한 폭력을 행사했다. 또 이를 막기 위해 등장한 기동경비대와 투석전을 벌이며 대치했다.

이때 주민들은 평소에 반감을 지닌 관공서, 즉 경찰서, 사무소, 세무서 등에 대해 무차별적인 공격을 가했지만, 주민들에게 도움을 준 기관에는 그렇게 하지 않았다. 주민들의 불만은 대단지에 대한 약속을 당국이 지키지 않은 데서도 기인했지만, 일상적으로 주민들을 무시하고 차별하는 당국의 태도 역시 한 원인이었다.

당시 폭력을 행사한 것이 카메라로 식별되어 첫날 검거된 12명 가운데 10대가 7명이었고, 최고령이 33세에 불과했다. 즉 직접적 폭력 행동을 한 주도층은 그동안 정부와의 협상에 적극적이었던 대책위원회나 투쟁위원회와는 무관한 일반 주민들이었다. 이들은 확실한 행동과 분노를 보여주는 것 이외에 협상과 같은 다른 의사표현 방식이 없는 상태였다. 이렇게

화재로 안을 들여다보기 힘든 광주대단지
1971년 8월 10일 정부의 철거민 이주정책으로 광주대단지에 정착한 주민들이 생활기반 및 교통 대책 등을 요구한 시위는 끝내 봉기의 길로 내달았다.

궐기대회가 일종의 도시 봉기로 발전하고, 주민들이 차량을 이용해 서울로 진출할 기미를 보이자, 서울시와 정부는 회의를 거듭한 끝에 주민들의 요구를 모두 받아들이기로 했다. 하지만 밑으로부터의 대중 봉기의 위험을 잘 알고 있던 박정희 대통령은 주민들의 요구를 수용하는 것이 자칫 "데모하면 관철된다."라는 인식을 심어줄 것을 우려했다. 그래서 광주대단지 사건을 '도시 폭동'으로 간주하고 주동자를 엄단에 처할 것을 지시했다.[27]

그러나 광주대단지 주민들의 봉기가 난동이나 무모한 행동으로 폄하되어서는 곤란하다. 이들은 한국현대사의 주요 사회운동 속에서 '묻혀버린 주체'들이며, 이제는 목소리조차 되살려내기 어려운 사람들이다. 하지만 반정부, 국민기본권 회복, 반권위주의라는 '분명한 지향'이 존재하는 것만을 민주화운동 혹은 사회운동으로 사고하는 것은 정당하지 못하다. 사회운동이 발전하기 이전 시기 대중의 저항 형태는 매우 다양하며, 이는 특정한 형태로 고정된 것이 아니다. 그런 의미에서 1960년 4·19혁명과 1971년 광주대단지 사건에서 발견되는 도시빈민들의 격렬한 저항은 국가와 정부의 대중에 대한 무시, 경멸, 차별 등에 대항한 '언어 없는 대중들의 역사'를 보여준다. 즉 이들의 저항은 무모하고 무계획적인 것이 아닌, 일상과 과거 기억에서 축적된 계급적 적대, 권력에 대한 극도의 불만 표출이었다.[28]

산업화 시기 도시빈민들은 산업예비군으로서 저임금 구조의 최하위에 존재하는 피수탈자였다. 다른 한편으로는 산업화의 어두운 그늘을 지워버리는 '환경미화'를 위해 희생되어야 하는 존재이기도 했다. 상징적이지만 이것은 청계천 복개覆蓋와 함께 시작됐다. 1950년대까지 청계천변은 식민지배와 전쟁을 겪은 나라의 가난하고 불결한 상황을 보여주는 대표적인 불량 주거지였다. 위생과 도시경관 측면에서 청계천을 그대로 두고는 서울의 발전을 기대할 수 없다고 여겨졌다. 청계천 문제를 해결할 수 있는 가장 손쉬운 방법은 복개였다. 청계천이 복개되면서 천 주변에 어지럽게 늘어선 판잣집이 헐리고 현대식 상가 건물이 들어섰으며, 토사와 쓰레기, 오수가 흐르던 하천은 깨끗하게 단장된 아스팔트 도로로 바뀌었다.[29] 청계천에 살던 도시빈민들은 온전한 하나의 인간으로 드러나지 못하고, 복개된 청계천 도로 밑을 흐르는 오수와 같이 감추고 싶은 천덕꾸러기 신세가 되었다.

그 청계천 끝자락 평화시장에서 도시빈민 출신 재단사 전태일은 1970년 11월 "노동자는 기계가 아니다."라고 외치며 스스로의 몸을 불살랐다. 그 외침이 단지 평화시장 노동자에게만 해당되는 것은 아니었다. 그것은 인간을 인간으로 보지 않는 사회에 맞서 인간임을 확인하고픈 한 노동자의 처절한 몸짓이었다. 그 다음해 광주대단지에서 발생한 주민들의 격렬한 저항 역시 또 하나의 집단적 인간 선언이었다. 무책임하고 무소불위한 권력, 탐욕스런 자본, 일확천금을 노리는 한탕주의, '광주 붐'을 선전하는 매스컴의 감언 속에서 고통받던 광주대단지 주민들이 의지할 수 있는 것이라고는 그 분루를 직설적으로 표출시키는 길밖에 없었다. 그들의 주변에는 평화시장에서 자신을 불살랐던 전태일과 마찬가지로 '지식인 친구'도 없었으며, 오직 믿을 것이라고는 자신의 몸뚱이뿐이었다.[30]

대학과 광장의 탄생

임유경

데모의 시대,
변혁의 주역

청년들의 항거와 죽음을 목격한 한국인들에게 1960년 4·19혁명은 반공독재 국가의 국민이 처해 있는 실제적 위치를 고통스럽게 들여다보게 한 운명적 사건이었다. 특히 대학생들에게 4·19는 의미가 남달랐다. 이로 인해 자신들의 사회적 위상이 드높아지고 스스로를 규정하는 다양한 언어를 소유하게 되었기 때문이다. 한 청년의 말을 빌리면 4·19는 "조락凋落한 학생의 진가를 극상으로 상승"시킨 사건이었다.[1]

대학생들은 이 사건을 계기로 자신들을 새롭게 정의하기 시작했다. 4·19 참여자들은 학생을 '진정한 시민의 탄생'을 실현시킨 주체이자 '권력의 감시자'로 규정했다. 또한 "누적된 부정과 불의를 용감히 고발한 자유민권의 투사"[2] "자유와 민권의 담당자"[3] "반공산당 투쟁의 최선두의 기수"[4] 등 혁명의 시대를 이끌어갈 전위前衛로 스스로를 표상했다. "나는 거의 언제나 4·19세대로서 사유하고 분석하고 해석한다. 내 나이는 1960년 이후 한 살도 더 먹지 않았다."라는 김현의 고백은 이른바 4·19세대에 속하는 청년들에게 이 사건이 갖는 절대적 영향력을 일깨우는 동시에, 4·19혁명을 통해 쟁취한 자유의 의미와 그것에 대한 향수를 환기시킨다.[5]

1960년대 대학생은 언론매체의 주요 정보원으로 부상했고 증언자나 기고가가 되어 활약했다. 또한 사회 변동의 중요 인자로 인식되어 각종 인터뷰, 서베이리서치의 대상자 목록에 올랐다. 분명 이전 시기에서는 찾아볼 수 없었던 특징적 현상이다. 당시의 자료들이 보여주듯 국가와 사회 일반에서는 '청년들에 대한 지식'을 얻기 위해 "비교적 폭넓고 다양한 어프로치를 시도"했다. "그들의 의식구조, 동태 분석, 가치관, 현실 참여 등 비교적 사회성 짙은 조사에서부터 신입생의 신경질, 졸업 후 동태 파악, 비판적 사고력, 독서 경향 등에 이르기까지" 관련 정보를 수집하고 앎을 구성하려는 노력이 행해진 것이다. 한 논자는 이러한 변화를 주시하며 대학생에 대한 여론·실태조사의 발달 정황을 "1950년대에 범했던 과오와 1960년대에 나타났던 사회 환경의 급변에 대한 반작용", 즉 4·19혁명과 이에 따른 청년의 사회적 위상 변화를 통해 설명하고자 했다.[6]

그런가 하면 대학생들은 대학신문 같은 학내 매체를 통해 스스로 담론 생산자가 되었다. 1960년대에 들어 대학신문 발행이 활성화되었고, 이들 매체는 4·19를 전후해, 그리고 1960년대 전반에 걸쳐 "진리와 자유의 광장"으로 기능한다.[7] 각 대학은 물론이고 단과대학별로도 자체 신문을 발간하기 시작하면서 한국사회에는 그야말로 "대학신문의 전성시대"[8]가 도래하게 된 것이다. 당시 『경향신문』 추정에 따르면, 1960년대 중반 무렵 발행되던 대학신문의 수는 189개에 달했다.

대학신문 1면에는 대체로 캠퍼스 소식이 실렸고, 다른 지면에는 교수와 학생의 논단이 개설되거나 학생들의 문예작품이 수록되곤 했다. 이러한 분위기에 힘입어 1964년 9월에는 서울 시내 종합대학 신문기자들이 주축이 되어 한국대학신문기자협회를 창립하기에 이르렀다. 이 협회는 선언문을 통해 "민주주의의 국기國基를 뒤흔드는 모든 우상을 분쇄하는 데 총규합할 것을 다짐하고 어떠한 불의·부정·독선에도 항전하겠다."라는 의지를 밝혔다. 한편 『동아일보』 『사상계』 『청맥』 등의 주요 매체를 통해 대학사회에서 생산되던 담론들이 적극적으로 조명되고 또 전해짐에 따라 이른바 "대학의 소리"[9]는 더 많은 독자에게로 뻗어나갈 수 있게 된다. 더하여 경향신문사는 1966년 제1회 '전국 대학신문 콘테스트'를 개최하는 등의 노력을 기울이기도 했는데, 이는 "대학사회의 건전한 발전을 격려하고 학생들이 주체적으로 참여하여 만들어내는 언론매체가 캠퍼스 안팎을 넘나들며 지성의 대변지로 거듭나는 데 기여한다."는 취지에서 기획되었다.

그러나 이러한 추세가 곧바로 대학신문의 발행을 둘러싼 내외적 여건의 개선으로 이어진 것은 아니었다. 정부의 압력과 학교 당국의 간섭, 불충분한 재원, 협소한 보급망 등의 문제는 여전히 해결되지 못했을 뿐 아니라, 1960년대 중반을 지나는 동안 더 악화되는 양상을 보였다. 또한 여러 차원의 문제들 때문에 대학신문은 종종 언로의 기능을 수행하기 어려운 상황에 처했으며, 그때마다 대학신문의 자율성 보장을 촉구하는 목소리가 터져나왔다. 1964~65년의 한일협정 반대 투쟁기를 거치는 동안 정부의 감시와 탄압이 본격화됨에 따라 '대학의 저항권 행사'라는 맥락에서 학원의 독립과 자치, 더불어 대학신문의 자유를 보장해달라는 대학사회의 요구가 한층 강화된 형태로 발현되기 시작했다. 정부의 '언론규제법'과 '학원보호법' 입법조치 추진이 단적으로 보여주듯, 언론 통제와 학생 집단에 대한 강력한 규제가 동시에 이뤄졌으며, 이로 인해 대학의 권위와 표현·출판의 자유는 급격히 흔들리기 시작했다.

한일협정 예비회담
1964년 한일국교 정상화를 위해 한일협상이 시작되었다. 고학력 청년들 사이에서는 이 협정을 '굴욕적 한일협정'으로 인식해 '반외세, 반매판'을 위한 반대 투쟁을 시작했는데, 이 투쟁들은 여러 저항의 기술이 개발된 시초가 되었다.

다시 쓰이는
혁명의 계보

4·19가 1960년대를 '데모의 시대'로 이끌었다면, 1960년대 중반에 발생한 '한일협정 반대 투쟁'은 이 시기의 가장 '기록적인 데모'로 기억될 만하다. 1964년 3월 24일에서 이듬해 9월까지 계속된 이 투쟁에는 연인원 350만 명이 참여했으며, 시위 통제 과정에서 500여 명의 구속자와 수천 명에 이르는 연행자, 부상자, 제적생이 생겨났다. 1년 6개월여의 시간 동안 신문지면에는 해당 사건에 관한 뉴스가 끊이지 않고 오르내렸으며, 여

기에서 비롯된 논쟁적 이슈들은 한국의 공론장을 뜨겁게 달구었다.

> 더없이 푸르고 우거진 숲속에서 대학생활을 즐기던 우리는 이제 붓을
> 놓고 호국(護國)의 일원이 되어 투쟁할 때가 온 것이다.[10]

한일국교 정상화라는 특정 사안에서 시작된 이 투쟁은 박정희 정권과
대항권력 간에 치러질 긴 대립의 서막을 알리는 사건이었다. 1964~65년
에 걸쳐 지속된 데모는 향후 학생운동의 진로와 관련해 중요한 의미를 가
졌을 뿐 아니라, 박정희 체제의 통치논리와 재야의 저항논리가 분화되는
역사적 계기를 제공해주었다는 점에서도 주목된다.[11]

한일협정 반대 투쟁의 주역은 '대학생'이었다. 이들이 데모의 중심에
설 수 있었던 것은 고등교육기관의 외형적 팽창과 대학생 수의 급격한 증

제국주의자 및 민족반역자 화형집행식
1960년대 새롭게 시작된 시위의 형식인 화형식은 당시 청년들이 구사한 기술 가운데 가장 특기할 만한 저항의 형식이었다. 증오의 대상이 뜨거운 화염에 휩싸이는 모습은 대리적 처형의 의미를 지닌다. 1964년 3월 24일 이완용과 이케다의 허수아비를 불태운 사건은 그 시작이었다.

가, 4·19의 경험과 대학생으로 대변되는 청년 주체의 세력화 덕분이다. 더불어 지식인 그룹과의 연대나 『사상계』 『청맥』 『한양』 등의 매체에 의한 담론적 차원의 지원 역시 장기간의 투쟁을 가능하게 한 요인이었다. 당시 대학생들이 주도한 데모는 내용과 형식 양 측면 모두에서 주시할 만했다.

데모 현장에서는 다양한 저항의 기술이 개발되었다. 4·19혁명기에 고안된 방식이 활용된 것은 물론이고, 기존에는 찾아볼 수 없었던 투쟁의 방식들이 속속 목격됐다. 이를테면 가두시위, 성토대회, 단식농성, 화형식을 비롯해 '민족적 민주주의 장례식' 같은 연극적 퍼포먼스가 시도되기도 했다. 학생들은 최초로 집단 단식투쟁을 전개했을 뿐 아니라 200여 시간이라는 장기간의 단식농성을 벌이기도 했다. 그런가 하면 화형식이 행해지기도 했는데, 이는 당시 청년들이 구사한 데모의 기술 가운데 가장 특기할 만한 저항의 형식이었다. "증오의 대상을 허수아비로 만들어 불태우며 기세를 올리는 데모"를 일컫는 화형식의 효시는 1964년 3·24데모에서 서울대 문리대생들에 의해 행해진 '이완용과 이케다 하야토池田勇人 일본 수상의 허수아비의 화형'에서 찾아볼 수 있다.[12] 이후 6월 2일의 박정희·김종필 민생고 화형식, 이듬해 9월 6일의 서울대 상대생의 군화 화형식 등 죽음의 형식화를 통해 치러진 대리적 처형의 기술은 계속해서 시도됐다. 화형식이 열리는 장소들마다 박정희 정권을 연상시키는 각종 상징이 뜨거운 화염에 휩싸였다.

더불어 눈길을 끌었던 투쟁의 방식은 '성명전聲明戰'이다. 선언문, 결의문, 성명서, 격문 등의 이름을 내건 각종 글이 실리는 지면도 주요한 투쟁의 장소가 되었다. 학생들은 글쓰기를 통해 한일국교 정상화에 관한 비판적 의견을 공식적으로 표명했으며, 나아가 해당 사건의 의미를 구성하고 권력의 정통성을 규명하는 데 쓰인 박정희 정권의 언설들을 파기했다. 데모의 현장에서 쓰이고 읽히고 공유된 이 말들은 "현재 활동 중인 공동체들에 영향을 미치기에 훨씬 더 적합한 것"이자 "순간순간을 능동적으로 감당할 수 있는 기민한 언어"였다고 할 수 있다.[13] 강한 정념과 일관된 상향성의 파토스가 느껴지는 청년들의 글은 4·19혁명이 열어놓았던 '자유의 광장'을 재개하기 위해 끈덕진 자기재생산을 수행하고 있었다.

그런가 하면 이러한 데모의 양상들이 가장 집약적이고도 극적인 형태로 표출된 것은 1964년 5월 20일 동숭동 서울대 문리대 교정에서 열린 '민족적 민주주의 장례식 및 성토대회'에서였다. 당국의 '불허^{不許}'를 무릅쓰고 강행된 이날의 데모 현장에는 3000여 명의 대학생과 1000여 명의 시민이 참석했다. 대회장 스탠드에는 '축! 민족적 민주주의 사망'이라는 글귀가 적힌 만장^{輓章}이 섰고, 학생들은 '민족적 민주주의 사장관'을 어깨에 둘러멘 채 입장했다. 이날 대회장에는 4000여 명의 참여자들이 발산하는 곡성이 울려퍼졌다.

"반민족적 비민주적 민족적 민주주의여!"

——「조사^{弔詞}」 중에서

개회사가 있고 나서 조사가 낭독되었고 이어 성토대회가 열렸다. 조사의 집필자는 김지하였고, 이 글을 낭독한 이는 송철원이었다. 일반적으로 조사는 죽은 사람을 슬퍼하여 조문^{弔問}의 뜻을 표하기 위해 쓰이지만, 이날 낭독된 조사는 망자에 대한 위로와 그를 애도하는 이의 슬픔을 담고 있지 않았다. "개악과 조어^{造語}와 식언과 번의와 난동과 불안과 탄압의 명수요 천재요 거장"이라는 구절이 집약해서 보여주듯, 이 조사는 '살아 있는 권력'을 대상으로 하고 있을 뿐 아니라, 추모의 언어가 기입되어야 할

민족적 민주주의 장례식
1964년 5월 20일 오후 1시 서울대 문리대 마당에서 민족적 민주주의 장례식이 거행되었다. 행사를 마친 학생들은 관을 메고 교문을 나섰다.

곳에는 조롱과 비웃음 그리고 신랄한 폭로가 자리했다. 슬픔보다는 조소를, 엄숙한 애도보다는 익살스러운 흥을 돋우는 이 조사는 그야말로 파격적인 '풍자' 글에 가까웠다. 이른바 '민족적 민주주의 장례식'이라는 "공연의 성격이 섞인 시위"[14], 그중에서도 김지하의 조사는 "큰 충격"[15]이라는 말로 표현될 만큼 강렬한 인상을 남겼다.

한편 '민족적 민주주의 장례식'이 주목받는 것은 단지 형식적 새로움 때문만은 아니다. 이날의 데모는 한일국교 정상화 반대 시위의 성격이 변화하고 규탄 대상의 범위가 확대되는 계기를 마련해주었다. 이 사건을 기점으로 비판의 초점은 '한일국교 정상화'라는 사안에서 '군사정권에 대한 전면 비판'으로, 나아가 '박정희 대통령 퇴진'으로 옮아갔다. 비유하자면 장례의식이 빚어내는 애도의 시간은 군사정권의 정치이념에 대한 사망 선고, 심지어는 지도자의 상징적 죽음을 위해 마련된 셈이다. 달리 말하면 지배이데올로기로서의 민족주의와 저항 의제로서의 민족주의가 분화되는 구체적인 장면을 제공해준 사건이었다고도 할 수 있다.*

이날의 데모는 현재적 시점에서 가장 의욕적으로 생산되고 있던 담론의 프레임frame — '애국과 혁명' — 을 확인할 수 있게 해주는 동시에, 향후 데모가 어떠한 방향으로 나아가게 될 것인지를 짐작할 수 있게 해주었다. 먼저 '애국'은 제일선의 언어라고 할 만큼 투쟁주체의 자기 정체성을 응집하고 있는 대표적 언어였다. 학생들이 생산하던 텍스트들 안에서 일본은 한반도의 역사를 억압하는 강력한 타자로 호출되었다. 사실 이승만 정권 당시부터 한일국교 정상화는 중요하게 다뤄진 외교적 사안이었고, 박정희 정권하에서도 한국인들이 협정 자체를 배척했던 것은 아니다. 당

---

* '민족적 민주주의 장례식'을 계기로 당국이 내세웠던 '민족적 민주주의'라는 '슬로건'은 급격히 약화되었다. 심지어 공화당은 "정식으로 민족적 민주주의란 용어를 쓴 일이 없"다며 이 말의 소유권을 스스로 버렸다. 한국사회에서 '민족적 민주주의'가 정확히 언제부터 쓰였는가 하는 점은 좀더 살펴봐야 하겠지만, 한 가지 확실한 것은 이 용어가 1963년을 기점으로 부상했다는 점이다. '민족적 민주주의'가 국민들에게 박정희 정권의 민족주의 담론으로 각인되는 데에는 대통령 선거 당시의 사상논쟁이 큰 역할을 했다. 1963년 대선과 총선 과정에서 선거용 구호였던 민족적 민주주의는 윤보선 측과의 사상논쟁을 거치는 동안 박정희 정권의 민족주의 정치노선을 상징하는 담론으로 자리매김되었다. 이에 대한 직접적 비판도 있었지만, 이 용어는 당시 한국인들 사이에서 대체로 긍정적으로 받아들여지고 있었던 듯하다. "JP가 만든 휘황찬란한 단어 '민족적 민주주의' 때문에 아주 황홀해서 (…) 김형(김승옥)도 박정희를 찍었다고 하는데 저도 그랬어요. 박정희를 찍으라고 저는 운동할 정도였어요."라는 임헌영의 진술을 통해서도 이 점을 짐작해볼 수 있다. 말하자면 "공화당 정권이 '민족적 민주주의'를 간판으로 국민에게 정권을 맡겨달라고 호소했던 것을 모르는 사람이 없"었고, 이에 "적지 않은 지식인이 공화당에 관심을 가졌"으며 "좋은 의미로나 나쁜 의미로나 공화당은 참신한 정당인 것처럼 생각"되었던 것이다. 또한 "그의 '민족적 민주주의' 이념에 대한 유권대중의 지지 여부가 주목되고 있다."는 평이 나올 정도로 대통령 선거 기간 동안 이 용어는 중요한 키워드로 다뤄졌다. 오제연 「1960년대 전반 지식인들의 민족주의 모색 — '민족혁명론'과 '민족적 민주주의' 사이에서」, 『역사문제연구』 25호, 2011, 50~51면; 임유경 「1960년대 '불온'의 문화 정치와 문학의 불화」, 연세대학교 국어국문학과 박사학위논문 2014, 71~72면 참조.

시 한국사회에서는 국교 정상화가 필요하다는 입장이 우세했다. 문제는 협정의 구체적 내용과 정부의 교섭 태도에 있었다. 특히 고학력 청년들 사이에서는 '굴욕적 한일협정'이라는 인식이 확산되었고, 이러한 인식에 의거해 '반외세, 반매판'의 논리가 나왔다.

1964년의 한일협정이 1905년에 체결된 '을사보호조약'에 비견된 것은 이러한 맥락에서였다. 과거 일본의 제국주의적 팽창 전략으로 한반도가 '병참기지화'되었다면, 1960년대에 이르러서는 '상품시장'으로 전락할 위기에 처했다는 것이다. 반대 시위를 벌이는 주체들은 한일협정을 '대일 굴욕외교의 결과'로, 이를 추진하는 현정권을 '매판정권'으로 규정했다. 동시에 이러한 '매판세력'의 대척점에 대학생이라는 대항권력을 둠으로써 스스로를 '애국학생'이자 '애국시민'으로 정체화했다. '매국/애국'의 의제화에 정치적 열정을 쏟던 학생들에 의해 '민족반역' '친일주구' '제2의 이완용' 등 구舊 피식민자의 정념이 한껏 묻어나는 언어들이 2년여의 시간 동안 시위의 현장을 뜨겁게 적셨다.

또한 한일협정 반대 투쟁은 '혁명의 계보'를 재구성하는 계기를 마련해주었다. "5·16은 4·19의 연장일 수 없다."라는 구호가 단적으로 드러내주듯이, 학생들은 5·16을 '혁명'이 아닌 '쿠데타'로 재인식함으로써 박정희 정권의 정통성을 문제 삼았다. 동시에 5·16이 아닌 6·3학생운동을 대신 기입함으로써 이번 데모를 4·19정신을 계승하는 사건으로 의미화하고자 했다. 당국에 의해 구성된 혁명의 계보를 파기하고 새로운 혁명 서사를 기획하고자 한 것이다. 이러한 맥락에서 한일협정 반대 투쟁은 특정 사안에 치우친 일시적 데모가 아니라, '민주주의의 역사'와 '숭고한 정신의 계보'를 다시 쓰는 일로 이해되었다.

학생들은 '애국과 혁명'이라는 이중의 담론 전략을 통해 상징 권력을

한일협정 반대 투쟁

한일협정 반대 투쟁은 '민주주의의 역사'와 '숭고한 정신의 계보'를 다시 쓰는 일로 이해되었다. 서울 시내 곳곳에 운집한 시민들은 차량을 막고 가두시위를 벌였다.

빼앗고 가면 뒤에 숨겨진 '권력의 정체'를 드러내는 일에 몰두했다. '애국과 매국'이라는 해석의 프레임을 통해 '역사의 주인'이 누구인가를 명확히 하는 한편, 이 사건을 계기로 '혁명의 계보'를 새롭게 구성하려 한 것이다. 이것은 '민족주의'를 주요한 담론 자원으로 삼아 시도된 상징 권력의 탈환이자 소유권 투쟁이었고, 대학이라는 공간을 '주권의 광장'으로 거듭나게 만들었던 정치적·문화적 활동이라 할 수 있다. 대학생 집단을 중요한 정치적 주체로 부상시키고 5·16군사쿠데타 이후 위축되었던 공론장에 활력을 불어넣었다는 점에서 이 투쟁은 중요한 의의가 있다.

아카데미즘의 위기,
불온청년과 학원의 정상화

1960년대는 통치권력과 대학생 집단이 중심이 되어 벌인 지난한 억압과 투쟁의 시대였다고 해도 과언이 아니다. 4·19혁명, 한미행정협정 체결 촉구 시위, 한일협정 반대 투쟁, 월남파병 반대 시위, 학원민주화 등 일련의 대대적 투쟁들은 통치권력으로 하여금 '대학생'이라는 대항권력을 '다스릴 수 있는 대상'으로 만들어나갈 방안을 모색하게 했다. "1960년대의 학생데모는 찬양과 힐책의 양극을 오간 것이 특이했다."[16]라는 당대인들의 평가는 이 시기 권력의 인식과 대응 양상에 있어서의 변화를 말해주는 것이어서 주목된다. 3·15와 4·19 전후에 발생한 학생 데모는 '의거'로 추대되었지만, 1964~65년 전국 규모의 학생 시위와 1967년의 부정선거 규탄 데모는 정반대의 의미를 부여받았던 것이다. 여기서 한 가지 더 고려해야 할 것은 5·16쿠데타 이후 최초의 대규모 학생 시위였던 한미행정협정 체결 촉구 시위 때까지만 해도 군사정권이 강경한 진압 의지를 보이지 않았다는 점이다. 모든 집회가 금지되었던 군사정권 시기였지만 1962년의 이 시위는 탄압의 대상이 되기는커녕 오히려 옹호받거나 박정희 자신에 의해 '애국적인 행동'으로 일컬어졌다.

이러한 맥락에서 당시를 회고하는 염무웅의 발언은 눈길을 끈다. 그는 5·16이 발생한 이후에도 대학의 분위기는 크게 달라지지 않았다고 회고한다. 이때만 해도 학원에 대한 사찰이나 억압이 본격화되지는 않았다는 것이다. 정부의 집중적 감시와 강력한 규제가 행해진 계기는 1964년 한일협정 반대 투쟁이다. 그에게 1964년이 중요하게 기억되는 까닭은 이 시기를 기해 "대학생이 정치화"되고 "대학이 현실 정치의 중심으로 진입"하게 되었기 때문이다. "1960년대의 역사는 말하자면 4·19와 5·16 간의 투쟁"이었다는 규정은 이 연대에 가장 첨예한 갈등관계에 놓였던 주체들이 다름 아닌 '학생'과 '군사정권'이었다는 사실을 가리킨다.[17] "5·16쿠데타로 들어선 박정희 군사정권이 처음부터 파쇼적인 성격을 띠었다고 판단되는 것은 아니지만, 1964년 굴욕적인 한일협정 반대 학생봉기를 맞으면서 권력의 독재체제는 강고해지기 시작"했다는 박태순의 발언 역시 이러한 맥락에서 귀 기울일 필요가 있다.* 두 논자가 공통적으로 지적하고 있는 것은 박정희 정권의 대응 태세가 1964년의 한일협정 반대 투쟁 때부터 변화하기 시작했다는 점이다.

실로 1964~65년은 박정희 정권에 중차대한 시기였다. 1963년에 박정희는 2·27선서를 파기하면서까지 집권 의지를 실현시킨 바 있다. 그의 언설에 따르자면, 3·16성명은 "큰 혼란"을 미연에 방지하고 "국가에 대한 책임을 다하기" 위해 내린 불가피한 선택이었고, 국가를 위해 그는 "애국자"가 아닌 "역적逆賊이라는 이름"을 택했다고 한다.** 박정희가 민정이양 의사를 번복하고 대권에 도전한 이후, 군부세력에 호의적이었던 여론은

---

* 이어 그는 다음과 같이 덧붙였다. "1967년의 대통령 선거에 여유 있게 재선된 박정희가 개헌을 통한 장기집권을 획책하고 아울러 제2차 경제개발 5개년 계획을 추진하면서 소위 '개발독재'에 자신감을 얻게 되는 무렵부터 한국사회는 야누스의 표정을 갖게 되었다." 박태순, 「내가 보낸 서울의 60년대」, 『문화과학』 5호, 1994년 봄호, 142~43면.

** ① 만일 과거에 부패하고 국민의 지탄을 받은 구정치인들이 새로운 세대를 위하여 자진해서 물러선다면 나는 3·16성명을 번의할 용의가 있다. ② 정계의 이러한 새 기풍을 기다리기 위하여 이달 말까지 나의 모든 결심을 보류하겠다. ③ 내가 물러서면 국민에게 애국자가 되고 내 자신이 편안한 것도 잘 아나 앞으로 큰 혼란이 닥칠 것을 알면서 그대로 무책임하게 물러설 수는 없기 때문에 역적이라는 이름을 들을 줄 알고도 국가에 대한 책임을 다하기 위하여 3·16성명을 낸 것이다. 「'5·16 두 돌'에 대한 '감회' ── 재야정당영수들의 말」, 『경향신문』, 1963년 5월 16일자.

급속히 냉각되었다. 그뿐만 아니라 1964년에 이르러 비판의 시선은 현정권의 기원인 5·16에 대한 재평가로까지 확장되기 시작했다. 때마침 한일국교정상화를 둘러싸고 지펴지던 반대 여론은 '혁명'이 아닌 '쿠데타'로 5·16을 규정하려는 움직임이 본격화되는 데 결정적인 계기를 마련해주었다.

전국적으로 확산된 한일협정 반대 투쟁은 군부정권이 '집권에의 꿈'을 이룬 지 1년이 채 안 된 시점에서 맞닥뜨리게 된 최대의 시련이었다. 대규모 투쟁을 통해 활성화된 정치적 공간에서 반정부 투쟁이 고양되자 정부는 강경 대응책을 모색해나가기 시작했다. 그 대응책이란 바로 두 개의 통제 장치(담론과 법)를 통해 '학원'과 '대학생'을 적대적 장소/존재로 만들어나가는 일이었다. 먼저 박정희 정권은 무수한 텍스트들을 통해 한일국교 정상화의 필요성을 피력하는 한편, 새로운 서사의 틀 안에서 이 사건을 재서술하려 했다. 당시 박정희는 직접 구술과 낭독을 자처할 만큼 담화문 작성과 공표에 깊은 관심을 기울였다. "일국의 대통령이 학생을 1 대 1로 상대한 듯한 인상"이 짙게 묻어날 만큼, 담화문에서는 학생(데모)에 대한 지도자의 부정적 인식과 그가 갖고 있는 강박적 태도가 엿보였다. "내가 정권을 내놓는 한이 있더라도 '데모'면 모든 것이 된다는 학생들의 '데모' 만능 풍조만은 이 기회에 뿌리 뽑겠다."라는 통치자의 의지는 실제적 대응책들을 통해 드러났는데, 이것은 "전례를 찾아볼 수 없을 만큼 강경한 것"이었다.[18]

계속해서 생산되고 유통되는 담론들의 다른 한편에는 이보다 더 실효성 있는 힘을 발동시키는 법 집행이 있었다. 당국은 상황을 통제하기 위해 1964년과 1965년에 각각 계엄령과 위수령을 선포했다. 1965년 8월 26일에 내려진 위수령은 대한민국 헌정사상 최초로 발동된 것이었다. 계엄령과 같은 긴급권은 입법·사법·행정이라는 삼권분할에 따른 권력분립 원칙에 대한 예외이면서, 법 테두리 안에 있는 동시에 법을 초월하는 성격을 갖는 것으로, 통치자의 가장 강력한 특권에 해당한다. 헌정질서를 수호하기 위해 발동된 이 긴급권에 의해 예외 상태가 발생하며, 여기에서 거의 모든 정치적 행위들은 불법적인 것이 된다. 군사쿠데타가 발생했을 때와 마찬가지로 언론과 집회의 자유 역시 극단적인 제한을 받게 된다. 사실 이러한 결정은 단지 상황을 수습하기 위해서만이 아니라 본질적으로는 청년들의 잠재력과 대항력을 억압하기 위해 마련된 것이라 할 수 있다. "학교 자체로서 '데모'를 막지 못하면 몇 개 대학을 폐쇄하겠다."라는 권력의 언설에서 이 점이 분명하게 드러난다. 교육법 90·91조에 의거한 이 '폐쇄' 조치는 문자 그대로 "완전히 학교의 문을 닫고 존재가 없어지며 학교의 간판까지 말살되는 것을 의미"했다.[19]

대통령은 이 같은 일련의 처사들이 "파국破局을 예방하기 위한 효과 있는 사전 조치"에 해당한다고 하며 그 정당성을 부여하고자 했다. 그러나 당시 이러한 대응법은 불가피한 처사로 읽히지도 수용되지도 않았다.[20] 오히려 "현존 권력이 학생에게서 자신을 보호하기 위해 발동한 것", 즉 "권력구조의 자기방위를 위한 조치"로 해석되거나[21] "6·3사태로 인해 무너질 만큼 허약한 정권이 아님에도 불구하고 선포된 과잉방위"로 받아들여졌다.[22] 또한 당대인들은 계엄령 같은 대응책이 유발하는 실질적 효과를 다음과 같이 설명했다.

"계엄이라는 수단을 빌리지 않으면 사태를 수습할 수 없다."라는 판단은 "힘에 의한 지배"와 "정치의 빈곤"을 목격하게 하는 것이었고(정경석, 연세대 교수), 계엄의 실효성 있는 효과는 "여론의 위축"(최영식, 의사)으로 나타났다. 권력은 "말하는 사람에게 말을 못 하게 하고 말 듣는 사람에

학원방위 궐기대회를 갖는 고려대 학생들
1965년 8월 26일 서울 대학가에 위수령이 발동됐다. 그러나 시위는 여전했고, 무장군인들의 학교 난입으로 사태는 더 심각해졌다. 고려대는 무장군인들이 강의실을 부수고 신문사를 파괴하는 등 피해가 가장 큰 대학 중 하나였다.

게 말을 못 들도록" 함으로써 이들이 "불안과 답답함"(김성식, 고려대 교수)에 시달리도록 만들었다. 이외에도 "그 어둡고 불안한 지난 2개월간의 공포심"(이명환, 변호사), "무언無言의 중압감"과 "국민들의 생활과 감정이 위축하게 된 점"(박목월, 시인), "일종의 압박감"과 "정신적인 피해"(김영주, 화가), "어떤 전체적인 위압감"(백철, 문학평론가) 등의 지적이 있었다. 이러한 평들은 어떤 특정한 느낌을 일관되게 공유하고 있는데, 그 느낌이란 바로 아무 말도 할 수 없게 만드는 '불임不姙의 체제'하에서의 심리적 위축, 다시 말해 꺼림칙한 예감과 숨 막히는 불안이었다. 계엄 상황은 또한 새삼 무언가를 깨우치게 만들기도 했는데, 그것은 권력이 '처벌'을 통해서만이 아니라 '예방'을 통해서도 작동한다는 사실, 그리고 이러한 사전 대응책을 추동한 심리적 기제로서의 "정부의 노이로제"[23]에 관해서이다.

계엄 선포의 위법성 논란과 과잉 대응이라는 사회적 지탄에도 불구하고 당국은 강경한 입장을 고수했다. 이 같은 태세는 당대인들에게 "학생'데모'가 '4·19'를 일으켰던 전례에 크게 신경을 쓴" 까닭에 빚어진 양상으로 받아들여졌다. 대통령은 "한 정권의 운명을 염려해서가 아니라" 다른 대의大義들을 위해 긴급권의 발동이 불가피했다고 거듭 강조했지만, 오히려 반복적으로 제출된 긴 담화들은 역사의 반복(제2의 4·19와 정권의 붕괴)을 우려하는 권력자의 불안을 엿보게 했다. 즉 계엄령, 위수령, 휴업령, 언론법, 학원법 등 권력의 과잉 행사는 비가시적 정념과 유동하는 에너지, 그리고 이것이 촉발할지 모를 예측 불가능한 사태를 주시하고 상상하는 통치권력의 강박증적 불안을 반영한 결과로 수용되었던 것이다.

이러한 독법은 타당한 측면을 가졌다. 실제로 4·19와 한일협정 반대 투쟁은 통치권력에게 청년들의 정념이 언제든 위협적인 정치적 에너지로 전화될지 모른다는 만성적 위기의식을 갖게 했다. 박정희가 말한 '각성'이 주목되는 것은 이러한 맥락에서이다. 그는 "6·3사태"를 계기로 "대내적 안전'이라는 새로운 시각"을 갖게 되었다고 공표했다. 이것은 곧 '내부로부터의 위협"을 발견했다는 의미이며, 이 '내부의 적' 목록의 상단에 올라간 것은 다름 아닌 '대학생' 집단이었다.[24] 1960년대 당시 한국정부는 6·3데모를 "파괴적, 불법적, 이적적 불온난동"으로 규정하는 것은 물론이고, 심지어는 이를 "국기國基를 흔드는 난동", 즉 "국체國體를 부인하고 정부 전복을 시도하려는 불법시위"로 낙인찍기도 했다. 국가보안법과 반공법에 명시되어 있던 '반국가성'의 내용이 학생데모의 성격을 규명하기 위해 동원된 것이다. 더불어 데모의 주역이었던 대학생 역시 새로운 언어를 통해 명명되기 시작했다. 이들은 학원과 사회의 질서를 문란하게 하는

"철부지한 학생" "몰지각한 학생" "학생 정치가" "사이비 학생" 아울러 체제 전복을 꾀하는 위험한 "불온분자"로 지칭되었다.

"홀로 어디로
가려 하느냐"

학생들을 정부에서 죄인 취급하고 한 나라의 지성을 대표하는 대학교
수를 믿을 수 없다면 그러한 정권은 당연히 물러가야 할 것이라고 우리
는 생각한다.[25]

1960년 4·19를 통해 '혁명주체'이자 '애국청년'으로 대두된 대학생은
1960년대 중반을 지나는 동안 '불온세력'으로, '내부의 적'으로 변모해갔
다. "4·19혁명은 젊은 사자들을 갖게 한 것이 아니라 양심범, 확신범, 사
상범이라 불리는 1960년대식의 불순분자, 좌경분자, 용공분자, 적색분자
들을 무더기로 배출"했으며, "5·16에 의해 재단되는 4·19란 결국 공안사
범, 국가보안사범의 전시장이었을 따름이었다."라는 박태순·김동춘의 평
가는 이러한 맥락에서 되새겨볼 필요가 있다.[26]

1964~65년은 전례 없이 드높아진 대학생의 위상이 급격히 요동친 시
기였다. 그뿐만 아니라 문제적이게도 이 시기에 통치권력으로부터 "죄인
취급"을 받던 학생들과 지식인들 중 적지 않은 수가 실제로 '죄인'이 되었
다. 이들은 '현상수배자'가 되어 한국사회에 재등장했고, 거리마다 이들을
'숨긴 자'는 형법 제151조 범인은닉죄에 의해 처벌될 것이며 이들을 신고
하거나 체포한 자는 국가에 의해 포상받을 것이라는 전단이 나부꼈다. 이

들은 말하자면 "국민들 사이에" 있는, 즉 국민이면서 동시에 국민이 아닌, 동지와 적이라는 정치적 대당 범주로는 식별이 불가능한 '내부의 적'이 되었던 것이다.

장준하가 1964년을 보내면서 비장한 어조로 이해를 "수난의 1964년"이라 규정한 것은 의미심장하다. 그는 "역사상 가장 우울한 해"로 기록될 것이라고도 덧붙였는데, 이러한 발언은 정치적 활력을 띠던 '공공의 광장'으로서의 대학이 급격히 위축되던 현실 앞에서 행해졌다.[27] 그리고 또 하나의 '수난의 해'였던 1965년을 막 지나온 시점에서 『사상계』는 "대학 캠퍼스는 유리 동물원이 되었다."는 진단과 "집권층의 온실 속에서 질식할 것 같다."는 대학생들의 외침을 실어나르고 있었는데[28] 이러한 진단과 외침이 그저 비유만은 아니었다. 실로 "학원의 자유"를 위협하는 권력에 의해 "전고미증유의 위기"가 초래되고 있었다.[29]

1964년의 한일협정 반대 투쟁, 일명 '6·3학생운동'이 발단된 배경에는 '학원사찰'이 자리하고 있었다. 정부는 학원사찰을 일체 금지하겠다고 공약했음에도 불구하고, 교수와 학생에 대한 사찰을 계속했다. 또한 종래 다원적으로 진행되던 학원동태 분석을 공화당 청년국을 중심으로 일원화했으며, 학원 내에 친여세력을 구축하기 위해 사무국 요원을 대학원 연구생으로 파견하는 등의 활동을 벌였다. 이러한 당국의 행태는 당시 사회적 파문과 공분을 일으켰던 『학생동향분석판단서』[1964] 등의 문건에 의해 알려지게 된다. 이 문건에 따르면 정부는 계엄 해제 전후로 학원가의 동향과 서클 활동의 양상을 파악하고 차후의 반정부적 과열운동의 전개 가능성과 규모를 예측하기 위해, 아울러 당과 학생 담당 제 기관을 총동원해 사전 대책을 강구하도록 하기 위해 이 같은 '분석판단서'를 작성했다고 한다.

① 데모 주동자 제적 ② 불법간행물 폐간 ③ 학적변동자의 병무신고
④ 비학술서클 해체 ⑤ 학생단체 기능 정지 ⑥ 학칙 보완

'학원 정상화'를 실현시키겠다는 당국의 입장은 1960년대 후반에 이르러 더욱 강화되었다. 1967년경 정부는 "공부하는 학생, 연구하는 교수"라는 슬로건을 내걸고, 자정 능력을 상실한 학원의 '정상화'를 위해 더욱 적극적으로 개입하겠다는 입장을 표명한다. 이러한 입장은 일체의 데모에 대한 훨씬 강경한 통제를 통해, 다른 한편으로는 교육이념의 변화와 제도적 실천을 통해 구체화되었다.

먼저 유신체제를 앞두고 실시된 통제책들은 이전과는 비교가 안 될 정도의 파급력을 가졌다는 점에서 주목된다. 1971년에 이르러 그간 시도된 바 있던 데모 및 학원 통제 방침들이 일거에 쏟아져나왔다. 대통령특별명령, 서울시장의 요청에 따른 위수령의 발동, 학원의 군 주둔, 8개 대학의 무기한 휴업령 등 대학가를 뒤흔들 만한 "충격적인 행정지시"가 단 하루만에 내려졌다. 정부가 발표한 학원질서 확립을 위한 10·15특명에 따라 취해진 일련의 행정조치는 "학원사태를 수습하는 데 있어서 지금까지 볼 수 없었던 가장 강력하고도 전격적인 처방"이라 할 수 있었다. 문교부는 10·15특명에 따른 학원질서 확립 세부지침과 학칙 보완 강화를 각각 17일, 20일까지 시한부로 조처, 결과를 보고하라고 지시했는데, 당시 학원사태 수습지시에서 특기할 만한 조처는 앞에 제시한 바와 같다. 이 중에서도 "교련 수강거부 학생을 전원 징집키로 한 강경한 방침"과 "각 대학의 미등록간행물을 철저히 단속하고 학술 목적 이외의 서클은 모두 해체시킨다는 방침"은 특히 주목을 요했다. 1971년 10월 19일, 전국 23개 대학에서 163명의 학생이 제적됐고, 6개 대학의 74개 학생서클이 해체됐으

1971년 고려대에 난입한 군인들
정부가 발표한 학원질서 확립을 위한 10·15특명은 "지금까지 볼 수 없었던 가장 강력하고도 전격적인
처방"이었다. 대학 안으로 난입한 군인들이 교내의 학생들을 무차별 구타·연행하기도 했다.

며, 4개 대학의 13개 무인가 간행물이 폐간되었고 7개 대학의 총학생회 등 학생자치단체에 기능 정지 처분이 내려졌다.[30]

더불어 '학원 정상화'를 꾀하겠다는 정부의 입장은 대학의 기능과 위상을 지배이데올로기에 부합하는 방향으로 재조정하려는 움직임으로 이어지기도 했다. 1970년을 전후해 대학 교육의 목적이 조국 근대화에 이바지하는 고급인력의 양성으로 대치되었으며, 실질적인 정책 변화가 수반됨에 따라 대학의 분위기도 실리적이고 실용적인 방향으로 변모해갔다.[31] 박정희 정권하에서 대학은 비판적 지성의 육성이라는 이념을 대신해 실용성을 강조하는 기능적 직업교육기관으로서의 정체성을 가져야 했고, 대학생은 '성찰적 지식인'이 아니라 '기능적 엘리트'가 되어야 했던 것이다.

이러한 일련의 정책들은 한편으로는 대학사회가 스스로 질서를 정상화할 자정 능력을 갖고 있지 못하다는 명분하에 시행되었고, 다른 한편으로는 조국 근대화에 이바지할 '산업전사'를 육성한다는 취지에 따라 이루어졌다. 그러나 동시에 진행된 두 가지 형태의 "학원 정상화" 방침은 궁극적으로 유신체제의 수립을 위한 전 단계, 다시 말해 대학에서 피어오르는 정치적 열정을 체제의 논리에 순치시키기 위한 과정으로서의 의미를 지녔다.

> 한 시대의 위기를 가장 날카롭게 감각(感覺)하는 것은 학생이며 한 시대의 정열(情熱)을 대표하는 것도 학생이다. 후진국에서 학생을 적대시하고 무슨 근대화가 있을까? 묻고자 한다. 공화당은 홀로 어디로 가려하느냐.[32]

언젠가 한 논자가 정권을 향해 "홀로 어디로 가려 하느냐."라고 되물은 바 있다. 이 물음은 '한 시대의 위기를 가장 날카롭게 감각하고 한 시대의 정열을 대표하는 주체인 학생을 적대시하는 후진국에서 과연 근대화가 어떤 의미를 가질 수 있느냐.'는 성찰적 목소리를 동반하고 있다. 그가 감지하고 있던 것은 아마도 정권에서 발견되는 어떤 결여, 즉 '자유로운 권력의 가능성'에 대한 '감수성'의 부재일 것이다. 이 감수성의 결여가 낳은 비극 중 하나는 청년들을 인식하고 설명할 수 있는 여러 언어'들'을 유산시키고, 궁극적으로는 그 언어들이 지시하는 청년들의 다양한 능력과 정치적 잠재력을 억압했다는 것이다. 돌이켜보면, 1965년 진해비료공장 준공식에서 울려퍼지던 박정희의 음성은 그의 확고한 신념 — '학생들은 이 나라의 주인도 아니며 현재는 제군들의 시대도 아니다.' — 을 일찌감치 실어나르고 있었다. 4·19혁명과 함께 1960년대를 열어젖혔던 선언 — "낡고 썩은 구시대는 물러가라. 시대는 바야흐로 젊은이의 것이다." — 은 이 시대를 지나는 동안 권력의 언설에 의해 그와 같이 전유되었던 것이다.[33] 청년들을 역사의 바깥으로 밀어내는 통치자의 육성은, 시대는 바야흐로 청년의 것이 아닌 '그'의 것이 되어가고 있음을 예감하게 했다. 1960년대 중반 청년들에 의해 적극적으로 불러들여지고 있던 식민권력의 망령은 어쩌면 새로운 국민국가의 얼굴을 한 채로, 실제로 귀환하고 있었는지도 모른다.

지식인과 잡지 문화

임유경

1960

'잡지 붐'과
매체의 분화

1960년대는 그야말로 "각종 서적의 양산시대"였다.[1] 연평균 출판물의 수가 4000여 종에 달했다. 1000여 종의 서적이 출판되던 1950년대에 비하면 1960년대는 월등한 양적 성장을 보였다고 할 수 있다. 이러한 변화는 비단 외적 팽창의 형태로만 나타나지 않았다. 교양종합지의 성장, 문학잡지의 지반 확보, 백과사전을 비롯한 사전류의 등장, 한국문학 및 세계문학 전집 간행 열풍, 일본소설의 왕성한 번역출판, 미스터리·무협소설·논픽션 간행물의 인기 등은 당대에 양산된 여러 질적 변화를 폭넓게 드러낸다.

이 중에서도 단연 주시할 만한 현상은 '잡지 붐'이다. 1960년대에 접어들어 잡지는 주간, 월간, 계간 등의 형태로 분화했고, 종합지, 여성지, 아동지, 교육지, 학술지, 종교지 등 다양한 분야와 독자를 대상으로 확장되었다. 1967년 5월호를 기준으로 통권 100호 이상의 지령을 가진 장수 잡지

대중지 「아리랑」 신문광고
1960년대는 잡지의 성장세가 두드러졌다. 1950년대 창간된 잡지들이 꾸준히 사랑받았으며, 다양한 잡지들이 창간되었다. 연예계 가십거리부터 생활정보를 두루 담은 「아리랑」은 1950년대에 창간되어 1980년대까지 이어진 인기 잡지였다.

역시 꽤 있었는데, 530호를 맞은 『시조』에서부터 100호의 『잠사蠶絲』까지 26종에 이르렀다. 1960년대를 되짚어볼 때, 『가톨릭 청년』『기독교사상』 등의 종교지와 『새교육』『교육평론』 등 교육 분야의 전문지가 오랜 기간 명맥을 유지하는 경향을 보였고, 문예잡지 『현대문학』, 종합지 『사상계』, 여성지 『여원』, 아동·청소년지 『새벗』『학원』, 대중지 『아리랑』 등의 잡지가 꾸준한 사랑을 받으며 통권 100호를 넘겼다.

그런가 하면 이러한 잡지의 성장세를 반영하는 특기할 만한 현상들이 나타나 눈길을 끌기도 했다. 1965년 64개사의 잡지인들은 건전한 잡지 문화를 만들기 위해 윤리위원회를 결성했다. 이듬해에는 한국잡지협회와 잡지윤리위원회, 잡지기자협회 등이 주체가 되어 우리나라 최초의 종합지인 『소년』이 탄생한 11월 1일을 '잡지의 날'로 제정했다. 이는 잡지가 "근대문명의 선구자"이자 "민족문화의 기수"임을 천명하고 잡지의 "사회적 공기성公器性"을 강조하는 상징적인 행사였다. 이후 '잡지의 날' 제정을 계기로 '한국 잡지 부문상'이 만들어졌고 잃어버린 옛 잡지 찾기 운동이 벌어지기도 했다. 이러한 움직임은 출판계에서만이 아니라 한국의 지식장에서도 날로 높아지던 잡지의 위상을 드러내주는 것이었다.

1960년대 한국사회는 잡지로 분류되는 매체 가운데에서도 단연 '종합지'를 중요하게 취급했다. 『사상계』의 선전 덕분인지 이 연대의 벽두부터 『신사조』 『신세계』 『새벌』 『동아춘추』 『지성』 등 여러 종합지가 속속 창간됐다. 언론에서는 "종합지가 한꺼번에 쏟아져 나오기는 40여 년 만에 처음 있는 일"이라며 격앙된 목소리로 종합잡지의 연이은 출현을 전했다.[2] 지식인들도 이러한 현상을 두고 출판계에 활력을 불어넣는 일일 뿐 아니라 "민주한국"으로 도약하는 데 중요한 발판이 될 것이라며 반겼다. 하지만 잡지계 상황이 확연히 개선된 것은 아니었다. 한국 출판계의 독자층은 여전히 두텁지 못했고 고정독자를 확보하는 일 역시 쉽지 않았다. 게다가 종합지는 '새로운 필자 풀pool'의 확보라는 과제를 떠안고 있기도 했다. 독자도 필자도 더 발굴되어야 했다.

종합지의 연이은 창간에 발맞춰 종합지의 역할과 위상에 관해 모색하고 전망하는 담론들 역시 쏟아졌다. 이들의 공통된 의견은 1950년대 종합지가 갖던 성격과 특색이 1960년대에는 변모될 필요가 있다는 것이었는데, 이는 출판 경향의 변화, 잡지의 분화, 독자층의 다양화, 새로운 잡지 문화의 생성 등 매체 환경의 변화에 대한 예측에 기반을 두고 있었다. "서구의 잡지들이 서로 이념상의 '그룹'을 만들어 독특한 필진을 갖추고 있는 경향"(최석채)을 한국의 종합지도 받아들일 필요가 있다는 제언이나, "총망라식의 종합성을 버리고 문화, 정치, 사회 등 구체적인 분야에 파고 들어가는 특색을 보이라."(조연현)는 주문, 그리고 "새로운 감각과 신선한 센스, 그리고 상당한 용기를 가지라."(안병욱)는 당부 등이 그렇다. 이러한 담론 생산은 1960년대 초반에 집중되었는데, 이는 종합지에 거는 당시 사람들의 기대와 열망이 그만큼 지대한 것이었음을 말해준다.

유일한 교과서 겸
교양도서 『사상계』

'독자'의 확보는 잡지의 성장을 위한 중요한 물적 토대라 할 수 있다. 두 텁지 않은 독자층으로 인해 발생하는 문제들은 1950년대에 이어 계속해서 제기되던 잡지계의 과제였지만, 1960년대에 접어들면서 분명 독자의 저변은 이전 시대에 비해 한층 넓어지고 있었다. 1950년대 이후 교육기관의 확대에 따른 문맹률의 감소로 '읽고 쓰는 능력'literacy을 갖춘 독자층이 두터워졌고 일정 수준의 구매력을 가진 소비계층의 저변이 확장되었다. 특히나 대학교와 학생 수의 괄목할 만한 증가는 잠재적 독서 인구층을 두텁게 해주었으며, 이는 잡지계에 활력을 불어넣는 중요한 동력이 되었다. 『사상계』 편집국장 신일철의 표현을 빌리자면, "새로운 지성의 성장은 종합지의 앞날을 위해 가장 기대되는 조건"이라 할 수 있었다.[3]

한국의 지성에 미치는 잡지계의 역할이란 다른 어느 나라보다 비중이 크다는 것을 솔직히 인정치 않을 수 없다. 『사상계』가 대학생들에게 준 영향, 『여원』이 젊은 여성들에게 미친 영향은 다른 나라에서는 좀 보기 어려운 정도가 아닐까 한다. 한국의 지성을 잡지와 떼어 생각할 수 없는 것이 현실이다. 최고회의, 재무부, 공보부가 한국에서 잡지가 차지하는 위치와 비중에 좀더 관심을 기울여주었으면 한다.[4]

1950년대 중반에서 1960년대 중반까지의 10여 년은 지식과 교양의 획득이 주로 '잡지'를 통해 이루어졌던 시기라고 할 수 있을 만큼 이 매체의 역할과 기능은 상당했다. "한국의 지성을 잡지와 떼어 생각할 수 없는 것이 현실"이라는 당대 주요 일간지의 지적은 '지성사에 미친 잡지의 막대한 영향'을 집약적으로 표현한 것이다. 특히나 이 시기 지식인들의 독서경험은 『사상계』 같은 비판적 종합지 없이 말해질 수 없는 것이었다.

1953년 4월 장준하에 의해 창간된 『사상계』는 한국사회를 대표하는 지식인 매체였다. 1950년대에는 '지식인 사회의 재건'에 기여했고[5] 1960년대에 들어서는 한국의 사상적이고 정치·사회·문화적인 전환을 선도하는 중심 매체로 기능했다.[6] '사상계의 전성시대'가 도래한 것은 1960년 4·19혁명을 전후해서였다. "혼란 속에서도 오직 등불이 되어 민중을 선도하는 역할을 보다 깊이 지니고 나가야 하는 것이 종합지"라는 세간의 평은 『사상계』를 필두로 한 지식인 잡지가 4·19혁명의 중요한 내적 계기를 마련해주었다는 인식에 기반을 두고 있다.[7] 이 무렵 『사상계』의 판매부수는 7만여 부에 달하고 정기구독자는 2만여 명에 이른다고 추산될 정도다.[8] 당시 주요 일간지들의 발행부수를 고려할 때, 이러한 판매량은 가히 놀랄 만한 것이다. 지식층의 꾸준한 관심 덕분에 『사상계』는 1960년대 중반까지 줄곧 잡지 부문 베스트셀러에 올라 있었다. 한국사회통계센터는 서울과 지방으로 나눠 소매서점 50곳씩을 대상으로 매달 인기리에 판매되는 서적과 잡지를 조사해 발표했는데, 그 결과를 살펴보면 『사상계』가 『여원』과 엎치락뒤치락하며 잡지 부문 1위 자리를 차지했음을 알 수 있다. 아울러 발행인인 장준하는 한국 언론의 신장에 기여한 공로로 1962년 8월, '아시아의 노벨상'이라 불리던 막사이사이상을 수상하기도 했다.

학술공동체가 충분히 조성되지 못했던 시대에 『사상계』는 학술적 지식과 담론을 생산하고 모으고 유통시키는 거점으로 기능했다. 특히나 학생들에게 이 잡지가 갖는 의미는 남달랐다. 당시에는 교과서도 귀했고 학생들의 지적 욕구를 적셔줄 교양서적도 별로 없는, 이른바 "학생도서의 불모시대"였는데, 이런 상황에서 『사상계』는 학생들에게 "유일한 교과서 겸 교양도서"가 되었다. 『사상계』를 들고 다녀야 대학생 행세를 할 수 있다고 여겨질 정도로, 이 잡지는 지식의 보고를 넘어 대학생의 정체성을 구성하고 드러내는 중요한 요소가 된다.[9] 이후로도 『사상계』의 인기는 한동안 지속되는데, 1963년에 이화여대교육연구회가 학생 1807명을 대상으로 실시한 한 조사에 따르면, 『사상계』는 대학생들이 가장 즐겨 읽는 국내잡지였다. 학생들은 '교양을 함양하고' '사회문제를 알기 위해' 이 잡지를 애독한다고 응답했다.

『사상계』가 상정한 주된 독자층 역시 "대학생과 30대 이하의 젊은 지성인"(장준하)이었다. 이 매체는 창간 무렵부터 "현재를 해결하고 미래를 개척할 민족의 동량棟樑은 탁고기명託孤寄命의 청년이요, 학생이요, 새로운 세대임을 확신"한다고 강조한 것은 물론, "이 대열의 등불이 되고 지표가 됨을 지상의 과업"으로 삼기도 했다. 그리고 1960년대에 접어들어서는 비판적 지성으로서 학생들의 성장을 위해 헌신하겠다는 의지를 본격적으로 표출하기 시작했다. 이러한 의지는 담론적 차원에서만이 아니라 지면 개편과 학생데모 지지 등의 실천을 통해 구체화되었다.

이러한 면모들은 대항권력의 생성이라는 차원에서 해석될 수 있다. 사실 『사상계』가 처음부터 5·16 군부세력에 비판적 입장을 취했던 것은 아니다. 1960년대 초반만 해도 많은 지식인과 매체가 그러했듯이 『사상계』역시 5·16이라는 사건에 대해 비교적 우호적인 평가를 내놓고 있던 터였다. "5·16군사혁명이 우리나라 헌정사상에서는 불행한 일"이기는 하지만, 군부세력이 공약한 대로 평화적 민정이양을 이행한다면 "다행스러운 일"이라는 양호민의 발언은 매체의 입장을 대변하는 것이었다.[10] 그러던 것이 일대 전회를 일으킨 시기가 1963년이다. 3·16성명이 있고 나서 『사상계』의 온건적 태도는 급격히 변화했다. 박정희의 민정 참여 선언은 한국인들로 하여금 '지지'냐 '철회를 위한 투쟁'이냐 하는 결단 앞에 서게 했는데, 이러한 기로에서 후자와 관련된 입장을 제일선에서 구축하고 있던 것이 『사상계』였다. 다음의 비장한 선언이 보여주듯 이 시기 『사상계』의 글들은 어떤 매체보다도 비판적이고 강경했다.

> 감옥 안에 들어앉아 붓끝으로 바스티유 감옥을 깨뜨린 볼떼르의 용기를 배우고 가다듬을 때가 온 것이다.[11]

민정이양 포기 방침이나 다름없던 3·16성명을 계기로 『사상계』는 군사정권에 대한 입장을 새로이 하는 것은 물론이고 매체의 정치적 지향과 투쟁의 목록을 재정비해나갔다. 1963년 4월에 발간된 창간 10주년 기념 특대호약칭 특대호는 이러한 변화를 포착할 수 있게 해준다. 『사상계』는 권두언을 통해, 『사상계』가 나아가 현재의 한국사회가 적대시해야 할 세력에 대해 공표했는데, 여기서 "공산주의"와 함께 "군사독재"가 거론되었다. 특대호에 실린 여러 글 가운데서도 '신의信義'라는 프레임을 통해 3·16성명을 독해할 필요가 있다는 김성식의 「3·16성명의 이론적 비판」은 『사상계』의 입장을 가장 잘 드러내주는 것이었다는 점에서 대표성을 띠었다. '신의는 법 이전의 법'이라는 논리에 입각한 '신의를 저버린 권력'이라는 평가는 '합법/위법'이라는 차원과는 다른 맥락에서 '정치적 올바름'을 찾고 박정희의 정치적 결정을 해석하려는 시도였다. 철회되어야 할 것은

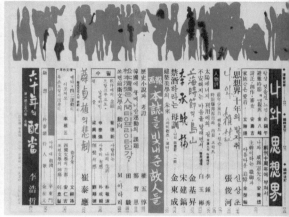

『사상계』 표지와 창간 10주년 특대호 차례

1963년 4월 창간 10주년 특대호에서 군사독재를 적대시할 세력으로 규정한 『사상계』는 이후 기획과 지면 편성을 통해 매체의 입장과 지향을 구체화했다. 3·16성명이 철회되어야 함을 '반복의 전술'이라고 할 만큼 집요하게 물고 늘어졌다.

'2·27선서'가 아니라 '3·16성명'임을 주지시키는 글들로 모든 지면이 채워진 특대호는 '반복의 전술'이라 부를 수 있을 만큼 이 문제에 집중했으며, 당대인들에게 강렬한 인상을 남겼다. 『사상계』의 운명을 바꾼 일대의 결단이 전면적으로 드러난 호였다는 점에서도 기념비적인 셈이다.

4월호에 새겨져 있던 『사상계』의 선언은 이후의 기획과 지면 편성을 통해 구체화되기 시작했다. 그리고 1964년의 한일협정 반대 투쟁에서 비판적 담론 생산의 제일선에서 활동함으로써 박정희 정권과의 적대를 강화했다. 『사상계』는 『청맥』* 등과 더불어 학생·지식인을 이념적으로 선도하

---

* 한일국교정상화를 계기로 당국의 이데올로기를 '신식민주의'에 입각해 재해석하고자 한 또 하나의 매체는 『청맥(靑脈)』이다. 이 잡지는 '매판 담론'을 정치적·사회적·문화적 차원에서 다양하게 다루며 논의를 예각화했다. 더불어 제일선에서 정권과 투쟁하는 학생 및 진보적 지식인층을 "이 시대의 전위"로 호명하는 한편 "지성의 참된 공동광장"이 되어 이들을 보위하는 일을 매체의 과업으로 삼았다.

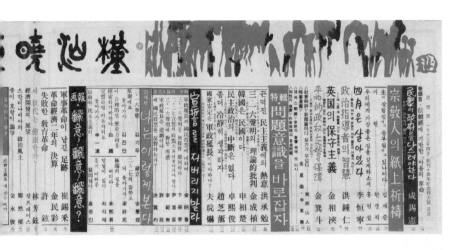

는 한편, 날로 열기를 더해가던 투쟁을 지원하기 위해 담론 개발에 힘썼다. 10주년 특대호가 나온 지 정확히 1년이 지난 시점에 발간된 1964년 4월 긴급증간호는 한일협정이라는 이슈를 의제화하던 『사상계』의 방식을 집약해서 보여준다. 이 호의 모든 지면은 한일협정 문제를 다루는 데 할애되었다. 필자들은 1964년의 시점에 '1905년의 을사조약'이라는 사건

『청맥』은 1964년 계엄령이 해제된 다음날인 8월 1일 당국의 검열을 거치지 않고 세상에 나왔다. 사장 김진환에 의하면, 1964년 8월 국판 약 120면에 달하는 창간호를 발행한 이후 1967년 6월호를 마지막으로 폐간될 때까지 통권 28호(월 500~3000부) 총 4만여 부가 발행되었다. 창간사에 명시된 바에 따르면 『청맥』은 "모든 지성과 양심의 나침반"이자 "상징적 영봉"이 되는 데 그 목표를 두고 있었다. 이 잡지는 학구적인 경향과 강한 논조를 특징으로 했으며, 지식인과 학생을 주요 독자로 삼았다. 그중에서도 학생들에 대한 관심이 지대했는데, 이는 '젊은이들의 광장'으로 기능하길 바란다는 편집진의 기대나, 잡지의 제호를 "청년" 또는 "신청년"으로 변경할 것을 고려하기도 했다는 점 등을 통해서도 확인할 수 있다.
정규웅은 "종합지 『청맥』이 보여주는 아카데믹한 분위기와 비판적이고 참신한 편집 방향이 젊은 세대들의 지성적 갈증을 얼마쯤 해소시켜주고" 있었다고 회고한 바 있다. 이병주 역시 비슷한 맥락에서 비록 부수는 많지 않았지만 참신하고 냉철한 글들을 통해 "유익한 잡지"이자 "비판적 종합잡지"로 기능했다고 언급했다. 더불어 이회성은 젊은이들이 "옆구리에 『청맥』을 끼고" 다닐 만큼 이 잡지가 "대학생과 지식인들 사이에서 대단한 인기를 끌었다."라고 술회하기도 했다.

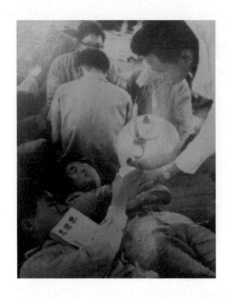

한일협정 반대 단식투쟁
서울대 법대생들은 한일협정 반대 의사를 강
력히 피력하기 위한 투쟁의 일환으로 1965년
6월 14~22일까지 200시간의 집단 단식을 벌
였다. 그들이 품은 『사상계』에서 보듯, 잡지는
학생들과 함께 불복종의 시간을 만들어갔다.

을 불러들여 이번 협정을 '신을사조약'이라 규정했다. 이러한 문제 틀은
이듬해까지 고수되는데, 1965년 7월에 발간된 긴급증간호의 부제는 다름
아닌 '신을사조약의 해부'였다. 이 긴급히 구성된 증간호들은 1963년의
전회가 일시적인 형태로 발현된 것이 아님을 입증해주는 사례였다고 할
수 있다. 그뿐 아니라 『사상계』의 이 증간호들은 지면이라는 전쟁터에서
행해진 '항거의 기록'이자 후대에도 계속해서 읽힐 "현대사의 고전"이다.
여기에는 그야말로 "한국인의 지성이 집약되어" 있었다.[12]

'등록취소',
비판적 잡지의 운명

1960년대 중반 군사정권은 비판적 매체와 정치세력화하는 학생 집단

에 대한 동시적 규제를 제도적 장치를 통해 실현하고자 했다. 그 시작은 '언론규제법'과 '학원보호법' 입법조치 추진이었다. 이어진 계엄령과 위수령의 발동으로 법이라는 장치는 더욱 급진적으로 활용되었다. 이 긴급권이 행사됨에 따라 일체의 집회와 시위가 금지되었고, 거의 모든 저항적 행위가 불법이 되었다. 이러한 불법화의 시도는 담론적 차원을 통해서도 이루어졌는데, 이를테면 '학생 정치가' '사이비 학생' 등의 조어를 생산하며 데모라는 행위, 나아가 데모 주체의 정체성과 신원을 불온한 의미로 물들였다. 그뿐만 아니라 이러한 낙인찍기는 어느 순간 '불법적'이라는 맥락을 넘어 훨씬 더 위협적이고 위험한 언어의 생산으로 이어졌다. 데모와 그것에 관련된 학생 및 지식인들을 '파괴적, 반국가적, 이적적'이라는 단어들과 연결시킴으로써 '극도의 교란상태'를 야기하는 '국체를 부인하는 행위자'로 표상한 것이다.

『사상계』가 학생의 집회와 시위를 '불법'으로 만드는 권력의 메커니즘을 신랄하게 파헤치고 비판했던 것은 이 때문이었다. 데모의 주역인 청년들이 '최후 저지선'에 나가 있다면, 『사상계』는 후방에서 투쟁의 정당성 확보를 위한 담론전을 벌이고 있었다. 물론 잡지가 학생의 뒤에서 담론전만을 벌인 것은 아니었다. 함석헌을 비롯한 필자들과 사상계사 전^全직원은 구속학생 석방을 위한 서명운동에 동참했다. 또한 장준하, 지명관, 함석헌 등은 언론윤리위원회법을 '전례 없는 악법'이라 규탄하며 정부의 언론정책을 전면 비판하는 한편, 이 법의 철폐와 항구적인 자유언론의 수호를 위해 '자유언론수호연맹' 결성에 앞장섰다.

눈여겨봐야 할 것은 한일협정 반대 투쟁 시기를 거치는 동안 비판의 초점이 한일국교 정상화라는 이슈에서 정권에 대한 비판으로, 나아가 5·16에 대한 재평가로 옮겨지고 있었다는 점이다. 특히 5·16을 '혁명'이 아닌 '쿠데타'로 재인식하는 작업이 본격화되었다. 『사상계』는 5·16을 단지 정치사적 차원에서만이 아니라, 역사적 차원 그리고 정신사적 차원에서 4·19와는 전연 다른 가치와 의미를 지니는 사건으로 담론화하기 시작했다. 이는 곧 "5·16은 4·19정신의 계승"이라는 군사정권의 규정을 파기함으로써 정권의 정통성을 근본적으로 뒤흔드는 일이었다.

한편 1960년대에 접어들어 『사상계』가 보여준 행보는 군사정권으로 하여금 더욱 강경한 통제정책을 모색하게 했는데, 이는 정치적·경제적 차원에서 두루 행해졌다. 협정 비준 파문으로 1965년에 다시 대규모의 투쟁이 전개되자, 당국은 '정치교수' '선동교수'라는 명목으로 21명의 교수들을 대거 해임하거나 파면시켰다. 이 명단에는 『사상계』 전·현직 편집위원과 '조국수호국민협의회' 의장단 및 교수단, 문인계 실행위원 등이 다수 포함되어 있었는데, 이러한 낙인찍기와 학교로부터의 추방은 시민사회를 위축시키고 대학과 정치적 공론장과의 연합관계를 해체하려는 조치였다고 할 수 있다.[13] 정부는 그해 10월 26일 민중당 주최 국민대회에서 박정희와 정권에 비판적 발언을 했다는 이유로 장준하를 구속하기도 했다.

정부의 통제는 『사상계』에 직접적으로 가해지기도 했다. 발행인 장준하는 여러 차례 세무사찰을 받았고, 이는 가산차압으로 이어졌다. 또한 사상계사에 1300여만 원의 추징금 납부를 강요했으며, 잡지사와 거래관계가 있는 지업사, 인쇄소, 제본소, 광고대행사, 서점까지 세무사찰을 진행했다.[14] 1965년경 정부가 보인 대처법은 사실 『사상계』가 박정희 정권에 비판의 날을 세우기 시작한 1963년에도 시도된 적이 있었다. 정보기관을 통해 전국 각 서점에 압력을 넣어 1963년에 발간된 『사상계』 4월호와 5월호를 무더기로 반품시킴으로써 판매 자체를 봉쇄한 것이다. 이러한 의도적 반품 작전이 문제적인 특정 호들에 대한 것이었다면, 1965년의 세무사찰은 사상계사의 존립을 뒤흔드는 조치였다. 이 무렵에 발간된 『사상계』 1966년 10월호 지면에 등장했던 "악랄한 수법은 더욱 지능화되어 음성적인 탄압(끈덕진 제작의 방해, 판매망에 대한 교란, 제작 유관처에 대한 압력)으로 『사상계』를 고립화시키려고 획책한다."라는 발언은 이 같은 상황을 가리킨다. 기존의 경영난에 정치적 탄압이 더해짐에 따라 『사상계』는 1966~67년 사이 지면을 줄이고 격월제로 발행하는 등의 호구책으로 명맥을 이어가게 된다. 그러나 정치적·경제적 난국이 심화되어 차후 「오적」 사건'을 기해 이 잡지는 끝내 폐간되고 만다.

1970년에 발생한 유명한 필화사건인 「오적」 사건은 단지 해당 시의 문제성을 짚고 창작자를 처벌하기 위해 마련된 것은 아니었다. 당국은 '불온한 시'를 게재해 그것을 불특정 다수의 독자대중에게 널리 퍼뜨린 '저의底意'가 무엇인지 추궁했는데, 말하자면 이 사건을 매개로 특정 매체들(『사상계』와 『민주전선』)의 존립을 뒤흔들고자 한 것이다. 그러나 이러한 시도가 결정적 계기를 마련하지 못하자 정부는 다른 방식을 통해 다시 이들 매체의 존립 여부를 결정짓는 일에 개입하고자 했다. 피의자들이 보석으로 풀려난 지 한 달이 안 된 시점인 1970년 9월 26일, 문공부는 '신문통신 등의 등록에 관한 법률'(제3조 제9항, 제4조 제3항, 부칙 제3항 등)을 적용해 『사상계』의 등록을 취소시켰다. 인쇄시설을 갖추지 못한 『사상계』가 인쇄소 책임자를 인쇄인으로 올려야 하는 규정을 어겼다는 이유였다. 문공부 측은 1964년에 '신문통신 등의 등록에 관한 법률'이 개정된 후 해당 잡지사에 시설 보완을 수차례 요구했으나, 이를 이행치 않고 계속해서 발행을 해왔기 때문에 부득이 등록취소 결정을 내리게 되었다고 발표했다. 그러나 이 같은 취소사유는 명목상의 이유일 따름이었다. 이것은 오히려 다른 어떤 의도, 즉 '당국의 저의'를 묻게 만들었다.

장준하 구속
1965년 10월 26일의 민중당 주최 국민대회에서 '박정희 대통령은 밀수왕초'라는 발언을 했다는 이유로 장준하 사상계사 대표가 구속되었다. 「사상계」도 김지하의 「오적」이 실린 1970년 5월호를 끝으로 폐간되었다.

사실 『사상계』에 적용된 행정처분 방식은 함석헌이 발행인으로 있던 『씨올의 소리』에 먼저 적용된 바 있다. 1970년 문공부는 해당 잡지 5월호가 '신문통신 등의 등록에 관한 법률' 제8조에 규정된 인쇄인의 변경등록 절차를 위반했다는 이유로 등록취소 결정을 내렸다. 창간호인 4월호와 5월호, 단 두 권이 발간된 직후의 일이다. 당시 함석헌은 이러한 처분에 대응하기 위해 문공부 장관을 상대로 서울고법 특별부에 취소청구소송을 냈다. 또한 당국이 공표한 취소사유를 두고, 그것은 단지 "표면적인 이유일 뿐" 궁극적 이유는 해당 잡지가 "정부에 대한 올바른 비판"을 시도했다는 데 있음을 피력했다. "미움을 샀기 때문"이라는 것이다. "보도와 비판의 자유는 집권층의 안보에 위협이 될지는 모르지만 참 백성 참 민주주의의 안보는 더욱 강화되는 것"이라는 그의 지적은, 비록 존재할 수 있는 자격은 얻었지만 끝내 복간되지는 못한 『사상계』의 운명과 1970년대 한국의 공론장에 스며들던 권력의 억압적 힘을 상기시킨다.[15]

실제로 1960년대 중반 이후, 특히 1970년에 다다라 박정희 정권의 지식인 잡지에 대한 탄압은 한층 강화된다. 그리고 이로 인해 많은 잡지들이 공식 혹은 비공식적인 이유들로 공론장에서 퇴출당했다. 『사상계』(1953년 창간, 1970년 폐간), 『상황』(1969년 창간, 1974년 발간취소), 『한양』(1962년 창간, 1973년 폐간), 『씨올의 소리』(1970년 창간, 통권 2호로 등록취소), 『다리』(1970년 창간, 1974년 등록취소), 『대화』(1970년 창간, 1977년 등록취소), 『지성』(1971년 창간, 1972년 등록취소) 등의 잡지가 역사의 뒤편으로 사라져갔다.

언젠가 김병익은 지난 시대를 회상하며 이렇게 이야기한 적이 있다. 1960년대는 "염색한 군복과 두툼한 『사상계』와 바라크의 막걸리"의 시대였다.[16] 아마도 당대를 살아갔던 지식인에게 1960년대라는 시기는 『사상계』없이 기술될 수 없다는 평가일 것이다. 이러한 언급은 이 시대에 '잡지'라는 매체가 갖던 특정한 역할과 위상을 떠올리게 한다. 비판적·학술적 담론의 주요 생산지로서만이 아니라 지식인들이 정치적 지향과 사회적 역할을 숙고하는 데도 큰 영향을 미친, 일종의 시대의 조력자이자 동반자로서의 위상을 가졌음을 말이다. 그러므로 당대와 더불어 호흡하려 했던 『사상계』의 폐간은 한국의 지성사를 중심에 놓고 볼 때, 한 시절이 저물어가고 있음을 보여주는 상징적이고도 징후적인 사건이라 할 수 있다.

출판계의 지각변동과
주간지 시대의 개막

그런가 하면 한 논자는 1970년대를 목전에 둔 시점에서 "『사상계』의 쇠퇴"라는 현상에서 "탈바꿈하는 잡지계"의 중요한 변화들을 다음과 같이 짚어내기도 했다.

> 민권투쟁에 앞장섰던 『사상계』의 쇠퇴는 정치적 절규만으로 독자를 계몽하던 시대가 끝나고 보다 구체적이며 분석적인 내용을 원하는 독자들의 요구를 반영한 것으로 종합지의 앞날에 많은 교훈을 남겼다고 할 수 있다.[17]

앞서 살펴본 것처럼 『사상계』의 쇠락과 폐간에는 정치적 압력이 막대한 영향을 끼쳤다. 그러나 이것이 절대적인 이유는 아니었다. 『사상계』가 역사의 뒤편으로 사라져가는 배경의 한편에는 출판시장과 매체 환경의 변화라는 맥락이 자리하고 있었다. 『사상계』의 발행인 부완혁은 "정론正論의 시절은 아득한 옛이야기로 사라지고 염치없이 황색주의·상업주의·도색주의의 대소잡지 경영주들의 제품들이 언론계와 서점가에 범람난무하고" 있어 "금석지감今昔之感을 금할 수 없으리라." 통탄했지만, 이러한 변화는 거대한 자본의 흐름과 출판계의 지각변동 속에 급속히 진행됐다.[18] 1960년대 중반을 거치는 동안 본격화된 잡지의 분화와 다양한 전문지의 등장은 『사상계』 같은 종합지 한 권으로 모든 분야를 망라하던 잡지의 시대가 종식되고 독자층도 분화되었음을 암시했다.[19] 특히 '주간지 붐'과 '계간지의 출현'은 『사상계』로 대표되는 종합지가 지식인 사회에서 이전만큼의 영향력을 가질 수는 없게 될 것임을 예고하는 것이었다.

1960년대 후반에 이르러 한국사회에는 바야흐로 주간지의 시대가 도래했다. 사실 '주간지 붐'은 1960년대 초부터 점쳐졌다. 신문 및 정당 등록에 관한 법안이 공포된 지 얼마 지나지 않은 1960년 7월까지만 해도 등록된 일간신문과 통신, 주·순간 등의 정기간행물이 40종을 넘어섰다. 이 중에서도 눈길을 끌었던 것은 과반을 차지한 주간지였다. 정기간행물 허가제 폐지 후 발간된 『주간춘추』 『주간대중』 이외에도 등록신청이 접수된 주간지만 50건이 넘었다. 당시 언론계 관계자나 출판업 종사자들 사이에서는 '우리나라에도 주간 붐이 올 시기가 됐다.'는 평이 자주 오르내렸다. 그러나 동시에 서구나 일본의 상황과는 다른 제작 및 운영 여건상 '주간지 붐'은 쉽사리 일지 못할 것이라는 전망도 제기되었다. 의견은 분분했지만 1960년대가 막 시작된 시점에서 적극적으로 제기되었던 "과연 누가 우리나라에도 주간 붐을 불러일으킬 것인지?"라는 물음은 분명 주간지 시대의 도래에 대한 부푼 기대를 실어나르고 있었다.[20]

그러던 중 '주간지 붐'을 일으킨 것은 신문매체를 소유하고 있던 언론사였다. 한국일보사는 다른 언론매체들에 비해 일찌감치 주간잡지의 필요성을 인식하고 주간 단위의 생활을 패턴화할 수 있는 잡지를 기획했다. 이러한 관심이 상당히 빠른 것이었음은 1954년 11월 『한국일보』의 부록으로 발행된 일요판 주간지를 통해 확인할 수 있다. 한국일보사는 11월 7일자 사고社告를 통해 "지금 우리나라에는 재미있는 주간잡지가 매우 드물어서 나날의 생활과 노무에 시달리는 여러 대중들이 유익한 지식, 흥미있는 읽을거리, 그림과 사진을 보여달라는 요청"이 쇄도하고 있다며, 이에 대한 응답으로 주간지를 내게 되었다고 밝혔다. 당시 이 일요판은 상당한 주목을 끌며 인기리에 판매되었다.

1960년대 중반에 이르러 한국일보사의 이 같은 관심은 『주간한국』이라는 독립 매체의 발간으로 이어졌다. 그리고 『주간한국』의 성공에 힘입어 『주간중앙』(1968년 8월 24일), 『선데이 서울』(1968년 9월 22일), 『주간조선』(1968년 10월 20일), 『주간경향』(1968년 11월 17일) 등이 연이어 창간되었다.

> 토요일 아침 출근 '버스'에서 내리면 맨 먼저 눈에 띄는 것이 거리 한 모퉁이에 쌓여 있는 이 『주간한국』이다. 웬만큼 바쁘지 않은 사람이면 으레 하나 사게 마련이다. 얼마 지나지 않아 "주간한국일보요!" 하는 소년들의 음성이 사무실까지 울려온다. 그 무렵이면 대부분의 사무원들이 하루의 가장 바쁜 첫 일과를 대충 정리하고 한숨 돌리게 된다. 벽에 걸린 괘종시계는 10시 반쯤을 가리키고, 사무실의 분위기도 이제 정돈되며, 그래서 첫 번째 방문객과 한잔의 '코피'를 위하여 다방으로 향할 여유가 생긴다. 여기서 처음으로 『주간한국』을 펼쳐 큰 제목들을 훑어본다. 이렇게 하여 가난한 주말이 실감 있게 시작되는 것이다.[21]

「선데이 서울」과 「주간한국」 창간호
1964년 9월 27일 한국일보사에 의해 창간된 「주간한국」은 최초의 상업주간지였다. 창간 당시 판형은 타블로이드판, 지면은 32면, 한 부당 가격은 10원이었다. 「주간한국」의 성공에 힘입어 「선데이 서울」 등이 연이어 창간되었다.

'주간지 붐'이 주시할 만한 현상이었던 까닭은, 이것이 출판계 동향을 바꾸어놓는 신선한 바람을 몰고 왔을 뿐 아니라, 그들의 독자인 한국인들의 삶에도 지대한 영향을 끼쳤기 때문이다. 주간지는 "온 나라의 주력週歷이었고 주말의 유원지"[22]였다고 일컬어질 만큼 주 단위 생활양식을 반영하는 동시에 도시 생활자들의 삶의 리듬을 더 획기적으로 변화시키는 요인으로 작용했다. 또한 주간지는 '소비문화 시대의 대표적 매체'로 자리 잡아갔다. "웬만큼 바쁘지 않은 사람이면 으레 하나 사게 마련"이었다는 염무웅의 회상은 그것이 얼마나 도시인들의 생활 깊숙이 파고들어 그들의 '일상에 대한 감각'을 구성하고 있었는가를 보여준다. '주간지 붐'을 타고 한국사회에는 그야말로 '주간(지) 문화'가 만들어지고 있었던 것이다.

이러한 흐름이 만들어질 수 있었던 데에는 정부의 정책적 지원도 큰 역할을 했다. 1960년대 박정희 정권은 언론계와의 대립을 해소하는 방안으로 '경영 합리화'를 내세웠다. 정부는 언론사들에 정책적 특혜를 제공하고 상업차관의 혜택을 부여하는 등 '언론의 기업화'를 촉진했다. 다매체 경영이 가능해짐에 따라 『동아일보』는 동아방송을 개국했고, 삼성은 동양방송과 『중앙일보』를 소유하게 되었다. 또한 『한국일보』 『조선일보』 『서울신문』 등 주요 일간지는 자사의 자매지로서 주간지를 창간해 운영하기 시작했다. 이 현상을 신문자본이 주도할 수 있었던 것은 군소 출판사는 갖지 못한 유리한 여건 덕분이었다. 정부의 제도적 혜택에 따라 가능해진 다매체 경영과 자본축적, 아울러 기존에 구축해놓은 전국 규모의 매체 보급망은 자사의 잡지를 폭넓게 유통시킬 수 있는 중요한 기반이 되었다.

이러한 맥락에서 1960년대 후반 한국사회에 '주간지 붐'에 관한 소식이 '문 닫는 출판사'와 '쓰러져가는 종합잡지'에 관한 소식과 함께 전해지고 있었다는 사실은 중요하게 기억될 필요가 있다.

> 한국잡지 육십 년사를 굽어보면 그동안 무수한 잡지들이 명멸하면서 '문화적 향도(嚮導)'로서의 소임을 해왔음을 알 수 있다. 천식 환자처럼 짧은 호흡 속에서도 언제나 민중을 계도하고 새로운 지식을 전달하기에 진력해왔던 것이다. (…) 그러나 오늘날 우리의 잡지는 점점 빛을 잃어가고 있다. 라디오 TV의 대량 보급과 각종 주간지의 홍수 속에서 고군분투하고 있다. 대부분의 잡지들은 적자운영에서 허덕이고 있으며 유능한 편집자들은 하나둘 잡지사를 떠나고 있다. 술집을 차렸다 양복

점을 냈다는 씁쓸한 뉴스 속에 '시지푸스의 도로(徒勞)'를 계속하고 있는 것이 오늘의 잡지 편집자들이다. 이런 추세로 나가다가는 언젠가는 잡지가 이 땅에서 자취를 감추는 날이 오고 말 것이다.[23]

이 시기 출판계에서는 대량으로 발행되는 매머드 잡지와 발행부수가 적은 고급지·전문지로 나뉘는 양극화 현상이 두드러지게 나타났다. 각 분야의 지식과 정보 제공을 목적으로 하는 전문지가 앞다투어 창간되었고, 이 중 교육·종교·경제 분야의 전문지 몇몇은 1만 부 이상을 발행하며 흑자를 내기도 했다. 계간지인 『창작과비평』약칭 『창비』 『문화비평』 등의 잡지 역시 고정독자를 상당수 확보하며 건실한 경영체계를 확립하고 있었다. 그러나 앞의 인용문에서 보듯 이들 고급지·전문지의 대량 판매는 여전히 요원한 실정이었다. 발행부수가 적은 잡지들이 영세자본에 허덕인 것은 하루 이틀 일이 아니었지만, 10만 부 이상을 발행하던 대형 잡지가 경영난에 봉착했다는 소식이 날아든 것은 뜻밖의 일이었다.

1955년 창간 이후 10년 넘게 여성계를 리드해온 『여원』의 경우, 월 2000만 원 상당의 제작비를 부담하다 1970년 결국 폐간되고 말았다. 여성교양지를 목표로 창간된 『신여상』은 3권을 낸 후 발간 중지 상태에 처했다. 주요 여성지들의 경우, 오프셋인쇄 같은 화려한 제작과 부록 발행 등의 치열한 경쟁을 벌이고 있던 탓에 자본 확보와 경영 안정화를 도모하기 어려웠다. 정가보다 수십 원씩 더 드는 제작비로 인해 많이 팔릴수록 손해가 나는, 이른바 '부수가 올라도 적자가 나'는 기현상이 빚어졌던 것이다. 또한 손해를 보면서 싼값으로 덤핑을 하는 잡지사들이 생겨나면서 상황은 더 악화됐다. 발행부수 10만 부를 돌파한 잡지가 여럿이고 약 30여 종의 잡지가 2만 부를 오르내리게 된 것은 고무적인 현상이었지만,

이 현상을 떠받치고 있는 실정은 가히 바람직하지 않았던 것이다.

이처럼 "잡지계의 판도가 달라져가는 현상"은 1967년 무렵부터 목격되기 시작했다. 을유문화사 판매부가 문을 닫았고 군소 출판사들은 도산을 면치 못했다. 서울 시내의 주요 거점에 위치해 있던 도매점과 서점들, 그리고 전국 각 지역의 유수한 서점들이 영업을 종료했다. 대학가 서점의 상황 또한 크게 다르지 않았는데, 가령 서울대 문리대 앞에 있던 대학서림, 학림서점을 비롯해 고려대, 연세대, 이화여대 등 대학 주변의 서점들에는 연이어 폐점 간판이 내걸렸다.[24] 그런가 하면 1968년 새해 벽두에는 '건전한 교양잡지'들이 쓰러졌다는 소식이 가장 먼저 날아들었다. 『동서춘추』가 9호, 『여상』이 64호를 끝으로 종간된 것이다. 특히나 1962년 11월에 창간호를 냈던 『여상』의 폐간은 의미심장하게 다가왔다. '자진 종간'을 선언하며 기업주와 직원들은 깊은 슬픔을 안고 해산했다. "정신적 양식이 없는 근대화가 가능한가? 잡지도 문화사업인 이상 그 건전한 육성을 위해 정부의 뒷받침이 시급하다."는 어느 편집장의 울분 섞인 목소리가 공론장을 타고 흘렀다.

출판계의 불황과 종합지의 쇠락에는 고정독자 확보의 어려움, 용지 가격의 앙등, 판매시스템의 난맥상, 자금난 등의 고질적인 문제가 큰 영향을 미쳤다. 월부판매 제도에 의존하거나 학교를 통해 학생들에게 배부하던 기존의 유통구조 속에서 '전집류'를 제외하고는 꾸준한 판매고를 올리기 어려웠던 탓이다. 그런데 이러한 상황을 가속화시킨 결정적 요인은 다른 차원에서 발생하고 있었다. 그것은 바로 대기업화하는 출판경영 구조의 변동이다. 1960년대 말 하나둘씩 쓰러져가는 탄탄한 잡지사들을 바라보며 한 논자는 "기존 잡지들은 점차 대재벌의 배경을 가진 신문사의 매스컴 시스템에 넘어지지 않을 수가 없으리란 전망"을 내놓았다.[25] 1960년대 중반부터 거대 신문사들이 정부를 등에 업고 본격적으로 잡지계를 잠식해감에 따라 기존의 판도에 급격한 지각변동이 야기되었다는 것이다.『신태양』을 창간해 해방 이후 종합지 시대를 개척했던 황준성의 『여상』, 『희망』으로 대중잡지의 길을 텄던 김종완의 『동서춘추』가 쓰러지는 광경은 '잡지 베테랑'들을 더이상 버틸 수 없게 만드는 잡지계의 현실을 입증하는 사례였다. 말하자면 "경력과 패기 대신 자본과 조직망의 시대로 들어서고 있는 징조"로 읽혔던 것이다.[26] 이처럼 '종합지 붐'이 '주간지 붐'으로 본격 이행해가는 세태가 의미하는 바는 단지 출판계 혹은 독서 패턴의 변화라는 차원에서만 이해될 수는 없는 것이었다. 그것은 정부의 지원 속에 밀려들어오는 거대 자본으로 인해 초래된, 1960년대 중반부터 이미 진행되고 있던 출판계의 또다른 지각변동을 말해주는 것이었다.

"다시
잡지 문화의 꽃을"

1970년대를 목전에 둔 한국사회는 "오랫동안 지식층의 반려로 군림해오던 종합지가 폐간되었다는 우울한 분위기"에 휩싸였다. 이는 1960년대 초반 종합지의 변화와 성장을 지켜보며 "지식인들에게 현실 참여의 길을 활짝 터주는 현상"이자 "양식의 진출"이라 평하던 격앙된 목소리를 새삼 떠올리게 만들었다.[27] 또한 이것은 '고도성장의 꿈'을 향해 나아가자던 정권의 활기찬 목소리와 사뭇 대비되는 것이기도 했다. "다시 잡지 문화의 꽃을"(이광훈) 피우자는 의지의 음성은 마치 명랑한 분위기에 파열을 가하는 불협화음처럼 들렸다.

『창작과비평』과 『문학과지성』 창간호
1966년 창간된 『창작과비평』은 "자기 세대의 지적인 표현기관"이자 "시대적인 지적 표현기관"으로 인식되었다. 뒤이은 1970년 창간된 『문학과지성』과 더불어 한국사회에서 '계간지의 시대'를 열어나가는 데 앞장섰다.

"생각하지 말라. 그러면 우리는 존재할 것이다."라는 "침통한 역설"이 질병처럼 퍼져나가기 시작한 시대에, 잡지는 "무서운 창조력과 유쾌한 파괴력"을 다시 한번 불러일으켜줄 중요한 매개로 인식되었다.[28] 특히나 당대 문학자들에게 '언어'는 "한 시대의 허위를 증언하고 폭력과 선동에 의한 고귀한 정신의 말살에 저항하는 유일한 힘"이자 "유령의 소리로 미만한 이 세계에 가장 근원적인 부정(否定)의 힘"이었다.[29] 그러한 맥락에서 김수영 시의 한 구절을 빌리자면, 잡지는 여전히 그들의 "모든 프라이드"이자 "재산"이자 "연장"일 수 있었던 것이다.[30]

그리하여 "다시 잡지 문화의 꽃을" 피우려는 지식인들의 의지와 열정은 새로운 형식의 잡지들, 이를테면 『창비』나 『문학과지성』약칭 『문지』 같은 계간지를 통해 지펴졌다. 김윤식의 지적처럼, 이 두 잡지는 "'계몽'이 불가능한 곳에서 새로이 출발할 수밖에" 없다는 1960년대적 현실인식의 기반 위에서 시작됐다. 즉 『창비』와 『문지』의 출현은 "더이상 과거의 『사상계』가 수행했던 공통 영역으로서의 지식인 담론의 장이 불가능해진" 상황에 대한 암시이자, 동시에 그러한 상황을 타개해나갈 수 있는 가능성이기도 했던 것이다.[31]

1966년 1월에 창간된 『창비』는 초창기만 해도 100여 면 남짓한 분량으로 출발해 소수의 제한된 독자들에게 동인지처럼 읽혔으나, 5년이 채 안되어 300면에 가까운 규모를 갖추는 것은 물론 4000여 명의 독자를 갖게 된다.[32] 계간지라는 형식과 편집위원 체제의 운영, 더불어 가로조판의 사용과 한자의 최소화, 순한글 찾아 쓰기 등을 통해 체재상의 청신함을 꾀하는 한편, 시민문학론과 민족·민중문학론, 제3세계론, 분단체제론, 동(북)아시아론 등의 진보적 담론을 꾸준히 개발하고 선도하여 대학생을 비롯한 광범한 지식인층이 애독하는 잡지로 성장한 것이다. 이러한 시도는 당대인들에게 단지 형식상의 새로움으로만 비춰지지 않았다. 『창비』는 그 자체로 "자기 세대의 지적인 표현기관"이자 "시대적인 지적 표현기관"으로 인식되었다. 『창비』의 창간이 "우리 세대에게는 엄청난 충격"이었다는 임헌영의 회고나, "4·19적인 분위기를 가장 잘 표현해낸" 매체가 다름 아닌 『창비』였다는 김병익의 지적을 가볍게 지나칠 수 없는 까닭은 이 때문이다.[33]

그런가 하면 『창비』는 1970년 8월에 창간되는 『문지』와 더불어, 편집·출판에 있어 새로운 체재와 운영방식을 선보임으로써 동인지 특유의 정체성을 갖추어나가는 한편, 한국사회에서 '계간지의 시대'를 열어나가는 데 앞장서기도 했다. 이들 잡지는 기존의 월간 문예지나 종합지와 차별화되는 방식을 통해 원고를 모집하고 작품을 선별함으로써 젊은 작가들의 산실로서의 역할을 수행했고, 새롭고도 풍부한 문학 논의가 이루어질 수 있는 비평공간을 개발하고 확장해나갔다. 그뿐만 아니라 1970년대에 접어들어서는 지식인의 타성과 무기력, 아울러 권력의 억압성과 권위주의를 성찰하는 각성의 시간을 마련해 문학저널리즘의 발전을 넘어 한국사회의 공론 영역의 발전에도 공헌했다. 권력의 감시와 탄압 속에서도 1970년대의 잡지는 지난 시대의 비평정신을 계승하면서, 동시에 새로운 형식과 스타일에 대한 모색을 꾀하며 '다시' 꽃피우고 있었다.

영화, 독보적인 대중문화

이순진

1960

1961년,
마부 춘삼의 극장 구경

홀아비 마부 춘삼은 마주댁^{馬主宅} 식모인 수원댁과 극장으로 데이트를 하러 간다. 한창 영화에 몰두하고 있을 무렵, 춘삼의 둘째 딸이 남자친구와 함께 극장 안으로 들어온다. 딸에게 들킬까봐 조바심을 내던 춘삼은 영문을 몰라 어리둥절한 수원댁을 끌고 서둘러 극장을 나온다. 영화 「마부」 강대진, 1961의 한 장면이 보여주는 것처럼 1960년대 초 영화 관람은 도시 하층민도 쉽게 접근할 수 있는 일상의 여가활동이었다. 더구나 중년의 아버지와 20대 딸이 같은 영화를 볼 만큼 당시 영화는 전세대 관객층을 아울렀다.

서구 제국에서 만들어진 영화들이 싼값으로 대량 복제되어 전세계에 유포됨으로써 인류 역사상 유례가 없는 문화예술의 대량 생산과 소비의 시대를 열었다. 한국에도 1900년대 초부터 서구영화가 들어와 도시 관객에 의해 향유되었지만 전국으로 퍼지기까지는 상당한 시일이 걸렸다. 영

아카데미극장 앞의 인파
1960년대는 영화 문화 전반의 인프라가 구축되며 영화가 새로운 대중문화로 자리 잡게 되었다. 일제 강점기부터 있던 극장 외에 아카데미극장, 피카디리극장 등이 1950년대 말 새로이 문을 열었다.

화 관람이라는 여가활동은 노동대중의 대규모 출현과 도시적 생활방식으로의 변화를 기반으로 하기 때문이다.

산업자본주의가 발달한 배경에서 영화가 등장했던 서구와 달리 한국은 1950년대까지도 농업 위주의 사회였기 때문에, 일찌감치 상설극장이 세워졌던 몇몇 대도시를 제외하면 영화는 마을로 찾아오는 이동영사대가 설치한 가설극장에서나 접할 수 있는 장날의 여흥거리에 머물렀다. 초창기부터 한국에서는 원판을 복제한 상영용 필름인 프린트print 한 벌만 유통되는 관행이 지속되어 영화는 서울에서 지방 대도시, 그리고 더 작은 지역을 차례로 도는 순회흥행 방식으로 소비되었다. 순회흥행은 흔히 어트랙션 쇼attraction show라고 불렸던, 노래나 만담으로 구성된 공연을 동반하곤 했다. 미국영화가 많이 유입되었던 한국전쟁 직후에는 지방으로 갈수록 자막 읽는 데 어려움을 겪는 관객이 많아서 영화의 소리를 줄이고 내용을 설명해주는 변사들이 여전히 활동하고 있었다.

영화가 대량으로 생산·소비될 수 있는 기반은 1950년대 말에 와서야 서서히 마련되었다. 1950년대 중반까지 10편 내외에 머물던 한국영화의 연간 제작편수가 1959년에는 100편을 넘어섰다. 흥행의 중심지였던 서울에서는 단성사, 국도극장, 스카라극장, 중앙극장 등 식민지 시대부터 있었던 극장들 외에 국제극장(1956년), 명보극장과 을지극장(1957년), 대한극장과 아카데미극장(1958년), 피카디리극장(1959년) 등이 문을 열었다. 같은 시기에 지방 대도시들에서도 새로운 극장이 등장했으며 영화를 배급하는 지방 흥행업자들 또한 활동을 시작했다. 이처럼 전국 배급망이 구축되면서 비로소 서울과 지방 대도시에서 영화를 동시에 개봉하는 관행이 자리 잡게 되었다. 당시 유통된 프린트는 대개 3~6벌이었는데 이는 전국의 3곳 내지 6곳의 극장에서 동시에 같은 영화가 개봉되었다는 뜻이다. 많게는 1000개가 넘는 멀티플렉스의 스크린에서 동시 개봉하는 요즘에 비할 바는 아니지만 1960년을 즈음해서 전국을 엮는 영화 네트워크가 비로소 구축되기 시작했던 것이다. 영화가 모든 계층과 세대를 아우르며 독보적인 대중문화가 되었던 1960년대는 그렇게 준비되고 있었다.

—

도시 서민 가족 드라마 속 한국사회

춤바람 난 유부녀(자유부인), 전쟁으로 남편을 잃고 집 밖으로 나온 전쟁미망인, 미국적 라이프스타일과 개인주의를 의장衣裝으로 걸치고 거리를 활보하는 맹랑한 아가씨들(아프레-걸), 미군에게 몸을 판 대가로 자본주의적 풍요를 맛보는 양공주까지, 전후의 스크린을 수놓았던 '위험한 여성들'dangerous women은 당대의 문제, 즉 전후의 빈곤, 가치관의 혼돈, 가족의 붕괴를 전면적으로 드러내고 있었다. 그들은 전쟁으로 전통적인 삶의 방식이 파괴된 상태에서 도덕적 통념에 대한 도전을 감행했다. 문제는 그들의 도전이 소비주의와 물질주의 같은, 전후 한국을 휩쓸었던 미국 대중문화가 유포한 가치에 대한 경도로 표현되었다는 것이다.

1960년대 초 영화에서 아버지가 귀환하고 가족이 복구된 서사가 중심이 된 것은 사회 전반의 미국화와 전통적인 가치관의 붕괴에 대한 대중의 저항감이 표출된 것으로 이해할 수 있다. 가족 드라마들은 미국풍에 휩쓸린 1950년대의 위험한 여성들을 어떻게 가족 안으로 다시 포섭할 수 있는지를 보여주었다. 예컨대 「마부」에서 돈 많은 남자를 만나기 위해 양장을 하고 메릴린 먼로Marilyn Monroe의 걸음걸이를 연습하던 춘삼의 둘째 딸은 잘못을 뉘우치고 가정으로 돌아와 건실한 노동자 청년과 결합한다. 「서울의 지붕 밑」이형표, 1961에 등장하는 자식들은 혼전임신까지 하며 반대하는 결혼을 감행하지만 마침내 부모의 인정을 받는다. 두 영화의 자식들은 전후에 등장한 새로운 세대를 표상한다.

새로운 세대는 미국식 제도교육을 통해 자유의 가치를 배웠고 미국영화를 보면서 개인의 욕망을 실현하는 것이 미덕임을 깨달았다. 그들은 권위주의적인 정치질서를 바로잡기 위해 봉기했던 4·19혁명의 주역들이었으며, 제2차 세계대전 이후 냉전적 세계질서 안에서 자라났던 세대, 이를테면 영국의 '성난 젊은이들'angry young men, 미국의 비트 세대beat generation, 일본의 태양족太陽族과 같은 세대에 속했다. 냉전적 세계질서에 의구심을 표하고 기존의 사회구조와 윤리관에 도전했던 전후세대의 문화적 정체성은 1960년 전후로 등장한 세계 각국의 뉴웨이브New Wave 영화들로 표현되었다.

독일의 전후세대 영화인들은 "아버지의 영화는 죽었다."라고 선언*함으로써 자신의 정체성을 구축했지만, 한국영화의 청춘들은 아버지를 부정하기보다는 새로운 아버지를 꿈꿨다. 기존 질서에 대한 도전은 가부장을 복권하고자 하는 문화적 보수주의에 압도되었고, 거리로 나왔던 4월의 청춘들은 가정으로 돌아갔다. 사회문제를 가족 간의 갈등으로 치환하고 가족 구성원 간의 이해와 사랑을 통해 해결할 수 있는 것으로 제시하는 가족 드라마의 보수적인 재현방식은 5·16쿠데타 이후 도래할 세계를 예견하게 하는 것이었다.[1]

---

* 1962년 독일의 오버하우젠에 모인 젊은 영화인들은 "아버지의 영화는 죽었다."라고 선언하며 새로운 영화를 만들 것을 결의했다. 오버하우젠 선언을 주도한 이들은 이후 '새로운 독일영화'(New German Cinema)의 주역이 되었다.

하지만 가족 드라마의 행복한 결말은 가부장의 권력이 '민주적'일 수 있다는 믿음을 보여준다는 점에서 '권위적인 아버지'를 몰아내는 데 성공한 4·19혁명 당시 민중의 희망적 정서를 반영하기도 한다. 다른 사람의 의견에 귀 기울이며 자신의 부족함을 인정하는 이 시기의 아버지상은 민주적인 사회질서에 대한 대중의 기대가 여전히 살아 있음을 보여준다.[2] 요컨대 가족 드라마는 1950년대 미국화에 대한 반작용으로 작동한 문화적 보수주의와 늙은 독재자를 몰아내는 데 성공한 4·19혁명 이후의 희망적 정서가 혼재되어 있던 시대의 산물이었던 셈이다.

아버지의 약점을 보완하면서 미래의 가족을 이끌어갈 자식세대에 대한 신뢰 또한 가족 드라마의 낙관적 세계인식을 드러낸다. 가족 구성원의 희생을 바탕으로 고시공부를 하던 「마부」의 큰아들은 고시에 합격함으로써 가족의 희망이 된다. 장남의 합격을 확인하고 온 가족이 희망찬 발걸음을 내딛는 영화의 마지막 장면은 아들이 이제 무능한 아버지를 대신해 가족을 이끌어갈 새로운 가부장이 될 것임을 보여준다. 이처럼 당시에는 한 아들의 성공이 가족 전체를 가난에서 벗어나게 해주리라는 믿음이 보편적이었다. 빈부격차가 확대되고 계급구조가 고착된 1960년대 후반의 한국 사회를 그리고 있는 멜로드라마들과 비교해보면 이 점은 더욱 분명해진다. 예컨대 「화산댁」^{장일호, 1968}의 어머니는 도시로 나가 성공한 작은아들과 농촌에 남아 가난에 시달리는 장남 사이에서 마음이 찢긴다. 「마부」의 가족이 기대했던 것과는 달리 「화산댁」에서는 한 아들의 성공이 그들을 구원하지는 못했다. 오히려 형제들 사이에서조차 봉합될 수 없는 계급 간, 지역 간의 격차는 산업화의 성과로부터 소외된 이들의 고통을 가중시킬 뿐이었다. 1960년대 초 가족 드라마의 인물들은 그러한 미래를 예견하지 못했다. 사회적으로 볼 때 한 아들의 성공이 가족을 구원하리라는 믿음은 다수 민중의 희생을 발판으로 한 산업화 추진이 결국에는 사회 구성원 모두를 잘살게 해줄 것이라는 믿음으로 확장될 수 있다. 박정희 정권은 이런 믿음을 강화하고 이를 산업화의 동력으로 활용하는 데 유능했다. 영화산업은 1950년대 말에 급속히 성장함으로써 이 과정에서 중요한 역할을 수행했다.

일반적으로 산업의 성장은 문화적 보수주의와 연관된다. 대규모 산업은 더 많은 관객을 끌어들이기 위해 사회 구성원 다수가 믿는 가치를 재생산하는 경향이 있기 때문이다. 당시 사람들에게 아버지를 중심으로 한 가족의 공동체적 삶의 방식은 미국식 소비문화와 개인주의에 물든 여성들의 삶의 방식보다는 훨씬 받아들일 만한 것이었다. 도시 서민 가족 드라마는 계층적으로는 서민을, 지역적으로는 도시를, 세대에 있어서는 구세대를 중심으로 하는 한국인의 삶을 보편적인 것으로 제시하면서 세대 간의 갈등이나 도시와 농촌 간의 격차를 성공적으로 봉합했다. 전통적인 가치관을 추종하는 서민층 아버지를 정서의 중심으로 삼음으로써, 여전히 농촌 인구가 많았던 당시 한국사회에서 도시적 삶의 이질감은 완화될 수 있었다. '위험한 여성들'을 통해 전면화되었던 미국적인 가치는 문화적 보수주의의 필터를 통과하면서 순화된 채 정착했으며, 아버지와 자식의 화해라는 주제의식은 세대 간의 갈등을 순치하는 효과를 발휘했다.

'균질화'된 '국민문화' 창출을 위해

환도 직후에 개봉한 「춘향전」^{이규환, 1955}은 공전의 흥행 성적을 거둠으로써 영화제작이 이윤을 낳는 사업이 될 수 있음을 보여주었다. 「춘향전」 이후 충무로의 다방은 돈뭉치를 들고 몰려든 전주錢主들과 그들의 자본을 끌어들이려는 영화인과 연기자 지망생들로 북새통을 이루었다. 그렇게 영화제작 편수가 급증하고 신진 감독과 배우들이 등장하면서 대량 생산의 시대를 이끌어갈 인적 자원이 조성되었다. 그러나 전주들의 자본력은 영화 한두 편의 제작비를 조달할 만한 수준에 머물렀다. 영화제작을 위한 기반시설은 영화의 사회적 영향력을 확대하려는 분명한 목적의식을 지닌 다른 힘이 개입함으로써 비로소 조성될 수 있었다.

대량으로 생산·유포되는 영화는 등장 초기부터 효과적인 선전수단으로서 정치권력의 주목을 끌었다. 대규모 산업이 성장하는 한편에서 국가에 의한 영화제작이 지속되어왔던 것은 그 때문이다. 식민지 조선에서도 선전과 계몽의 미디어로서 영화의 역할이 강조되었지만 대량 생산과 소비가 불가능했던 사회적 조건 때문에 그 활용은 제한적이었다. 이승만 정권은 총독부의 특수법인이었던 조선영화주식회사의 설비를 물려받아 1949년에 정부 영화를 제작할 전담기구로 공보처 산하에 대한영화사를 설립했다. 하지만 일제의 설비는 매우 낡았고, 그마저도 전쟁의 발발로 거의 활용되지 못했다. 전후에도 민간과 정부 모두 제작시설에 투자할 여력이 없었기 때문에 영화의 대량생산 체제는 미국의 원조자금이 투입됨으로써 비로소 구축될 수 있었다.

이승만 정권은 국제연합한국재건단UNKRA과 미국무성 산하 국제협조처ICA의 원조를 받아 정부 영화제작을 위한 대규모 스튜디오를 조성했다. 중앙청 경내에 위치한 스튜디오는 1959년 1월에 완공되었는데, 공보실에서는 이 설비를 운용할 인력을 선발했고 미국의 국제협조처에서는 이들을 훈련시킬 전문가를 파견했다. 이와는 별도로 미국의 민간재단인 아시아재단에서는 상업영화 제작을 활성화하기 위해 정릉에 후반작업 시설을 갖춘 스튜디오를 마련했다. 연간 100편 이상을 생산할 수 있는 대량생산 체제가 구축된 것이다.

하지만 한국에서 영화매체의 괄목할 성장이 온전히 미국의 역할 때문이었던 것은 아니다. 오히려 국제적으로는 냉전의 문화정치가, 국내적으로는 정권의 재생산을 위한 정치논리가 영화 부문의 급성장을 가져왔다고 해야 할 것이다. 전쟁 수행에 영화가 동원되었던 일제 말기의 경험 위에서 공보public information수단으로서의 영화라는 미국식 개념을 받아들이면서, 한국정부는 영화의 대량 생산 및 소비 체제를 구축하기 위해 노력하고 있었다.

이승만 정권은 「대한뉴스」와 문화영화를 생산·보급하고 1960년 정부통령 선거를 앞두고는 민간의 역량까지 총동원해 「독립협회와 청년 리승만」신상옥, 1959을 만들었다. 이 영화는 상업영화의 외양을 갖추고 있었지만 정부가 제작한 것이나 다름없었다. 경무대가 전폭적으로 지원하고 자유당의 선거자금까지 제작비로 유입되었기 때문이다. 더구나 당시로서는 이례적으로 전국 25개 극장에서 동시 개봉되고 16밀리미터 프린트가 100벌 이상 복제되어 군부대와 지방 문화원을 통해 배포되었다. 이는 공보실이 개입하지 않았으면 불가능했을 일이다. 이승만 정권은 몰락했지만 선거에 영화를 동원했던 선례는 살아남았다. 뒤에서 다시 살펴보겠지만 1967년에 산업화의 성과를 선전하는 국립영화제작소의 「팔도강산」배석인이 선거를 앞두고 상영되었던 것이다. 이 영화는 국도극장에서 32만 6000여 명의 관객을 동원한 후에 공보부의 지시로 시군 지역을 돌며 상영되었다. 야당은 공보부가 개입한 「팔도강산」의 대대적인 상영이 선거법 위반이라고 반발했지만 중앙선거관리위원회는 야당의 주장을 받아들

이지 않았다.[3]

　박정희 정권은 선례를 단순히 반복하는 데 그치지 않았다. 쿠데타 직후 군부세력은 지난 3년간 개봉된 영화들에 대한 재검열을 실시하고 법령과 기구를 정비함으로써 영화에 대한 전면적인 관리체계를 구축하기 시작했다. 1961년 6월에 대한영화사가 국립영화제작소로 확대 개편되었고 1962년에는 영화법이 제정되어 정부가 영화를 통제하는 데 필요한 법적 기반이 마련되었다. 같은 시기에 문화예술인 단체를 재조직하는 작업도 진행되었는데, 이때 영화인연합회는 한국영화인협회로 재조직되었다. 수입업자협회와 제작자협회는, 영화법이 제작업자만 외화수입을 하도록 규정함으로써 제작자협회로 통합되었다. 이들은 영화의 수입과 제작을 독점하는 특혜를 누리는 대신 박정희 정권의 영화계 협조자로서 역할을 수행했다. 정치깡패 임화수 같은 개인을 앞세워 영화계를 동원했던 이승만 정권과는 달리 박정희 정권은 사업 이권을 매개로 영화인 조직과 항구적인 협조관계를 구축하고자 했다.

　무엇보다도 중요했던 것은 영화제작 분야의 재편이었다. 박정희 정권은 국립영화제작소를 출범시킴으로써 정부 영화의 대량생산을 위한 기반을 구축하는 한편, 민간의 영화제작사 또한 대규모 기업으로 육성하고자 했다. 1963년 1차 개정 영화법은 국산 극영화의 제작을 업으로 하고자 하는 자는 35밀리미터 이상 촬영기, 조명기, 건평 200평 이상의 견고한 시설로 된 스튜디오, 녹음기, 전속 영화감독, 배우 및 기술자를 구비하여 공보부에 영화업자 등록을 해야 한다고 규정했다.[4] 시설기준을 충족시키기 위해 군소 영화사들 간에 통폐합이 이루어졌고 그 결과 71개에 달하던 영화제작사는 6개로 정리되었다. 이때부터 제작 자율화가 시행된 1984년까지 영화사의 수효는 10여 개 안팎으로 유지되었다. 소수 제작사의 독과점을

정부 영화 대량 생산의 기반이 된 국립영화제작소
대한영화사는 1961년 6월 공보부 산하 국립영화제작소로 승격했으며 이후 각종 국정 홍보영화나 문화영화 2800여 편을 제작했다. 한국 발전상을 담아낸 황정순, 김희갑 주연의 「팔도강산」이 대표적이다.

보장함으로써 대규모 회사의 설립을 유도하는, 이른바 영화 기업화 정책은 박정희 정권 시기 영화정책의 가장 중요한 기조였다.

　문제는 대규모 스튜디오 육성 정책이 한국 영화시장에 맞지 않았다는 것이다. 스튜디오를 갖추고 전속 영화인을 고용해 영화를 대량 생산하는 공장식 시스템은 대규모 소비시장이 있을 경우에만 효율적이다. 영화가 독보적인 대중문화였다고는 해도 1960년대 한국 영화시장은 그만큼 규모가 크지 않았다. 더구나 영화인들이 자유롭게 프로덕션을 구성하고 영화를 만드는 관행이 식민지 시대 이래 지속되었고, 스튜디오를 구축할 만한 민간의 자본력도 충분치 않았다. 빌려온 기자재와 이름만 가지고 전속으로 눈속임을 하는 일이 비일비재했고, 정부는 알면서도 묵인하는 허울

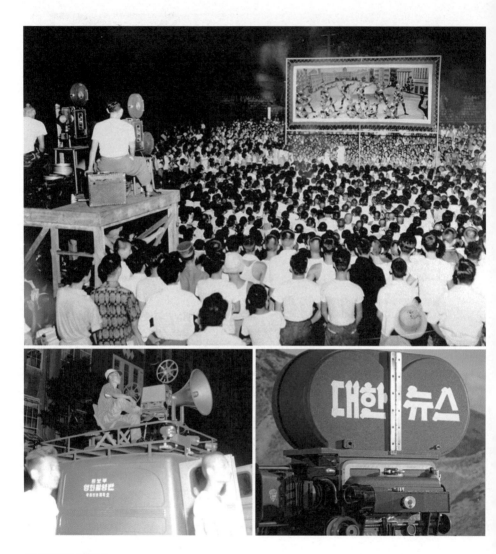

이동영사대와 대한뉴스
박정희 정권은 문화영화와 뉴스영화의 의무상영을 규정했다. 농어촌 산간벽지로 파견된 이동영사대는 「대한뉴스」를 비롯해 문화영화를 집중 상영하는 역할을 맡았다.

뿐인 기업화 정책이 박정희 정권 내내 지속되었다. 그런데도 정부가 기업화 정책을 포기하지 않은 이유는 소수의 영화사들이 제작을 장악하는 것이 통제와 관리에 효율적이기 때문이었다.

강제적인 기업화 정책이 낳은 폐단이 쌓여가고 있었지만 영화시장은 계속 성장했고 한국영화의 양적인 팽창은 지속되었다. 1969년에 연간 제작편수는 229편에 이르렀고 전국 극장의 수효도 1962년 344개에서 1970년 690개로 두 배 이상 증가했다.[5] 1960년대의 상황만 놓고 보자면 전국을 포괄하는 시청각 미디어로 영화를 성장시키고자 했던 박정희 정권의 목표는 소기의 성과를 거둔 셈이다.

또한 제정 영화법은 문화영화의 의무상영을, 1차 개정 영화법은 뉴스영화의 의무상영을 규정함으로써 국립영화제작소의 제작물들이 상영될 수 있는 체계도 마련했다. 박정희 정권은 극장을 엮는 상설 네트워크 외에도 이동영사를 적극적으로 활용했다. 국립영화제작소의 중요한 업무 중 하나는 농어촌 산간벽지로 이동영사대를 파견하는 것이었는데, 「대한뉴스」와 문화영화들은 상업영화보다 훨씬 많은 프린트가 복제되어 전국에 배포되었다.*

국립영화제작소의 초대 소장이었던 이성철은 영화야말로 "농촌이나 도시를 막론한 국민문화를 균질화하고 균등 향상시키는 중대한 역할"[6]을 할 수 있다고 주장했다. '균질화'된 '국민문화'를 창출하는 것은 개발의 기치 아래 전국민을 동원하고자 했던 1960년대의 중요한 국가적 기획이었다. 당시 가장 영향력 있는 시청각 미디어였던 영화는 이와 같은 국가적 기획에 중요한 역할을 담당했다.

---

* 예컨대 1967년 「대한뉴스」의 배포벌수는 35밀리미터 80벌, 16밀리미터 20벌이었다. 『대한뉴스 목록 제1집: 1953~79』, 국립영화제작소 1994.

대작에의 꿈,
혹은 해외 진출

1956년 미국영화 「성의」The Robe가 개봉된 이래 한국의 외화시장은 컬러 시네마스코프가 장악하고 있었다. 한국영화는 1958년 「생명」이강천으로 시네마스코프 시대를 열었지만 여전히 흑백의 세계에 머물러 있었다. 컬러 시네마스코프를 위한 기술력과 자본을 확보하는 것은, 해가 다르게 성장하던 한국 영화산업으로서도 쉽지 않았던 탓이다.

1960년 마침내 혁신을 위한 모험이 시작되었다. 영화계의 라이벌 감독-여배우 커플이었던 신상옥·최은희와 홍성기·김지미가 동시에 「춘향전」을 최초의 컬러 시네마스코프로 만드는 일에 착수했던 것이다. 이들의 경작競作은 "신춘향과 홍춘향의 피묻은 대결"로 묘사되며 세간의 화제를 모았다. 최초의 영광은 열흘 먼저 개봉한 홍성기의 「춘향전」에 돌아갔지만 모험의 결실을 가져간 것은 신상옥의 「성춘향」이었다. 「성춘향」은 서울 관객 38만 명을 동원하며 한국영화의 흥행기록을 경신했는데, 3억 환에 달하는 수입을 거뒀다고 한다. 이는 한국영화 10편의 제작비에 해당하는 금액이었다.[7] 이후 신상옥은 원효로에 스튜디오를 조성하고 전속 영화인을 고용하는 동시에 또다른 대작 영화를 기획했다. 컬러 시네마스코프의 매력을 살린 궁중사극 「연산군」과 「폭군연산」은 1962년 신정과 구정 대목에 각각 개봉되어 「성춘향」 못지않은 성공을 거두었다. 이렇게 '영화제국' 또는 '한국영화의 절반'이라고 불리곤 했던 신필름의 시대가 시작되었다.

신필름은 「상록수」1961나 「쌀」1963 같은, 박정희 정권의 개발주의를 노골적으로 지지하는 영화를 제작하고 스튜디오와 전속제를 갖춘 영화사를

신필름의 대작 영화 「빨간 마후라」
「빨간 마후라」는 신상옥의 대작주의와 정권의 필요가 가장 행복하게 만났던 사례다. 공중촬영과 미니어처 촬영 등 화려한 스펙터클을 보여주며 해외에도 수출되었다. 「빨간 마후라」 포스터와 스틸컷에서 스펙터클의 면모를 확인할 수 있다.

운영했다는 점에서 박정희 정권의 가장 적극적인 협조자이자 영화정책의 성공사례였다. 「빨간 마후라」[1964]는 신상옥의 대작주의가 정권의 필요와 가장 행복하게 만났던, 신필름 전성시대의 정점이었다. 이 영화는 태극문양을 단 전투기들이 하늘을 누비는 스펙터클을 통해 한국의 국방력을 과시하고 국토를 수호하는 민족주의적 남성 영웅상을 구축함으로써, 영화 촬영에 공군을 동원해준 정권의 기대에 부응했다. 컬러 시네마스코프 화면으로 구현된 공중촬영과 미니어처 촬영의 화려한 스펙터클은 당시 한국영화가 도달할 수 있는 최대치를 보여주었다.

그러나 정점은 또한 한계가 드러나는 계기이기도 했다. 성공을 거듭하고 있었지만 신필름은 「빨간 마후라」를 제작하던 중에 첫 번째 부도를 맞았다. 할리우드와 겨룰 만한 스펙터클을 갖춘 대작 영화를 계속 생산하기에는 한국 영화시장이 너무 협소했다. 신필름은 해외시장 진출을 통해 활로를 모색했는데 이는 스튜디오 시스템의 성공이 시장 규모에 달려 있다는 인식에서 비롯한 것이다. 신필름은 이미 「성춘향」을 일본에, 「빨간 마후라」를 동남아시아에 수출해 좋은 성과를 거둔 바 있었다.

작품 수출과 더불어 신필름은 외국 회사와 합작영화를 제작함으로써 해외시장 진출을 모색하고자 했다. 1964년 신필름과 홍콩 쇼브라더스의 합작영화 「달기」와 「보은의 구름다리」^{최경옥, 1963}는 그렇게 만들어졌다. 두 편 모두 컬러 시네마스코프였고 획기적인 특수효과를 보여주었지만 성과는 기대에 미치지 못했다. 하지만 신필름은 쇼브라더스가 장악하고 있는 동남아 시장을 포기할 수 없었기 때문에 스튜디오의 남는 인력을 수출하거나 저예산 합작영화 제작을 시도하는 등 홍콩과의 협력을 이어가려고 했다. 1966년에 신상옥은 김종필의 배려로 안양촬영소를 인수했는데, 쇼브라더스에게 촬영소 설비를 임대하여 유지비를 충당하려는 복안을 갖고 있었다. 하지만 홍콩 측이 호응하지 않아 이 계획은 실행되지 못했고 오히려 대규모 안양촬영소는 신필름의 재정 부담을 가중시켰다.

여론의 비난을 무릅쓰고 사업적 무리수를 두면서까지 신필름이 일본영화계와의 협업 가능성에 매달렸던 것은 그 때문이었을 것이다. 아시아 최대 규모였던 일본의 영화시장은 홍콩과의 협력이 뚜렷한 성과를 내지 못하는 상황에서 유일한 돌파구처럼 보였다. 하지만 국교가 단절되어 있고 일본영화의 수입이 금지된 상황에서 적극적으로 일본 시장에 진출하기는 어려웠다. 반일을 내세웠던 이승만 정권이 무너진 후로 한일 영화 교류에 대한 논의는 때때로 고개를 들곤 했지만 그때마다 여론의 반발이 극심했다. 식민지배의 역사적 경험으로부터 비롯된 일본 문화에 대한 적대감이 영화산업의 이해관계와 맞서는 형국이었다.

그런데 영화산업의 입장에서 식민지 경험은 오히려 아시아 영화 교류를 위해 활용할 수 있는 자산이기도 했다. 일제가 '대동아영화권'이라는 이름하에 일본, 조선, 만주, 중국과 대만을 영화 네트워크로 묶고자 했던 식민 말기에 성장한 세대가 건재했기 때문이다. 일제 말의 경험으로 인해 이른바 '문화적 할인'* 없이 양국의 영화가 국경을 넘나들 수 있으리라는 기대가 영화업계에 만연해 있었다. 영화업자들이 우선 관심을 둔 것은 일본영화 수입이 낳을 흥행수익이었지만 신필름으로서는 일본과의 합작을 교두보로 한 일본 시장 진출이나 기술력의 확보 또한 중요했다. 요컨대 신필름이 모색했던 아시아 영화 네트워크는 일제의 아시아 식민지배라는 역사적 경험을 자원으로 활용하고자 하는 구상이었던 셈이다.

사회 전체가 굴욕적인 한일협정 반대 시위로 들끓던 1960년대 중반, 한일 영화 교류가 허가되지 않은 상황에서 신필름은 일본과의 협력을 위한 준비에 돌입했다. 일본 영화계에서 활동하고 있던 재일한국인들을 신필름으로 불러들였고 일본과의 합작을 추진하면서 기술교류를 모색하기도 했다. 박정희 정권이 들어서면서 영화계의 패자覇者가 된 신상옥은 1960년대 초부터 아시아영화제를 통해 일본과 인맥을 쌓고 있었다. 교류가 허가되기만 한다면 누구보다도 유리한 위치에 있었던 셈이다. 신필름의 발빠른 움직임은 일본영화 시장 개방에 따른 업계의 변화에서 선편先鞭을 쥐기 위함이었지만 위험부담이 큰 투자이기도 했다. 교류가 허용되지 않는다면 그간의 투자가 물거품이 될 터였다.

---

* 문화적 할인이란 문화가 다른 언어권이나 문화권으로 진입할 때 언어, 종교, 관습 등의 문화적 차이 때문에 수용의 장벽이 발생해 그 가치가 떨어지는 것을 일컫는 말이다.

신상옥은 한일 영화 교류에 대한 정부의 의지를 의심치 않았다. 확실히 박정희 정권은 의지를 갖고 있었던 것으로 보인다. 1965년 배우 교류, 1966년 합작, 1967년 극영화 수입을 허가한다는 구체적인 일정까지 발표한 상황이었기 때문이다. 그러나 대규모 반대 시위를 뚫고 국교 정상화를 밀어붙인 정부였지만 끝내 영화 교류만은 허용할 수 없었다. 정권의 존립을 위협할 만한 저항을 감수하고 강행한 일본과의 국교 정상화가 오히려 문화 민족주의를 강화할 필요성을 부추겼을 것이다. 대중문화는 그 속성상 눈에 잘 띄는 것이기 때문에 희생양이 되기 쉬웠다. 영화산업으로서는 일본과의 교역이 절박했지만 정권의 입장에서는 일본과 수교를 하더라도 민족의 얼이 담긴 문화는 지킨다는 점을 과시할 필요가 있었다.

영화와 관련해서 일본의 문제는 매번 뜨거운 논란을 불러일으키는 쟁점이었다. 1959년 「조춘」^{유두연}을 계기로 표면화된 일본영화 표절 논란은 1960년대 중반 인기를 모았던 신성일, 엄앵란 주연의 청춘영화들에 이르러 정점을 이루었다. 한국영화에 등장하는 기모노나 일본인 캐릭터, 심지어는 미국영화에 묘사된 일본의 모습까지 논란이 되곤 했다. 극작가이자 영화평론가였던 오영진은 영화인들이 경계해야 할 "근본적 요소"로 한국영화에 드리워진 일본의 그림자를 지적하면서 "극장 스크린에는 일정日政 때에 익히 보아온 일본 허무승의 삿갓과 사무라이의 칼을 방불케 하는 소도구가 나타나기 시작"했다고 비판한다. 이는 당시 유행했던 한국의 검객영화를 겨냥한 것이었는데 그의 비판은 이에 머물지 않고 일본의 재현 자체, 즉 한국의 스크린에 일본인이 등장하고 도쿄가 영화의 배경이 되는 것을 문제 삼는 데까지 나아간다.[8]

한국영화 안의 일본색을 경계하는 그의 태도는 일본과의 영화 교류가 허용될 수 없는 근본적 이유를 시사한다. 문제는 식민지 경험이 유산으로 남긴 우리 자신, 우리의 몸과 마음에 새겨진 일본 문화의 잔재였다. 일본에 한국문학을 알리는 데 힘쓴 김소운은 "오늘날의 한국은 의심할 여지도 없이 일본의 생활문화 앞에 굴복한 완패국完敗國"이라며 "적어도 지금의 40~50대 이상이 생활의 일선에서 물러날 때까지는 이런 위험한 도락(일본영화 수입-인용자)은 피하는 것이 옳"다고 주장한다.9 한국 대중, 특히 일제 강점기에 성장기를 보낸 40~50대가 "일본의 생활문화"와 깊숙이 연결되어 있다는 이 고백은 우리 내부의 식민 잔재에 대한 근본적인 성찰을 드러낸다. 식민지배를 경험했던 세대가 물러날 때까지 일본영화 수입 개방을 유보해야 한다는 '시기상조론'은 그 후로도 완강하게 지속되었다. 실제로 일본영화 수입 개방은 식민지 세대가 일선에서 물러난 김대중 정부에 와서야 이루어졌다.

해외시장에서 통하는 대작 영화를 제작하고 이를 통해 아시아 영화 네트워크의 중심에 서고자 했던 신상옥의 야심은 결국 무릎을 꿇었다. 대신 신상옥은 그간 확장했던 스튜디오를 기반으로 저예산 장르영화들을 대량 생산하는 체제를 구축하고자 했다. 한일 영화 교류의 가능성이 희박해진 1960년대 말에 신필름은 안양필름, 덕흥영화사, 신아필름 등 여러 자회사를 등록하고 연간 40여 편의 영화를 양산했다. 장르영화의 대량생산이야말로 스튜디오 시스템에 걸맞은 것이었지만 이미 한국도 영화의 대량소비가 불가능한 미디어 환경으로 접어들고 있었다. 1966년 한국방송공사 KBS 텔레비전 방송국이 전국방송을 개시함으로써 텔레비전의 시대가 시작된 것이다.

KBS, 문화방송MBC, 동양방송TBC의 텔레비전 3사 체제가 갖춰지고 드라마 경쟁이 본격화되면서 영화산업은 심각한 도전에 직면했다. 기업화 정책의 모델로 삼았던 할리우드 스튜디오 시스템 역시 텔레비전이 부상하면서 구조조정을 해야 했음을 상기한다면, 한국영화에 있어서 1960년대 후반은 미디어 환경의 변화에 대한 근본적인 대책이 요구되는 시점이었다. 영화평론가 이영일은 1969년에 "한국의 영화는 지금 예술적인 면에서나 기업적인 측면에서나 그 한계점에 다다랐다고 확신"한다고 썼다. 그리고 그는 "한국영화가 아직도 명맥을 잇고 있는 것은 한국사회의 후진성과 빈곤이, 다른 수단의 레저 형태를 확대시키지 못하게 하기 때문에 그대로 극장에 관객이 모여드는 것"이라는 의미심장한 진단을 덧붙였다.[10] 돌이켜보면 이 진단은 텔레비전을 비롯해 "다른 수단의 레저 형태"가 확산되었던 1970년대에 한국영화가 깊은 수렁에 빠져들 것임을 예견한 것이었다.

1967년,
한약방 김영감의 팔도 관광

서울의 노부부가 전국 각지에 흩어져 살고 있는 다섯 딸들을 차례로 방문한다는 「팔도강산」의 설정은 산업화의 성과를 전시하기에는 안성맞춤이었다. 호남의 비료공장과 간척사업 현장, 부산의 조선소와 부두, 울산 공업센터, 강원도 석탄지대를 돌아보는 노부부의 여정을 따라가는 이 명백한 관제官製 영화가 거둔 놀라운 성공에 정부는 고무되었다. 뒤를 이어 4편의 후속 영화가 제작되고 다양한 '팔도' 시리즈가 양산되었으며, 1974년에는 일일연속극으로도 만들어졌다.

이 새삼스러운 전국 팔도의 발견은, 물론 1960년대 동안 진행된 대대적인 국토개발의 결과였다. 1968년 경인고속도로가 개통되었고 경부고속

영화 「내일의 팔도강산」을 보기 위해 모여든 관람객
1967년 국립영화제작소에서 만든 영화 「팔도강산」은 큰 흥행을 거두며 많은 사람들에게 사랑을 받았고, 이후 다양한 '팔도' 시리즈가 만들어졌다. 1971년 개봉한 「내일의 팔도강산」을 보기 위해 극장 앞에 사람들이 몰려 있다.

도로 또한 착공되었다. 교통망의 발달로 전국이 일일생활권이 될 것이라는 구호가 울려퍼지고 시원스레 뻗은 고속도로를 타고 누구나 팔도 관광을 할 수 있으리라는 장밋빛 전망이 제시되었다. 바야흐로 관광의 시대가 도래한 것이다. 1961년의 아버지는 극장 구경을 갔지만 1967년의 아버지는 팔도 관광에 나선다. 두 아버지의 구경은 한국 대중이 겪은 근대적인 생활세계로의 변화를 보여준다. 영화와 마찬가지로 관광 또한 교통망의 발달과 관광지 개발, 대규모 관광을 매개하는 산업의 발달을 요구한다. 그 모든 것이 시작될 즈음에 '팔도'를 내세운 영화들은 근대화의 결과로 누리게 될 이 '새로운 형태의 레저'를 가시화하고 있었다.

영화산업과 마찬가지로 관광산업의 발달 역시도 정부가 주도했다.* 산업 시찰과 명승지 관람으로 이루어진 관광 프로그램은 개발주의 시대 관광의 관제적 성격을 드러낸다. 팔도 관광에 나선 김희갑·황정순 부부도 사위들이 산업역군으로 일하는 현장을 방문하는 틈틈이 내장산과 무주 구천동, 제주도, 해운대와 경주, 설악산 등 한국의 명승지들을 둘러보았다. 명승지에서 국토의 아름다움을 환기하고 공업단지를 통해 조국의 빛나는 발전상을 확인하는 것은 대한민국 국민으로서 자신을 확인하는 일이기도 했다. 물론 아직은 팔도 관광을 하는 호사를 아무나 누릴 수는 없었지만, '팔도' 영화들이 매력적이었던 것은 오히려 바로 그 때문이다. 영화사 초기에 세계의 풍물을 전시하는 활동사진이 세계여행을 대리 체험하게 해주었던 것처럼 '팔도' 영화들은 실제로는 그곳에 갈 수 없었던 많은 이들에게 팔도 관광의 경험을 제공했다.

세계와 연결된 존재로서의 '나'라는 감각을 일깨우는 것이야말로 근대 세계의 네트워크들이 궁극적으로 수행하는 일이다. 영화와 관광은 무언가를 '구경'한다는 점뿐 아니라 근대적 네트워크를 통해 그와 같은 연결의 감각을 일깨운다는 점에서도 공통적이다. 영화는 전국을 포괄하는 배급망을 통해서, 관광은 전국을 지리적으로 연결하는 교통망을 통해서 그것을 향유하는 이들을 하나로 묶는다. 다른 지역에 사는 사람들이 공통의 문화적 경험을 누린다는 감각이야말로 '국민' 통합에 필수적이다. 그러나

---

* 박정희 정권 시기에 한국 최초의 관광법 제정, 관광행정기구의 정비, 체계적인 관광단지의 개발, 국민에 대한 최초의 관광정책 시행 등 관광과 관련한 물적 토대가 마련되었다. 인태정 「한국 근대 국민관광의 형성과정」, 『한국민족문화』 28호, 2006, 355~74면.

진정한 통합이란 차이를 확인한 후에야 비로소 이루어질 수 있는 것이다.

「팔도강산」에서 사위들이 구사하는 사투리와 지역별로 특화된 산업시설들은 각 지역의 차이를 환기시킨다. 자가용을 타고 고려자기로 집 안을 장식할 만큼 부유한 넷째 사위와 장인에게 막걸리조차 넉넉하게 대접하지 못하는 다섯째 사위의 계급 간 격차는 각기 살고 있는 부산과 속초라는 지역적 차이로 환원된다. 둘째 사위가 일하는 부안 간척사업 현장의 을씨년스러운 풍경과 셋째 사위가 일하는 울산공업센터의 거대한 위용 또한 개발의 지역적 차이를 시각화한다. 이와 같은 불균등 발전의 현실은 궁극적인 통합을 위해 소환된 것이다. 영화의 마지막, 아버지의 회갑연에서 가족은 서로 간의 애정을 확인하고 다시금 화합한다. 가족의 화합에서 열쇠를 쥐고 있는 것은 홀로 산업화의 수혜를 받지 못한 가난한 어부 다섯째 사위이다. 회갑연에 오지 않아 노부모의 가슴을 태우던 그는 그동안 근검절약하여 마침내 선주船主가 되었다는 소식을 갖고 뒤늦게 등장한다. 다섯째 부부는 "불균등 발전을 개인의 노력으로 극복한 사례"[11]이며, 그들의 뒤늦은 합류야말로 영화 「팔도강산」이 진정으로 전하고자 하는 메시지가 무엇인지를 보여준다. 산업화가 초래한 지역 간 불균등 발전, 빈부격차의 확대는 개인의 노력 여하에 따라 극복될 수 있다는 것이다.

물론 대중은 이처럼 행복한 전망에서 위안을 얻었지만 그렇다고 모든 것이 말끔해질 수는 없었다. 노력하면 성공할 수 있고 계급적·지역적 격차도 개인의 노력과 가족애를 통해 해소될 수 있다는 손쉬운 해법이 설득력을 갖기 위해서는, 「마부」가 놓여 있던 1960년대 초처럼 사회가 정당하게 돌아갈 것이라는 대중의 믿음이 있어야 한다. 1960년대 후반에는 그럴 수가 없었다. 그러한 해법은 정부가 생산한 선전영화에서나 통했을 뿐, 대중이 향유하는 대부분의 상업영화에서는 다른 세계가 펼쳐지고 있었다. 「미워도 다시 한번」정소영, 1968의 미혼모가 살고 있던 세계, 그리고 수많은 한국영화 속 흐느끼는 어머니들과 일그러진 청춘들이 살고 있던 세계였다.

흐느끼는 어머니와
일그러진 청춘

1968년에 「미워도 다시 한번」은 서울 관객 37만 명을 동원하고 타이완과 일본에 수출되면서 「성춘향」이 거둔 성공을 재연했다. 이 영화의 예상치 못한 성공은 1960년대 후반 한국영화의 흐름을 바꿀 만큼 대단한 영향력을 행사했다. 시나리오 작가 백결이 말한 것처럼 「미워도 다시 한번」이후에 "아이가 하나 설정되어 있고 앞뒤로 두 명의 여자가 나오고 사나이하나가 있어서 고민하며 왔다 갔다 하는 얘기"[12]가 홍수를 이루었던 것이다. 그러나 「성춘향」이 한국영화의 기술적·산업적 진보를 증명했다면 「미워도 다시 한번」의 성공은 과거로의 회귀를 의미했다. 이영일은 "사회환경의 근대화 붐에도 불구하고 민중에 의해서 받아들여진 정서적 매체가 오히려 복고적인 신파성을 띠었다는 것은 민중이 근대화의 물결에 참여하지 못하고 소외되었음을 보여준다."[13]라고 했다. 신파는 식민지 시대에 양식적 기원을 두고 있다는 점에서도 '복고적'이었지만, 세상과 맞서는 인물들의 태도가 퇴행적이라는 점에서도 과거지향적이었다.

이영일은 1960년대의 신파가 "응접실이나 사장의 집 같은 데서 벌어지는 경우가 많다."[14]라고 했는데 '응접실이나 사장의 집'이 비극의 공간이되는 것은 그곳으로부터 배제된 다른 누군가의 존재 때문이다. 예컨대「미워도 다시 한번」의 미혼모 혜영과 그의 아들 영신이 바로 그런 존재다.

「마부」와 「미워도 다시 한번」
「마부」가 그린 1960년대 초에는 어떻든 사회가 정당하게 돌아간다는 믿음이 있었다. 그러나 1960년대 말에 이르면 「미워도 다시 한번」의 미혼모가 사는 세계, 흐느끼는 어머니와 일그러진 청춘들이 사는 세계가 펼쳐졌다.

혜영은 유부남의 아이를 임신했다. 유치원 교사였던 그녀는 미혼모라는 세상의 손가락질을 피해 어촌에 몸을 숨기고 날품팔이로 어렵게 아이를 키운다. 아이의 아버지인 신호는 혜영이 떠난 후 현모양처와 아이들이 기다리는 가정으로 돌아가 성공한 가장이 되었다. 정원을 갖춘 이층 양옥집, 그 견고한 울타리 안쪽에 있는 신호의 세계와 혜영이 살고 있는 저 먼 바닷가의 초라한 집이 대비를 이룬다. 결코 섞일 수 없어 보이는 두 세계는, 학교에 들어갈 만큼 성장한 아이 때문에 어쩔 수 없이 만나야 했다. 아이의 장래를 위해 혜영은 그 울타리 안으로 아이를 들여보내고 홀로 밖에 남아 아이를 지켜보며 흐느낀다. 그녀는 아무런 잘못도 하지 않았다. 유부

남임을 속였던 신호에게 헌신하며 자신이 그 이층 양옥집의 안주인이 되기를 꿈꾸었을 뿐이다. 그런데도 고통과 흐느낌은 그녀 혼자만의 몫이었다. 그녀의 순응적인 태도, 부당함에 저항하지 않고 "스스로 굴복"하는 태도[15]가 바로 신파의 '울고 짜는' 표면을 만든다. 남편의 아이를 임신한 하녀가 남편과 안방까지 차지해버린 김기영 감독의 영화 「하녀」[1960]와 비교한다면 그녀의 태도는 얼마나 퇴행적인 것인가.

「하녀」의 가정은 「미워도 다시 한번」의 그것만큼 견고하지 않았다. 「하녀」에서 아내는 간신히 마련한 이층집을 지탱하기 위해 밤낮으로 재봉틀을 돌려야 하고 딸아이는 장애인이며, 남편은 늘 많은 여자들의 유혹에 노출되어 있다. 그 위태로운 중산층의 가정은 외부인의 침입으로 힘없이 무너져내린다. 반면에 「미워도 다시 한번」의 화려한 이층집, 넓은 정원, 잘 꾸며진 응접실은 의심할 여지없이 풍요롭고 안정되어 있다. 결국 혜영은 아버지의 '응접실'에서 겉돌기만 하던 아이를 데리고 떠나고 응접실은 다시 그들만의 세계로 돌아온다.

냉정한 현실에 던져진 청춘들의 이야기도 이미 1960년대 중반부터 인기를 끌고 있었다. 「맨발의 청춘」[김기덕, 1964]에서 프랑스 대사의 딸 요안나와 이루어질 수 없는 사랑에 빠진 뒷골목 건달 두수는 결국 그녀와 함께 자살을 한다. 영화의 마지막, 요안나의 성대한 장례행렬이 지나가는 한편에서 '맨발'의 시신이 된 두수는 리어카에 실려 세상과 작별을 고한다. 1960년대의 청춘은 죽음마저도 평등할 수 없는 세계에 살고 있었던 것이다. 굴욕적인 한일협정으로 4·19혁명의 정신이 훼손되었음을 자각하게 되었던 1960년대 중반의 좌절감이 이 시기 청춘영화들에 투영된 것은 분명하다. 하지만 음악회에 가기 위해 영화제 시상식에나 어울릴 법한 긴 드레스 차림을 하고 나타난 요안나의 캐릭터가 보여주듯이 「맨발의 청춘」

에서 그려진 상류층의 세계는 현실감이 없었다.

그에 비해 어머니들이 흐느끼던 그 시절의 청춘들이 놓인 세계는 훨씬 더 구체적이고 현실적이다. 사장 딸과 결혼하기 위해 헌신적이었던 애인을 버리거나 자신만의 성공을 위해 못사는 가족들을 외면하는 비정한 젊은이들의 이야기는 아직 한국영화의 대세가 되지는 못했지만, 조금씩 고개를 들고 있었다. 도시라는 정글에서 살아남기 위해서는 수단과 방법을 가리지 않아야 한다는 논리를 체득한 이 자본주의의 아이들은 다가올 1970년대에 신파적 국면을 만들어낼 주역들이었다.

「속 팔도강산 ─ 세계를 간다」^{양종해, 1968}에서 김영감은 산업화의 역군이 되어 해외에 진출한 사위들을 만나러 해외여행을 떠난다. 일본과 하와이, 뉴욕, 브라질, 서독, 이스라엘과 아프리카의 우간다를 거쳐 아들이 나가 있는 월남전의 현장까지 두루 돌아보면서 김영감은 한국의 젊은이들이 세계 속에서 활약하는 모습에 감격한다. 뉴욕에서는 수출된 한국상품을, 브라질에서는 농장을 개척하고 있는 한국 이민자들의 모습을, 서독에서는 파견 광부와 태권도 사범의 활약을, 그리고 우간다에서는 의료봉사를 하는 한국인 의사의 면면을 확인한 것이다. 전국 팔도에서부터 세계로 향하는 이 같은 흐름은 결국 근대화^{modernization}란 전국을 넘어 세계를 하나로 묶는 과정임을 여실히 보여준다.

그런데 한 가지 잊은 것이 있다. 김영감 부부가 「팔도강산」의 마지막에 방문했던 그 휴전선 너머의 땅을 포함하지 않는다면 전국은 결코 '팔도'가 아니라는 사실 말이다. 마찬가지로 김영감이 「속 팔도강산 ─ 세계를 간다」에서 목격했던 세계 또한, 동구권을 배제한 반쪽의 세계였을 뿐이다. 한국에서 냉전의 문화 논리는 바로 그런 방식으로 작동해왔다. '팔도'

가 아닌데도 팔도라고 부르고 세계의 절반에 불과한데도 그것이 세계라고 말하는 방식. 이와 같은 배제와 비가시화가 진행되는 한편에서 '팔도'를 엮는 네트워크는 점점 더 견고하고 조밀해지고 있었다. 극장을 기반으로 한 영화 네트워크는 안방까지 파고들어 우리의 일상을 지배하는 텔레비전 방송의 네트워크로 대체되고 있었으며, 전국 '팔도'는 발달하는 교통망에 의해 더욱 신속하고 긴밀하게 연결되었다. 우리는 점점 더 동질적이 되어가고 있었던 것이다. 1960년대 말, 한국에서의 영화는 바로 그와 같은 변화의 한복판에서 점점 쇠잔해가고 있었다.

재벌의 탄생,
부정축재자의 비상

이정은

1960

혁명 이후 재벌의
'목소리 높이기'

한국사회 전반에 파고든 재벌의 막강한 영향력은 누구도 부인하기 어렵다. 알다시피 재벌은 한국의 자본주의 경제성장 방식을 이끌어온 중요 축 중의 하나이자, 가장 큰 수혜자다. 그리고 그들은 한국사회에서 만들어지는 수많은 이슈의 한가운데에 자리 잡고 있다.

재벌이 오늘날과 같은 모습으로 성장하기 시작한 때는 언제일까? 그 역사적 배경은 이승만 정권기인 1950년대로 거슬러 올라간다. 8·15해방 후 일제 자본이 남기고 간 귀속재산의 불하拂下와 정부에 의한 금융지원 그리고 미국 원조물자의 획득에 힘입어 생필품 산업인 제당·제분·면방 산업, 즉 '삼백산업'을 중심으로 대자본의 성장이 두드러지게 나타났다. 이 과정에서의 각종 비리는 1950년대 당시부터 문제로 여겨졌지만, 사회적 지탄을 받으며 법적 처벌 대상으로 부상한 것은 1960년 4·19혁명 이후였다. 3·15부정선거에 불법 정치자금을 제공한 기업가 색출 문제로 시작했다

부정축재자 엄단을 촉구하는 4·19혁명의 유족과 부상자들
4·19혁명 직후 여론은 부정축재자를 엄벌할 것을 요구했다. 유족과 부상자들이 장면 총리 사저 앞에서
부정축재자 엄단을 위한 특별법 제정을 촉구하며 철야시위를 벌인 것도 이와 같은 상황에서 나온 것이다.

가, 정경유착으로 부를 쌓은 '부정축재' 자체를 처벌해야 한다는 여론이 고조됨에 따라 사안이 확대된 것이다.

"부정축재자의 재산 몰수를 헌법에 명시하라!"라고 외치는 시위[1]까지 벌어지는 상황에서 허정 과도정부는 일단 현행법에 의해 부정축재자를 엄단하겠다고 선언했다. 그러나 과도정부가 택한 탈세에 국한한 처벌 범위나, 부정축재자가 자진신고를 하도록 한 방식 등에 대해 그 미흡함을 지적하는 질타가 쏟아졌다. 이러한 분위기는 이승만 정권기 '야당계 기업인'이었다가, 과도정부 상공부 장관으로 발탁된 전택보(천우사 사장)조차 자유당에 의무적 정치자금을 제공한 사실이 밝혀져 장관직을 한 달도 못 채우고 사임하게끔 만들었다.

뒤를 이어 '경제제일주의'의 구호 아래 등장한 민주당 정부는 탈세조사 대상 48개 기업체에 벌과금을 통고했고, 경제적 특권 타파를 내세우며 부정축재 조사 대상을 확대하겠다고 밝혔다. 하지만 성난 여론은 쉽게 가라앉지 않았다. 사태를 잠재우기 위해 결국 정치권은 1960년 11월 초 부정축재자 처벌을 위한 특별법 제정에 나서겠다고 약속했다.

1960년 11월 진행된 국무원 사무처의 여론조사에서는 부정선거 사범보다 부정축재자에 대해 '엄벌에 처해야 한다'는 강경 답변이 더 높게 조사되기도 했다.* 초반에는 추이를 지켜만 보던 부정축재 혐의 기업가들은 서서히 행동에 나섰다. 해당 자본가들이 목소리를 높이기 시작한 것은 1960년 8월 31일 민주당 정부가 기업 탈세액 및 벌과금을 공고한 직후였

---

* 3·15부정선거 사범에 대해서는 '엄벌에 처해야'가 33.1퍼센트, '관대한 벌'이 26.1퍼센트, '벌 줄 필요 없다'는 4.7퍼센트, '모르겠다' 30.7퍼센트, '미상' 0.4퍼센트였으나, 부정축재자에 대해서는 각각 37.3퍼센트, 14.8퍼센트, 4.3퍼센트, 43.3퍼센트, 0.3퍼센트의 순이었다. 학력·연령·성별·직업 등을 감안한 전국 3000명의 국민 대상 설문조사로, 2393명이 응답해 약 80퍼센트의 응답률을 보였다. 「정부조사에 나타난 국민의 여론」, 『동아일보』 1960년 12월 29일자.

다. 때마침 시중에는 4·19 이후 생산 감소 추세의 귀결로 곧 경제 위기가 온다는 '10월 위기설'이 널리 퍼져 있었다. 납부액을 통고받은 대기업들은 미리 맞추기라도 한 듯 공통적으로 자유당 정부의 강압과 악惡세법하에서 탈세는 불가피했으며, 정부의 처분 통고를 거부할 수는 없지만 그 액수가 과하다고 피력했다. 이는 통고액을 납부하면 "공장 문을 닫게 된다."라는 주장으로 이어졌다.[2]

10월 이후 앞서의 벌과금 통고가 백지화되는 대신 부정축재자 처벌 특별법 제정이 준비되자, 대자본가들은 '경제 위기'의 위험을 더욱 강조하는 것으로 대응했다. 개별 자본가나 업체의 간부급이 나와 '4·19혁명' 이후부터 도래한 해당 업종의 생산 위기와 공포에 질린 기업인의 심정을 증언했고, 언론매체에서는 이들의 말을 인용하며 '시중 자금 고갈' '기업가의 생산 의욕 위축' '전례 없는 불황'을 반복해서 실었다. 개별 대자본가가 이처럼 직접 언론에 등장해 '기업 의욕 상실' 운운하는 일은 1950년대에 흔히 볼 수 없었던 장면이다. 그만큼 원조물자와 특혜융자를 받으며 특별한 사회적 위험 없이 부를 쌓았던 1950년대식 축적 조건에 근본적인 변화가 찾아왔음을 보여주는 것이었다.

사태 대응의 필요성은 1961년 1월 11일 국내 최초의 대자본가 단체인 '한국경제협의회'를 조직하는 것으로 이어졌다. 회장은 김연수(삼양사), 부회장은 이한원(대한제분)·전택보였다. 협의회에는 부정축재자로 비난받던 인물이 다수 포함되어 있었지만, 대외 발언은 주로 구파를 포함한 친민주당계 자본가나, 민주당 정부의 탈세조사 당시 부정축재 탈세자로 통고받지 않았던 이들이 맡았다.

지금 부정축재다 뭐다 하여 대부분의 기업체들이 기업 의욕을 상실하

고, 자금순환이 잘 안 되고, 국민들 감정이 다 동요되어 (…) 안심하고 장사를 할 수가 없습니다.[3]

이러한 발언은 정부의 경제정책에 대한 비난과 맞닿곤 했다. 부정축재자 처리, 환율인상 및 단일화, 통화량 억제, 자금계획 부실 등 장면 정권의 각종 정책이 실책이라 지적되는 가운데 이로 인해 생산이 더욱 위축되고, 기업 운영할 맛이 안 난다는 논지였다.

반발은 부정축재 조사 대상을 '이승만 정권 아래서 권력과 지위를 이용해 부정축재한 자'로 광범위하게 규정한 부정축재 특별처리법안이 민의원을 통과한 직후 절정에 달했다. 한국경제협의회 외 5개 자본가 단체는 1961년 3월 4일자 주요 일간지 1면에 '북한괴뢰에 이익을 주는 부정축재 처리가 되지 않도록'이란 제목의 성명을 게재했다. 그들은 이 법안이 참의원까지 통과하면 "걷잡을 수 없는 혼란과 불안"을 일으키고 "기업 의욕을 저상沮喪" 즉 떨어뜨려 "산업개발의 역군인 기업인들"을 공포의 전율로 빠져들게 할 것이라고 했다. 그로 인해 "남한의 경제번영은 이룩될 수 없을 것"이며 "자유경제의 바탕이 흔들리게 될 것"이라고 했다.[4] 부정축재 처리법안 공청회 등에 직접 한국경제협의회 대표가 참석해 이 법으로 인해 경제가 파탄날 것이라고 여러 번 역설하기도 했다.

이러한 여론몰이는 과연 효과를 보았을까? 우선 1961년 3월 이후 부정축재 자본가에 대한 산업규제조치가 점차 풀렸고, 4월 10일에는 대폭 완화된 부정축재처리법안이 재계의 지지를 받으며 참의원을 통과했다.* 이

---

* 대폭 완화된 부정축재처리법에서는 '3·15선거 당시 자진해서 집권당에 3000만 환 이상을 제공하거나 조달한 자'로 부정축재자의 정의가 바뀌었다. '자진해서'라는 문구로 인해 대다수 자본가가 빠져나갈 수 있는 커다란 구멍이 마련된 것이다.

법에 따라 부정축재를 조사·심사하게 된 11인의 '부정축재처리위원회'에 대자본가 단체인 한국경제협의회의 간부가 위원으로 선정되는 일도 벌어졌다. 그런데 이에 대한 세간의 반발은 가시적으로 드러나지 않았다. "부정축재자들의 주구가 된 처리법안"임에도 4·19 직후와 달리 국민들이 저항을 보이지 않는 현상에 대해 "그동안 국민들이 수많은 사건을 겪으며 일종의 '건망증'에 걸렸기 때문이 아니냐."라는 진단 기사까지 나올 정도였다.[5]

자본가들이 점차 목소리에 힘을 낼 수 있었던 데는 4·19이후의 국정 목표를 '경제제일주의'로 내걸었던 장면 정권의 역할이 컸다. 대자본가가 모아주는 정치자금을 받으며 정치권이 경제성장을 갈구하면 할수록, 성장 담론으로 무장한 대자본의 사회적 입지는 커져갔다. 4·19 직후에는 여론에 밀려 강력한 처벌을 주장하다가, 갈수록 대자본가의 위기론 주창의 버팀목이 되어간 기성 언론과 학계 역시 큰 몫을 했다. 그리고 이 과정은 5·16군사쿠데타 직후 다시 한번 반복된다.

—

권력과 재벌,
손을 잡다

1961년 5월 16일 군사쿠데타가 발발했다. 4·19 이후 활발해졌던 대자본가의 움직임은 일시 중단되었다. 무엇보다 핵심 부정축재자로 지목된 대자본가들이 5월 31일자로 전격 구속되었다.* 애써 축소시켜놓은 장면

---

* 구속된 이들은 남궁련(극동해운), 조성철(중앙산업), 함창희(동립산업), 백남일(태창방직), 박흥식(화신), 이양구(동양시멘트), 최태섭(한국유리), 홍재선(금성방직), 정재호(삼호), 이정

정권의 부정축재처리법은 폐지되었고, 부정축재 재산을 몰수하는 내용의 새로운 처리법이 6월 14일 공포되었다.

다른 부정축재자들이 구속되던 당시 일본 도쿄에 머물고 있어 수감을 면했던 이병철은 "천재일우의 민족재생기를 맞아 출두 명령에 즉각 응하지 못하는 죄인"의 심정을 피력하고, 국가재건을 위해 자진해서 전재산을 바치겠다는 각오를 밝히며 6월 말 귀국해야 했다.

부정축재자들은 한 달이 넘어서야 풀려났다. 이들은 운신의 자유를 얻은 대신, '국가 경제 재건'을 위한 활동에 나서야 했다. 이 중 군사정권으로부터 경제 재건을 위한 기업인의 헌신을 요청받은 이병철, 박흥식 등 13인은 1961년 7월 17일 임시과도기구인 '경제재건촉진회'를 발족했다.* 자신들의 이익추구보다는 "이 나라 공업화의 기수가 되자"는 구호 아래 "기간산업 공장을 건설하는 실무기관"이 되겠다는 목표를 전면에 내걸었다. 1961년 8월 16일에는 회명을 '한국경제인협회'^{이하 전경련}**로 개칭하고 이병철을 회장으로 세웠다. 이후 회원 규모는 매년 증가하며 그 세를 불렸다.

그런데 이는 동시에 부정축재자들이 군정 인사들을 향한 협상의 과정이기도 했다. 물론 면전에서 군사정권의 명령에 불응하거나 대적하는 것은 상상하기 어려웠다. 국가재건최고회의 경제담당 정보관을 자처하며 전경련을 찾아온 낯선 남자에게 전경련 자본가들이 출장비·정보비 명목으로 100만여 환을 제공했다가 후에 사기꾼으로 밝혀진 사건이 있었을

림(대한시멘트), 설경동(대한산업), 이한원(대한제분), 이용범(대동공업), 김지태(조선견직)였다.

* 13인은 이정림, 조성철, 이병철, 박흥식, 설경동, 정재호, 이한원, 남궁련, 홍재선, 이양구, 최태섭, 김지태, 함창희이다. 이 중 함창희는 얼마 안 가 사업경영에서 손을 뗐다.

** '한국경제인협회'(주로 '경협'으로 약칭)는 1968년 8월 28일에 회명을 현재의 '전국경제인연합회'(약칭 '전경련')로 바꾸었다. 현재까지 이어지는 단체이기에 이 글에서는 전경련이라 지칭했다.

만큼,[6] 군사정권의 위세 앞에 대자본가들은 눈치를 보며 비위를 맞춰야 했다. 하지만 그와 동시에 이들은 자신에게 유리하게 정부 명령의 수위를 조절하고 바꿔나가기 위해 끊임없는 작업을 벌였다.

주한 미대사관에서는 "소수의 힘 있는" 한국 자본가들이 군사정권에 협력할 것인가 여부를 진작부터 눈여겨보고 있었다. 1961년 8월 13일 일반인 부정축재자 27명에 대한 벌과금 총 475억 6000만여 환이 선고되자, 부정축재 자본가들의 반응은 크게 세 가지 유형으로 구분됐다. 첫째 부류는 '지켜보자'는 태도를 취했으며, 둘째 부류는 아예 공장을 폐쇄하고 벌금을 내고 말겠다고 공언했으며, 셋째 부류는 이들과 달리 적극적인 협상에 나서려고 했다. 그중 세 번째 부류가 전경련의 주도세력이었다. 이들은 사업의 자신감을 회복하려면 '부정축재자' 문제가 우선 해결되어야 한다고 주장했다.

이병철을 필두로 한 전경련 지도부는 군사정권과의 물밑 협상을 추진했다. 그들이 1961년 10월 초 새뮤얼 버거Samuel D. Berger 주한 미국대사를 만나 군사정권에 그간 내놓았다고 밝힌 제안은 다음과 같다. 그들은 ① 벌과금을 내는 대신에 그 상당액을 자신들이 제안하는 특정 공장(비료, 시멘트, 철강, 합성섬유, 정유)에 투자하고, ② 외환 몫을 마련하기 위해 사적인 해외 자본 도입을 교섭하겠으며, ③ 그 대신 정부는 필요로 하는 시설자금 중 기업인이 충당치 못하는 잔고를 제공해달라고 했다. 더 나아가 ④ 추후에는 정부가 그 재산을 담당 해당 기업가에게 원금에 6퍼센트를 더한 가격으로 다시 판다는 내용의 제안을 하기도 했다. 이러한 제안과 더불어 전경련 지도부는 선고된 벌과금의 규모를 줄이기 위해 막후에서 교섭을 진행 중이라고 밝혔다. 이들은 과거처럼 단기간에 큰 이익을 성취하고 그들 자신의 자본이 최대한 가장 낮은 위험에 처하게끔 행동을 계속할

것이라고 각오를 밝히기도 했다.[7]

이병철이 밝힌 계획 중 부정축재 벌과금의 공장 신설 대납과 외자 교섭 구상이 가장 먼저 성과를 드러내기 시작했다. 앞서 전경련은 조직 결성 직후인 1961년 9월 14일 각각의 구성원들이 기왕에 추진하고 있던 비료, 시멘트, 제철, 인조화학섬유 등의 기간산업 건설 계획안을 정부에 제출했다. 이어서 자신들을 주체로 한 외자 교섭단 파견을 국가재건최고회의에 제의했다. 1961년 9월 18일에는 국가재건최고회의 의장 앞에서 이에 대한 브리핑을 하고 의견을 나누었다.

그 후 주한 미대사관 측조차 전경련의 제안에 영향을 받았다고 평가하는 법안이 10월 26일 공포되었다. 벌과금을 직접 납부하는 대신 국가재건에 필요한 공장을 3년 내에 건설해 그 주식을 정부에 내는 것으로 대납할 수 있도록 한 부정축재처리법 개정안(18조 2항의 신설)이었다.

공포 직전, 개정안의 허가 여부를 두고 1961년 10월 23일 국가재건최고회의에서는 상임위원회가 열렸다. 김동하 재경위원장만이 원칙대로 부정축재처리법 원안에 의거해 법정기일 내 환수를 해야만 국민의 불신을 피할 수 있다고 반대했다. 그러나 박정희 의장을 위시한 여타 7인의 참석자들은 개정안에 찬성했다. 그 결과 7대 1로 부정축재처리법 개정안은 통과되었다. 그들의 찬성 이유는 다음과 같았다.

> 부정이득자에게 새 기업을 준다는 것은 국민의 한 사람으로서 반대하나 외자 도입에 대한 경험을 어떻게 이용할 것인가가 고려할 점이다. (…) 일전에도 일본 실업인이 왔다 갔지만 정부에게는 찾아오지 않았다. (…) 그들의 교섭 경력은 필요한 것. (송정범 경제기획원 부원장)

기업주의 창의는 무시 못 하는 것이다. (…) 5개년 계획은 어떻게 되겠는가 걱정이다. 오늘날의 경제침체는 이들에 인한 것이라고 단언할 수 있다. (천병규 재무부장관)

모든 실업가에게 문호개방 하려는 것이며 이 중 부정축재자에도 문호를 개방하려니까 이 법이 필요한 것이다. (박정희 의장)

정치적인 것보다 경제적 발전에 더욱 정진해야 할 것이며 부정축재자를 동정으로 봐주자는 것은 아니며 다만 이용하려는 것이다. 기업의 경험이 많은 자들을 5개년 계획에 참여케 하려는 것이며 외자 도입에 있어 실수요자 간의 교섭은 민간교섭이다. (송요찬 내각수반)[8]

경제개발을 위해 기업 경험이 많은 자가 필요하다는 것, 외자의 도입을 위해서는 이들을 '이용해야 한다'는 것이 주된 이유였다. 특히 군사정권과 부정축재자가 본격적 관계를 맺는 단초에는 외자 도입 문제가 자리하고 있었다. 1950년대 후반을 정점으로 미국의 원조가 급감하게 되는 가운데, 새로운 경제개발의 재원은 외자 도입에서 구해야 했던 상황이었다. 그런데 당시 도입 가능한 외자는 차관의 형태였고, 미국 주도의 세계자본주의 질서 속에서 공공차관이건 상업차관이건 계약의 기본 단위는 민간기업이었다.* 자본 조달에 다급한 군사정권의 입장에서는 이전부터 해외교류 경험이 있고, 자본 동원 능력을 가진 당시의 대자본에 주목할 수밖에

---

* 이에 따라 제1차 경제개발 5개년 계획에는 소요차관 4억 2600만 달러 중 55퍼센트 이상인 2억 3480만 달러의 도입이 민간 담당으로 책정되었다. 특히 2차산업 부문에서 민간 외자의 비중이 컸다.

차관 도입을 위해 해외로 떠나는 민간 경제사절단
부정축재자로 지목당한 대자본가들은 한국경제인협회(오늘날의 전경련)를 세우고, 자신들에게 유리한 입지를 만들기 위해 군사정권은 물론 미국과도 물밑 협상을 벌였다. 외자도입 카드는 이들이 꺼낸 신의 한 수였다.

없었다. 물론 그들 대다수가 부정축재자로 조사받던 이들이었다. 하지만 무엇보다 이는 전경련 측이 자신들의 장점이자 자원으로 군사정권에 적극 부각시켰던 내용이기도 했다.

그 직후인 1961년 11월 초, 이병철과 이정림을 각각의 단장으로 하는 2개의 전경련 민간경제사절단이 외자 교섭을 위해 미국과 유럽으로 떠났다. 이들은 방문 국가의 정부관리 및 민간 기업인들을 개별적으로 접촉하는 한편, 박정희 의장의 미국 방문과 정래혁 상공부 장관의 유럽 방문 일정에 보조를 맞추면서 한국을 대표하는 기업인으로서 외자 교섭에 나섰다.

결과적으로 전경련 지도부가 버거 주한 미국대사에게 밝힌 계획은 모두 관철되었다. 부정축재 자본가 중 부정축재처리법 개정법률을 활용해 제1차 5개년 계획의 주요 공장 건설에 나선 이들은 외자를 끌어온 반대급부로 정부의 집중적인 금융지원을 받았다. 물론 자본가의 변심과 외자조달 실패 등으로 공장 건설에 성공한 기업은 금성, 쌍용, 삼양사 등 소수였다. 하지만 준공을 한 이들은 물론, 중도포기한 이들 대다수까지 수년 간의 높은 인플레이션을 감안하지 않은 기존 통고액 그대로의 현금 및 현물 납부를 인정받았다. 이를 통해 준공자들은 정부에 주식을 납부하는 일 없이 해당 공장을 당당히 개인소유로 전환시켰고, 중도포기한 자본가들 역시 재벌 중심의 경제개발 전략에 힘입어 자신들이 원하는 또다른 새로운 사업을 추진해나갔다. 부정축재자 처리 과정에서 최대의 위기에 몰렸던 1950년대의 재벌들은 결국 "최종적인 승리를 쟁취"한 셈이다.[9]

재벌기업 비판 여론
대응법의 역사

박정희 최고회의 의장을 위시한 군사정권 경제 각료는 이미 쿠데타 직후인 1961년 6월 중순부터 김용완(경성방직), 전택보, 이병철(삼성) 등 당시의 주요 대자본가에게 성장 방책을 구했다고 전해진다. 전경련이 조직된 1961년 7월 중순부터는 경제계 단체 지도부와 정부 측의 경제간담회가 수시로 개최되었다. 경제계와 논의를 하는 수많은 정례회의 중에는 1960년대 중반 들어 대통령이 주재하기 시작한 수출진흥확대회의, 한 달에 약 2회 상공부가 주최하는 기업인 토론회 등이 있었다. 그리고 이러한 만남의 장은 정부 측의 '호출' 외에도 전경련 측의 '초청'과 '요청' 등에 따

제1회 한국무역전시회
1968년 가을 서울 구로동 수출공단에서 우리나라 최초로 제1회 한국무역전시회가 개최되었다. 전경련은
구로공단 조성 및 수출주도 산업화전략 채택 등 정부 정책에 깊은 영향을 미쳤다.

라 성사되었다. 보도되지 않은 각종 비공식적 회합은 더욱 빈번했다.

　정부 측과 대자본가의 수많은 회합과 다양한 의견 전달 통로는 정부 지시 하달의 도구일 수도 있었지만, 거꾸로 대자본 측 입장에 기반한 요구와 아이디어를 제안하는 창구이기도 했다. 이러한 바탕 위에서 전경련은 회원사인 대자본가의 이익 증대를 위한 독자적 사업의 기획뿐 아니라 정부에 다양한 사업과 정책을 제안하고 추진했다. 특히 군사정권 초기의 울산공업단지 건설과 수출주도 산업화 전략 채택, 나아가 1960년대 구로공단과 마산수출자유지역 조성, 자본시장 육성 추진 당시에 행해진 전경련의 건의와 주요한 역할은 여러 기록을 통해 확인할 수 있다.

　이러한 대정부 건의와 정책 제안에 대해 전경련은 1971년 발간한

『10년지』에서 다음과 같이 자평하고 있다. "1960년대부터 10년간 본회는 일반산업, 재정, 금융, 세제, 상역, 유통경제, 종합경제정책, 노동, 과학기술, 방어, 관광, 통신, 교통, 해운, 경제입법을 비롯한 대외경제협력 등등 전산업에 걸친 경제계의 경험과 중지를 모아 적시 발표한 것 등 일일이 말하기 어려울 정도로 많으며, 비록 그것이 즉각 반영되지 못해 시기의 빠르고 느림만은 있을지언정, 후에 이것을 분석해보면 종국에 가서는 그 대부분이 채택되었다."

개별 대자본가와 정치권과의 관계에서 빠질 수 없는 것은 소위 정경유착이다. 정세 변혁을 원치 않는 대자본가들과 오래도록 권력을 놓고 싶지 않은 정치세력은 돈과 이권을 맞바꾸며 '상호 후원'의 관계로 쉽게 맺어졌다. 단적으로 1960년대 삼분(설탕, 밀가루, 시멘트)폭리 사건, 특혜융자 사건, 사카린 밀수 사건 등 대자본과 관련한 각종 사건이 터졌을 때 항상 공화당과 정부가 나서서 이를 무마시키려 노력했다. 그러나 정경유착의 구체적 실상은 수면 위로 잘 드러나지 않았다. 수많은 '비화'와 출처를 정확히 알 수 없는 정보가 당시 정경유착의 방대함과 만성화를 방증할 뿐이다. 이는 정도의 차이가 있을 뿐 대자본·정치인 모두 소홀히 하지 않는, 사업을 위한, 그리고 권력유지를 위한 '기본적인 조건'이었음을 의미한다.

한편 경제성장을 위한 정부의 파트너로 안착한 후, 전경련과 그 회원인 대자본가들은 '부정축재자'로 자신들을 비판했던 사회여론을 향해서도 발언을 시작했다. 대표적으로 "붓을 들지 않기로 유명한 과묵의 사업가"로 평가받던 삼성의 이병철은 1963년 5월 30일부터 『한국일보』에 6회에 걸쳐 「우리가 잘사는 길」이라는 특별원고를 게재했다.[10]

이병철은 이를 통해 일각에서 제기되던 중농정책 중심 성장론에 맞서, 왕성한 차관 도입을 통한 급속한 공업화 과정, 즉 중공정책을 과감히 펼쳐야만 번영할 수 있다고 피력했다. 하지만 이와 함께 도드라진 논지는 부정축재 비판에 대한 반비판과 기업가 옹호였다.

이병철은 "소위 부정축재자라는 것을 만든 가장 중요한 요인"은 "과거의 악명 높고 불합리한 너무나도 경제적 현실을 무시했던 세제 때문"이었다며, 이 때문에 몇몇 기업인들은 불가피하게 탈세를 할 수밖에 없었다고 했다. 그런데 이와 관계없이 각종 특혜를 받고도 사업에 실패하고 돈을 낭비한 이들, 즉 "결과적으로 국가에 막대한 손해를 끼친 자"에 대해서는 "불문에 붙여"지게 되었다고 했다. 이는 바로 자신과 같이 "허다한 애로를 극복하여 기업을 새로 건립·확장하거나 자금을 건전 운용함으로써 생산 증가와 고용 증대에 공헌하여 결과적으로는 한국의 산업경제 발전에 상당한 기여를 했다고 볼 수 있는 다수 실업인들"만이 부정축재자로서 처벌을 받았다는 것이다. 이에 부정축재자 처벌 문제는 기업인들로 하여금 "구태여 욕을 먹어가면서까지 힘이 드는 사업을 일으킬 필요도 없고" 그저 돈을 벌면 고리대금이나 부동산 투자 등을 하는 것이 최상책이 되게끔 만들었다고 주장했다. 그렇기에 이병철은 "잘살고 싶다면" 다음을 해야 한다고 했다. "기업인들의 활발하고 자유로운 기업활동을 보장"해주고, "기업인을 죄인 취급하거나 기업의 대규모 성장을 죄악시하는 사회 풍조를 시정"하는 것이다. 나아가 국민들은 "사촌이 같이 못살지 않고 잘살아서 논 사는 것을 배 아파"하지 말고, "기업의 성장이 곧 국리민복의 증진과 국민경제의 부흥촉진에 직접적으로 기여한다는 것"을 알아야 한다고 덧붙였다.

이병철의 이런 투고 글은 사회적으로 큰 반향을 불러왔지만, 공개적인 반박은 1963년 7월 『경향신문』에 기고한 유창렬의 글 한 건에 그쳤다. 유창렬은 4·19혁명 직후 설립되었던 한국경제협의회의 간사였고, 1964년

삼분폭리 사건 특종보도
1964년 2월 1일자 『경향신문』에는 '폭리의혹, 점차 확대'라는 큰 제목 아래 일부 의원 매수설, 기업 재산 해외도피 등의 의혹이 집중 보도되었다.

민정이양 이후 야3당(민정·민주·자민당)이 구성한 원내교섭단체인 삼민회 소속으로 '삼분폭리 사건'을 폭로하기도 했다. 그는 반박문을 통해 이병철이야말로 악법에 의한 세금 탈루의 수준을 넘어 "치명적 부정부패의 대표적이고 핵심"적인 재벌이라는 점, "인간 개조가 필요하다면 (이병철—인용자)씨와 같은 사람부터 먼저 개조되어야" 한다며 이병철의 글은 아전인수 격으로 위험천만하다고 비판했다.[11]

그러나 되돌아온 것은 경제평론가 임묘민이 같은 신문에 기고한 「누가 재벌을 욕할 것인가」라는 재벌 옹호성 글이었다. 사실 임묘민이야말로 4·19혁명 직후 삼성의 부정축재와 부패를 앞장서서 꼬집던 인물이었다. 그런데 1962년 1월 돌연히 그는 그동안의 삼성 비판 글이 상이한 사실에 근거했다며 공개 사과문을 신문지상에 올렸고,[12] 그후 유창렬의 비판에 대응하는 글을 실은 것이다. "자본주의 국가에서 재벌을 잡아 놓으면 남을 것이 없다. 실상 재벌들을 부정축재로 다루다 보니 경제성장에 영향이 없지 않았다."는 문장을 시작으로, "누구나가 다 외환특혜로 치부했고 소비산업으로 치부"했기에 "어느 특정인만을 욕할 것도 아닌 것"이라는 논조로 글을 채웠다.[13]

민정이양이 이뤄진 1964년 초에는 삼민회 소속 국회의원들이 소위 '삼분폭리' 조사 규명안을 제기, 다시금 대자본에 대한 사회적 비판 여론에 불을 붙였다. 군사정권 시기 삼분 업자들이 달러 배정과 원료 구입, 매점매석을 통해 거대한 폭리를 취했다는 것이었다. 삼성물산과 제일제당을 필두로 효성물산, 대선제분, 삼양사 등의 업자가 거론되는 가운데, 특히 유창렬 의원은 삼성 측의 구체적 폭리 내용과 더불어, 삼성이 40여 명의 관계자를 풀어 여야 의원들에 대한 개별 포섭공작을 벌이고 있다고 『경향신문』을 통해 폭로했다.[14]

하지만 공화당의 보이콧과 소극적으로 돌변한 일부 야당 의원들의 태도로 삼민회 측이 요구한 특별국정감사 실시는 좌절되고 말았다. 삼성 측은 유창렬 의원이 개인적인 원한 때문에 허위사실을 유포한 것이라고 주장했고, 『경향신문』을 명예훼손으로 고소했다.[15]

삼민회 소속 의원들은 1964년 2월 21일 한 번 더 국회에 '정치 및 행정권력과 결탁한 국민경제 파괴 및 범법행위자의 실태조사를 위한 특별위원회 구성에 관한 결의안'을 제안하며 대응했다. 다음은 유창렬 의원이 내놓은 제안 설명의 일부다.

> 우리는 이승만 독재정권하에서도 공개적으로 대통령을 비난할 수 있었으며 삼권을 한 손에 장악한 군정하에서도 박의장 이하 군정 요로 인사를 통박할 수 있었습니다. 그러나 우리나라에서 단 하나 신성불가침의 존재가 있었으니 그것은 재벌입니다. 연계자금, 달러 옥션, 증권파동, 암쿼터 장난, 삼분폭리 등 경제적 대의혹사건이 있을 때마다 어떠한 극렬한 야당 인사도 그러한 부정을 묵인, 또는 방조한 정부 당국자를 추상같이 규탄했지만 정작 그 정부 또는 관료와 표리일체가 되고 일심동체가 되어 막대한 치부를 하고 국민경제를 파괴시키고 대중을 수탈한 장본인 재벌에는 손가락 하나 대지 못했거나 안했던 것입니다. 이와 같이 절대 무풍의 안전지대요 신성불가침의 위력을 자랑했던 재벌, 그 가운데서도 우리나라 최대 재벌인 이병철 씨의 삼성재벌에 대해 본의원은 관권가의 결탁 아래 자행한 국민경제 파괴 사실과 각종 위법 또는 범죄 사실을 적시하고 그 조사를 위해 국정감사권을 가진 특별조사단을 구성하도록 제의하고자 하는 바입니다.[16]

하지만 이 제안은 끝내 미결안으로 남겨졌고, 제일제당은 1964년 6월 10일 명예훼손 혐의로 유창렬 의원을 고소했다. 한일협정 반대 시위와 더불어 '악질재벌 규탄' 여론이 고조되자 어쩔 수 없이 시작한 정부의 수사 역시 '폭리'임을 규명하지 못한 채 과세 예상액의 3분의 1에 불과한 8억 7000여만 원을 삼분업자들에게 부과하는 데 그쳤다. 당시 수사 기록은 "업자들이 교묘한 방법으로 폭리를 취했다고 인정하나 삼분폭리 사건에 대해 국회 및 사회에서 논란이 있자 업자들은 장래에 있을 수사에 대비 증거를 인멸하고 또 대부분이 사면령에 해당되어 압수수색 등 강제력을 사용하지 못하고 생산업자에서부터 일반 소비자에 이르기까지 유통과정을 전부 조사하자면 3천만 국민 전체를 조사해야 될 것이므로 사실상 수사는 불가능하다."라고 밝히고 있다.[17]

이 같은 분위기에서 "재벌은 우리나라의 자유민주주의 및 자본주의 경제체제를 대변해주고 있어 이를 파헤치거나 노골적 비판을 하게 되면 곧 이 체제를 부정하는 것으로 단정, 사회주의 심하면 용공주의로 몰려 반공법 및 보안법 위반, 특수법제처벌법 등에 걸려 형무소로 직행하기 마련"[18]이라는 자조 섞인 비난이 나오기도 했다.

하지만 이에 그치지 않고 부정사건은 계속 이어졌다. 1964년 말부터 삼호, 화신, 판본 등에 대한 거액 특혜융자가 밝혀지며 1965년 재벌 비판에 다시 불이 지펴졌고, 1966년 9월에는 삼성의 사카린 밀수 사건이 터졌다. 야당의 폭로와 비판 여론이 고조되면 정부와 공화당은 이에 부응하는 듯 조사에 착수했다가 마지막에는 결국 용두사미의 수사 결과를 내놓는 과정이 반복되었다. 세 사건 모두 구체적인 실상은 밝히지 못했지만 정부 고위층이 깊숙이 관련되어 있었고, 사카린 밀수 역시 청와대와 이병철 간의 상호부조를 위한 밀약의 결과물이었다는 주장은 시간이 흘러 더욱 힘을 받았다.

반면 사회적으로는 한국 대자본의 특혜·독점에 대한 비판에 더해 한일협정에 앞장서며 무분별한 외자도입을 추진하는 데 대해 '매판자본買辦資本'이라고 비판하는 용어까지 등장했다. 매판자본은 외국의 독점자본에 예속된 토착자본을 말한다. 이런 비판에 맞서기 위해 1965년부터 개별 기업들은 '기업의 사회성'을 실현한다는 명분 아래 사회복지를 위한 기부를 하거나, 삼성문화재단 같은 각종 문화·교육재단을 본격적으로 설립하기 시작했다. 이와 더불어 전경련은 비판 여론에 맞선 여론전에 앞장섰다. 우선 여러 인사들을 활용해 대기업에 호의적인 여론을 확산시키려 노력했다. 전경련의 잡지 『경협』 1965년 3~6월호에 실린 글을 통해 단편적이나마 그 양상을 보면 다음과 같다.

> 웬일인지 쉬지 않고 먹지 않고 자지 않고 심혈을 기울여서 공장을 짓고 수천 명의 종업원을 고용해 많은 상품을 생산하는 실업가에 대하여는 박수를 보내주는 사람이 적다. (…) 오히려 때에 따라서는 모리배라는 말로 매섭게 때리는 것이 이 나라 사회풍토다. (…) 기업을 일으키고 수출과 고용을 증대한 경제선수에게는 큼지막하고 빛나는 훈장을 달아 줄 줄 알아야 한다. (황인극, 『동양경제일보』 기획부장)

> 해방 이후 공산당에서 국민과 실업인을 이간시키기 위해서 조작해놓은 모리간상배 운운으로 국민이 경제인을 백안시하는 오늘의 이날 분위기는 확실히 비극이다. (…) 국민생활 전체를 다소라도 향상시켜보자는 데 있지 일인들과 손을 맞잡고 매판자본의 앞잡이 노릇이나 하겠다는 생각을 하는 경제인은 아마 없을 것이다. (윤고종, 평론가)

> 아직도 자본을 축적하고 기업을 크게 하는 사람을 보면 무조건 백안시하며 모리배시하는 경향이 없지 않은데 이는 참말 위험한 사고다. 아무도 자본을 축적하지 않고 3천만 국민 모두가 골고루 몇 푼씩 나누어 갖고 있다면 그야말로 죽는 길밖에 없는 것이다. 삼분폭리 사건과 특혜금융 사건으로 말미암아 국민이 집권층에 대해 의아심을 품고 기업인을

도매금으로 모리배시하는 현상을 나타내고 또한 그렇게 머리에 꽉 배이게 한 것은 신문의 힘이 아닌가 생각된다. (…) 모름지기 신문은 기업을 때리는 입장에만 서지 말고 충고와 북돋아주는 입장에 서야 할 것이다. (김성식, 대학교수)

자신들이 만든 여론을 등에 업고 1965년경 전경련은 삼분폭리와 각종 특혜문제에 대해 적극적으로 입장을 밝혔다. 간단하게 정리하면 삼분폭리는 유통기구의 미발달 탓으로 그 책임소재가 분명할 수 없으며, 외자 도입과 내자 조달에 비리가 생기는 것은 정부가 민간 경제활동에 너무 광범하고 깊이 관여하기 때문이며, 정부가 전⌃금융기관을 '민주화', 즉 민영화시켰다면 소위 정치와 결탁된 민간기업은 나오지 않았을 것이라는 내용이었다. 전경련이 발간한 책자 중, 무명의 인물을 내세운 다음의 대화에서 당시 전경련의 입장을 더욱 분명하게 확인할 수 있다. 대화 속 갑과 을은 정부와 외부환경에 대한 책임 전가, 그리고 낙수 효과를 앞세운 일종의 '협박'으로 일관한다. 50여 년이 지난 지금도 전혀 낯설지 않은 내용이다.

갑: 얘기를 하다보니 우리나라 모든 기업에 제기된 논의는 결국 기업인에만 잘못이 있기보다 모든 것이 사회·경제적 여건이나 정책·제도상에서 파생된 불가피한 귀결이 아니냐는 것이 솔직한 견해인 것 같습니다.
을: 그렇습니다. 누차 말씀한 바와 같이 기업 특히 소위 대기업에 대한 비난을 할 때에 무조건하고 획일적으로 비판만 할 것이 아니라 적어도 시대적 여건이나 인적 요소 내지 정책추이 등에 입각한 문제의 소재를 명확히 파악해 비평을 하되 산업의 역군으로서의 자세 확립을 촉구하도록 올바른 시정방향을 제시하는 데 인색하지 말아야 한다는 점입니

다. 기업이 국민경제상 차지하는 비중이나 책임을 깊이 생각하지 않고
비평만 가한다는 것은 이들의 기업 의욕을 저상시켜 우리나라의 산업
근대화를 그만치 지연시키는 결과가 되지 않을까 우려되는 것입니다.[19]

베트남전쟁 참전의
안과 밖

윤충로

1960

"젊은이여
월남으로 가라"

짧게는 한국군이 참전한 8년 6개월, 길게는 1975년 4월 남베트남이 몰락할 때까지 한국은 '월남 붐'으로 뜨거웠다. 이는 박정희 대통령 재임 시기의 절반 정도를 차지하며, 한국의 고도성장기의 출발점인 1960년대 중반을 관통해 1970년대 전반기까지 이어졌던 역사적 경험이었다. "싸우면서 건설하고 건설하면서 싸우자."라는 말처럼 당시는 전시(경제)와 평시(경제)의 구분이 사라진, 전쟁과 일상이 하나가 된 총력전의 시대였다.

최초의 파월派越은 의료부대 130명, 태권도 교관단 10명으로 시작했다. 1964년 8월 24일 오전 10시 육군본부 광장에서 '월남군사지원단' 환송식이 열렸고, 정일권 총리는 "국군의 파병은 4000년 역사에서 처음 있는 일로서 한국동란韓國動亂에서 실력을 쌓아올린 군사원조단은 민족과 국가의 권위를 과시해주기 바란다."[1]라고 훈시했다. 이렇게 '조촐'하게 시작된 파병은 1965년 3월 건설지원단인 비둘기부대, 같은 해 10월 전투부대인 청룡·맹호부대, 1966년 8월 백마부대의 추가 파병으로 이어졌다. 140명에서 시작된 파병 인원은 불과 2년여 만에 4만 5605명으로 늘었다. 1973년 3월 베트남에서 철수할 때까지 연병력 32만 4864명의 한국군이 베트남전쟁에 참전했고, 이 가운데 5099명은 살아 돌아오지 못했다. 또한 사람들의 기억에서 잊혔지만 파월된 한국군을 뒤따라 총 2만 4000여 명, 연인원 6만 2800여 명의 기술자들이 베트남으로 갔다.

그렇다면 한국은 왜 베트남전쟁에 참전하게 되었을까? 박정희 정권은 "6·25 때 우리를 지원했던 우방 제국에 대한 은혜"를 갚는다는 보은론, 베트남의 전선이 "우리나라 휴전선과 연결된 우리의 제2전선"이라는 제2전선론, 한국이 베트남에 군을 보내지 않았다면 "미군 2개 사단이 갔을" 것이라는 미군철수론, 국위선양론 등 다양한 참전 명분을 내세웠다. 하지만 정작 중요한 것은 참전의 명분이 아니라 파병에 대한 한국정부의 태도였다. 한국군의 베트남 파병은 미국의 요구에 대한 수동적 대응이라기보다는 한국정부의 적극적이고 능동적인 의지를 반영했다. 박정희는 1961년 11월 14일 케네디John. F. Kennedy와의 회담에서 이미 "미군이 승인하고 원조한다면 한국은 베트남에 군을 파병"할 수 있다고 밝혔고, 그후 미국에 지속적으로 파병 의사를 전했다. 당시 제기된 베트남전쟁 파병론은 미군이 추진하던 주한미군과 한국군 감축, 군원 이관 문제 등의 현안을 돌파하기 위한 하나의 카드였다.

박정희 정권의 노력이 빛을 발한 것은 1964년 4월 미국의 존슨Lyndon B. Johnson 대통령이 동맹국의 베트남전쟁 참전을 호소한 '더 많은 깃발 캠페인'More Flags Campaign이 사실상 실패로 돌아가고, 전쟁이 미국과 베트남의 전쟁으로 제한되면서부터였다. 특히 1965년 4월 미국이 남베트남에 동맹국 전투부대의 파병을 결정하면서 한국정부는 파병 협상에서 유리한 위

미국에 환대받는 박정희 대통령
베트남에 전투병을 파병함으로써 한국은 미국과의 외교에서 큰 이익을 누렸다. 1965년 5월 17일 박정희 대통령의 미국 방문 시 미국정부는 파격적인 의전을 베풀며, 미국과의 외교에서 달라진 한국의 위상을 확인시켜주었다.

치를 차지할 수 있었다. 이를 실질적으로 보여준 것이 1965년 5월 17일 박정희 대통령의 미국 방문 풍경이다. 박정희 대통령을 초청한 존슨 대통령은 통상 1블록 구간인 카퍼레이드를 7블록 추가해 진행하는 등 파격적인 의전을 베풀었다. 전투병 파병이 한국정부가 미국과 협상을 벌일 수 있는 가장 강력한 지렛대로 떠오른 것이다.

전투병 파병을 둘러싼 협상은 "우리가 고자세로 대미 외교를 벌인 유일한 케이스"[2]로도 이야기되는데, 그 대표적인 사례가 1966년 3월 7일 2차 전투병 파병을 앞두고 체결된 '브라운 각서'다. 이 각서는 "베트남 파병에 소요되는 장비와 일체의 경비 부담" "주베트남 한국군 전원에게 합의된 해외근무수당 경비 제공" "한국군 2개 사단이 베트남에 파병되어 있는 동안 군원 이관 중지" "한국 기업의 남베트남 진출 기회와 용역사업 참가 기회 제공" 등의 군사·경제적 합의 내용을 담았다. 당시 박정희 정권에게 파월한국군은 그야말로 자신의 꿈을 실현시켜줄 '알라딘의 램프'가 되었다.

1964~65년 한창 파병이 이루어질 시기 한국사회는 한일협정 반대 투쟁에 온통 관심이 쏠려 있었고, 전투병 파월 문제는 사회적으로 큰 쟁점이 되지 못했다. 이러한 상황에서 여당 측이 오히려 파병반대를 외치는 웃지 못할 일이 벌어지기도 했는데, 이는 미국과의 협상 과정에서 유리한 입장에 서기 위한 정부의 입장이 반영된 것이었다. 전쟁 기간 미국은 반전운동으로 몸살을 앓았고, 이웃나라 일본은 '베트남에 평화를! 시민연합ベトナムに平和を! 市民連合'의 반전·평화운동으로 시끌벅적했지만 한국은 이렇다 할 반대운동 없이 침묵했다.

그러나 침묵이 곧 전쟁에 대한 긍정을 의미하는 것은 아니었다. 특히 초기 파병 당시에는 십자성부대 2지원단으로 1966년 파월된 문○○의 증언처럼 "월남 가면 다 죽는 줄 알았"으며, "소대장까지도 파월을 원치 않아 이를 억지로 끌고 가야 했다."[3] "제일 많은 날이 한 50명 가까이 도망갔어. (…) 아이, 매일 도망자가 나와."[4]라는 증언에서 보이듯 저항이 끊이지 않았다. 이를 잠재운 것은 '차출'이라는 국가의 강제와 '경제적 유인책'이었다. 초기 3차(맹호·청룡), 4차(백마) 전투병 파병은 부대단위로 차출되어 강제로 가야 했다. 일례로 1965년 10월 맹호부대로 파월된 최○○은 형제가 파월되어 하나라도 빠지려 했으나 '대통령 특명'이라는 중대장의 말에 꼼짝없이 가야 했다고 자신의 경험을 이야기했다. 강제와 더불어 경제적 유인책도 활용됐다. 정부는 당시 쌀 세 가마 값인 "병장 수당 54달러" "5개월만 아껴 쓰고 송금하면 여러분 가정에는 살찐 황소 한 마리가 불어나게 됩니다."라며 장병들의 파월을 독려했다.[5] 한국전쟁의 피해와 여운으로부터 벗어나지 못한 '재건'의 시대, 보릿고개와 높은 실업률이 지배했던 당시 한국사회에서 이는 거부하기 힘든 유혹이었을 것이다.

파병의 물결은 순식간에 사회로 퍼져나갔다. "베트남의 낯선 정글 속으로 전투부대를 파견했을 때 우리에게 주어진 명분은 제2전선론이었지만 그에 뒤따른 실리는 다름 아닌 한·미·월 삼각경제협력"[6]이었다는 말처럼 파병 못지않게 중요했던 것은 경제적 이해였다. 정부는 초기에 군납물품을 중심으로 수출계획을 세웠으나, 이것이 여의치 않자 1966년부터는 인력 수출에 주력했다. 1965년 7월 노동청의 공개모집으로 파월기술자 송출이 시작됐다. 당시 최대 월급은 450달러였는데 같은 해 말에는 600달러가 넘는 액수가 제시됐다. 이는 도시 근로자 월평균 소득의 10배가 훨씬 넘는 액수였다. 이렇다보니 파월기술자 선발 과정에는 언제나 사람들로 넘쳐났다. 전장인 베트남이 '몸과 목숨과 기술'로 일확천금을 얻을 수 있는 한국의 엘도라도El Dorado가 된 것이다.

박정희 정권은 베트남의 전장을 '제2전선'으로 위치 지움과 동시에 경제전선으로 이미지화했다. 이는 군사적 동원뿐만 아니라 전장으로의 사회적 동원을 가능케 했다. "젊은이여, 월남으로 가라."는 베트남에서 한밑천 장만하라는 꿈을 담은 구호였다. 그러나 이는 사실 나가지 않으면 살기 어려웠던 당시 세태와 전쟁을 활용해 성장을 추구했던 정부의 의도를 함축적으로 보여준 구호이기도 했다.

'전선 없는 전장'에서

입대하자마자 1965년 10월 맹호부대 1진으로 파월됐던 황○○은 보충 중대에서 "우리가 월남 구찌〈ぢ다."라는 말을 듣고 그것이 "강원도 어디 마을 이름인 줄 알았다."며 아무것도 모르고 황망히 파월되었던 경험을 이야기했다. 사병보다는 나았을지 몰라도 장교들 또한 파월되기 전에는 '남의 나라 전쟁'에 그리 큰 관심을 두지 않았다고 한다.

파월장병들이 처음 접한 베트남의 풍경은 낯익으면서도 낯선, 이해할 수 없는 모호한 것이었다. 초록빛으로 넘실거리는 너른 논과 농민의 풍경은 한국의 그것과 별반 다를 바 없었지만, 파월장병을 대하는 베트남인들의 태도는 당황스러운 것이었다. 파월장병들의 눈에 비친 베트남인들은 너무도 무표정했고, 우호적이지 않았다.[7] 자유우방을 지키기 위해 머나먼 베트남까지 갔던 파월한국군의 대의명분은 그들이 베트남에 첫발을 내딛는 순간부터 삐걱거리기 시작했던 것이다.

'전선 없는 전장'은 어디나 전장이 될 수 있지만 그렇다고 딱히 전장이라고 규정할 수도 없는 '모호한' 전장의 상황을 표현한 것이다. 그러나 이는 전장 상황만이 아니었다. 당시 한국군이 처한 입장 자체가 모순되고 애매모호한 것이었다.

먼저 박정희 정권에서 내세운 파월의 가장 큰 명분은 '반공의 십자군'이었다. 하지만 전장의 장병들에게 반공 이념을 위한 전쟁이라는 것은 큰 설득력을 발휘할 수 없었다. 차라리 그 전쟁은 가난과의 전쟁이었다. "우리는 적과 싸우러 가는 것이 아니고 가난과 싸우러 가는 것"[8] "나와 장병들은 고국의 가난을 물리치기 위해 하나가 되었다."[9]라는 말은 전쟁의 속

내를 솔직히 표현한 것이다. 반공의 전장인 베트남의 또다른 얼굴은 경제의 전장이었고, 이는 군의 최상층부터 하층까지를 관통하는 하나의 흐름이었다. 베트남의 전장은 물자가 넘쳐나는 곳이었고, 이를 둘러싼 부정도 끊이지 않았다. 전장의 보급물자는 차지하는 사람이 임자였다. '정책물자 박스'라는 이름으로 전쟁물자가 체계적으로 국내에 유입되었고, "되도록 많은 물자를 획득하는 사람이 애국자요 유능한 장교"[10]였다. 이러한 조직적 부정 이외에도 텔레비전, 금괴 밀수 등 개인적 부정부패도 자행됐고, "군인이 돈맛을 안 것은 월남전 때부터"라는 말이 나오기도 했다. 이는 장교들에게만 해당된 것은 아니었다. 수완이 좋았던 한 병사는 라디오, 카메라 등을 챙겨 귀국했고, '양키시장'에서 단파 라디오를 팔아 쌀 여섯 가마니 가격을 받았던 기억을 떠올리기도 했다(강○○). 그러나 전장의 '기회'가 모두에게 공평하게 주어진 것은 아니었다. 중대전술기지의 소총수들은 피엑스PX가 어떻게 생겼는지도 몰랐고, 귀국 장병들이 꾸리는 귀국박스를 채울 물건도 없었다. 그들에게는 베트남의 전장도 '부익부 빈익빈'의 세계였다.

베트남의 전장은 파월장병들이 한·미·월 관계 속에서 자신의 모순된 정체성을 인식하는 공간이기도 했다. 해외파견 장병수첩의 '주월장병의 몸가짐' 1조는 "월남인은 반공을 위해 싸우는 같은 동양인이다."였다. 같은 '황색인'이라는 점은 베트남인과 한국군이 가까워질 수 있는 기본적인 조건이었다. 또한 파월장병들은 베트남의 모습에서 한국의 옛 모습을 떠올렸다. 베트남전쟁은 과거 한국전쟁의 재현이었고, 담배, 초콜릿, 추잉 껌을 달라고 쫓아오는 베트남 아이들의 모습에는 한국전쟁 직후 흉흉한 시절 미군의 뒤를 쫓던 자신의 모습이 있었다. 하지만 이는 상대적으로 제한된 감정이었다. 한국군은 "6·25전쟁 때 미군이 와서 우리를 불쌍히 보

베트남으로 떠나는 장병들
140명에서 시작된 파병은 불과 2년여 만에 4만 5605명으로 늘었다. 1973년 3월 베트남에서 철수할 때까지 연병력 32만 4864명의 한국군이 베트남전쟁에 참전했고, 이 가운데 5099명은 살아 돌아오지 못했다.

는 것과 똑같은 감정"(강○○)으로 베트남인들을 보기도 했고, 베트남인에 대한 민족적 우월감을 드러내기도 했다. 또한 "'코리아 퍼스트'가 월남에선 통한다."[11]라는 말처럼 전쟁이 제공한 한시적 우월감을 만끽하기도 했다. 한국군은 베트남인, 베트남군보다는 미군에게 더 일체감을 느꼈다. 한국에서는 괜히 위축되고, 곁에 다가가기도 어려웠던 미군과 어깨를 나란히 하며 동맹군으로 활동하면서 한국군은 미군과의 '허구적 동일화', 심리적 지위 상승을 경험했다.

물론 이러한 미군과의 관계가 공짜는 아니었다. 미국의 입장에서 보았을 때 주로 전투병으로 구성된 베트남의 5만 한국군은 미국 젊은이들의 희생을 줄일 수 있는 대체병력이었고, 개인당 유지 비용도 5000~7800달러 정도로 미군의 1만 3000달러에 비해 훨씬 적었다. 한국군은 자신의 가치를 용맹함으로 증명해야 했고, 실제로 연합군 중에서 가장 기량이 뛰어나고 적에 대한 살상률이 높았던 군대로 이야기되기도 했다.[12] 그러나 한국군ROKs, "센 놈들"의 '용맹'은 한편으로는 베트남인에 대한 잔혹성을 의미하기도 했다. '조국의 이름으로' 뽑힌 장병들은 파월되기 전 파월장병교육대에서 베트남인은 모두 적이며, 믿어서는 안 된다고 교육받았다. 베트남인들은 도움을 주어야 할 대상인 동시에 언제든지 적으로 돌변할 수 있는 믿을 수 없는 존재였다. 베트남인에 대한 양가적 인식, 전장의 불안과 공포, 피해 등이 버무려지면서 한국군의 베트남 민간인 학살이라는 비극이 잉태되었다. 어떤 군대보다 용맹한 군대, 심지어 미국인들에게조차도 "경이의 대상, 나아가 공포의 존재"[13]였다는 평가는 베트남인 학살이라는 잔혹의 역사를 한 축으로 세워진 것이며, 이는 베트남전쟁의 지워버리고 싶은 어두운 기억이 되었다.

'월남특수'와
파월기술자

일본의 요시다 시게루吉田茂 총리가 1950년 한국전쟁의 발발을 "신이 내린 선물"이라며 기뻐했다는 것은 잘 알려진 이야기다. 박정희 대통령에게 베트남전쟁이 바로 그랬다. 박정희 대통령은 파병을 구체화하면서 한국전쟁 당시 일본의 경제특수를 한국에서 재현하고자 했다. 장기영 부총리가 1개 한국 기업의 베트남 진출을 1개 경제사단의 진출에 비유한 것은 전쟁특수를 위한 적극적 의지의 발현이었다.

국가가 닦아놓은 길을 따라 한국의 많은 기업들이 베트남으로 갔다. 베트남 진출이 본격화된 1966년에는 현대건설, 대림산업, 공영건업, 부흥건설, 삼환기업, 1967년부터는 중앙산업, 아주토건, 파일산업, 경남기업, 한양건설 등의 기업이 진출해 다양한 공사 도급 및 시공 사업을 진행했다. '월남특수'에서 가장 큰 비중을 차지한 것은 용역군납이었다. 그중 대표 기업이라고 할 수 있는 한진상사는 1966년 5월~1971년 12월 동안 1억 1600만 달러 이상의 계약고를 달성하면서 '월남재벌'로 부상했다.

표1을 보면 베트남 경제특수에서 큰 비중을 차지하는 것이 무역외수입이고, 그중 가장 큰 것이 용역군납임을 알 수 있다. 한진상사 조중훈 회장의 동생인 조중건은 한진의 베트남 진출을 "100년 만에 한 번 있을까 말까 한 사업"[14]이었다고 회고했는데, 이는 베트남 경제특수가 기업에 미친 영향을 단적으로 보여준다. 베트남전쟁의 영향은 한국 10대 재벌의 판도를 바꿔놓을 정도로 컸다. 1960년 중반의 10대 재벌이 1950년대 원조를 이용한 삼백산업을 바탕으로 급부상한 방직공업과 유통산업을 중심으로

〈표 1〉 대(對)베트남 경제활동 수익 단위: 100만 달러

	1965	1966	1967	1968	1969	1970	1971	1972	누계액	비중(%)
경상수입	17.7	23.8	23.2	38.0	47.1	70.1	35.7	27.5	283.1	27.7
수 출	14.8	13.9	7.3	5.6	12.9	12.8	14.5	12.5	94.3	9.2
무역군납	2.8	9.9	15.9	32.4	34.2	57.3	21.2	15.0	188.8	18.5
무역외수입	1.8	37.3	128.1	130.6	153.3	134.5	97.6	55.7	738.9	72.3
용역군납		8.3	35.5	46.1	55.3	52.3	26.5	9.2	233.2	22.8
건설군납		3.3	14.5	10.3	6.4	7.4	8.3	3.1	53.3	5.2
군인송금	1.8	15.5	31.4	31.4	33.9	30.6	32.3	26.8	201.5	19.7
기술자송금		9.1	33.6	33.6	43.1	26.9	15.3	3.9	166.2	16.3
특별보상지원			4.6	4.6	10.8	15.2	13.9	12.0	65.3	6.4
보험금		1.1	4.6	4.6	3.8	2.1	1.3	0.7	19.4	1.9
합계	19.5	61.1	151.3	168.6	200.4	204.6	133.3	83.2	1,022.0	100.0

• 출처: 朴根好 『韓國の經濟發展とベトナム戰爭』, 東京: 御茶の水書房 1993, 19면.

성장했다면, 1970년대 중반의 10대 재벌은 베트남전쟁 당시 용역과 건설, 무역 등으로 성장한 기업이었다.

'안보의 상업화'에 따른 군사와 경제 영역의 결합은 민간기업의 전장으로의 발걸음을 재촉했고, 그 제일선에는 전장의 노동자가 있었다. 베트남전쟁의 경우 현재는 이름도 생소한 '파월기술자'가 바로 그들이다. 이들은 병참, 정보, 기술 지원, 보급, 수송 등 부수적인 군사 용역을 제공하는 '군사 지원' 부문에서 주로 일했다. 외무부 자료에 따르면 1965년부터 1970년 7월까지 외국 기업에 1만 5641명, 한국 기업에 8767명이 취업했다. 외국 기업 가운데서도 가장 규모가 큰 5대 기업은 알엠케이-비알제이 RMK-BRJ, 페이지PAGE, 피에이엔이PA&E, 필코PHILCO, 빈넬VINNELL이었으며, 이 중 한국인들이 가장 많이 취업했던 곳은 빈넬이다. 국내 기업의 경우에는 한진상사가 총 3475명으로 가장 많은 파월기술자를 고용했다. 파월기술자들이 전장의 노동을 통해 벌어들인 돈은 베트남전쟁에서 한국이

벌어들인 수입의 16.3퍼센트를 차지할 정도로 큰 액수였다.

　가난하고, 취업하기 어렵고, 더군다나 외국에 나가는 것은 더욱 어렵던 시절 파월기술자는 선망의 대상이었다. 파월기술자 선발을 둘러싼 사기나 부정이 끊이지 않았고, 아무 기술도 없이 무작정 베트남으로 온 '나이롱 기술자'도 있었다. 그러나 그들이 힘겹게 올라탄 '월남행 버스'*의 종착지는 꿈의 복지福地가 아니라 위험이 상존하는 전장이었다. 흔한 일은 아닐지라도 파월기술자에 대한 납치, 테러, 폭행 등이 끊이지 않았다. 특히 한진상사의 육운부陸運部 파월기술자들은 미군 군수물자의 육상운송을 담당했기 때문에 더 위험했고 피해도 잦았다. 그들의 육상운송은 군사작전을 방불케 하는 것이었고, 파월기술자들은 준군인이라 할 만했다. '10년 벌 것을 1년에 벌 수 있다.'는 베트남의 전장은 "돈벌이 곳"이면서 동시에 "가정에 슬픈 소식을 전해주는 곳"이기도 했다.[15]

　위험한 전장이었으나 그곳은 또한 파월기술자들의 일터였다. 미국 회사와 한국 회사 모두 파월기술자의 파업이나 저항에는 단호했다. 파월기술자들은 사측의 일방적인 계약해지나 귀국 조치를 가장 두려워했다. 하지만 미국 회사와 한국 회사의 노동조건은 달랐다. 먼저 대개의 미국 회사는 파월기술자들에게 정확한 일당과 시간외수당을 지급했고, 충분한 의식주의 제공은 물론이거니와 여가활동도 가능하도록 했다. 비록 미국인―한국인―베트남인 순으로 직급·급여도 많은 차이가 났고 대우도 달랐지만, 이러한 민족·인종적 위계는 크게 개의치 않았다. 미국 회사에 비해 한국 회사에서 일하는 기술자들은 "같은 곳에서 같은 일을 하면서도

---

*　서로 앞다투어 파월기술자의 대열에 끼려는 당시 세태를 『동아일보』(1968년 9월 17일자)는 "월남서 1년만 일하면 한밑천은 거뜬히 마련한다는 얘기가 많은 사람의 입맛을 돋우어왔다. 그래서 숱한 위험부담에도 매이지 않고, '월남행 버스'는 언제나 붐비고 있었다."라고 묘사했다.

급료가 훨씬 적고 숙식도 떨어지는 데 불만을 품고"[16] 있었다. 한국에 비해 훨씬 높은 월급과 좋은 의식주에 큰 부족감은 없었으나, 노동조건에 대한 상대적 박탈감은 어쩔 수 없었다. 게다가 한국 회사는 국내의 권위주의적 노사관계를 베트남에서도 그대로 유지했다. 일례로 미국의 빈넬은 한인협의회를 두고 파월기술자의 불만을 개선해나가려는 노력을 기울였으나, 한진상사는 그러한 완충장치도 없었다. 갈등과 불만은 내부로 쌓일 수밖에 없었고, 이는 1971년 9월 15일 칼KAL빌딩 방화 사건으로 폭발했다.

후방에서의 전쟁, 일상의 전장화

베트남전쟁 참전 초기부터 평범한 사람들의 관심을 자극한 것은 전장의 돈벌이였다. 한 파월장병 가족은 좌담회에서 "동네 사람들이나 일반 사람들의 생각에는 월남으로 돈 벌러 갔다는 생각부터 먼저 드는지 (…) 인사가 '월남에서 돈은 왔우? 얼마 왔우?' 하며 물을 때엔 듣기가 거북하고 어떤 때는 노여운 생각도 들어요."[17]라며 불편한 심기를 드러내기도 했다. 주월한국군이 교체되면서 돌아온 장병들에게서 물씬 풍겨나는 '외국의 냄새', 파월기술자의 송금으로 졸지에 '시골부자' 그것도 '벼락부자'가 된 이야기[18] 등은 낯설기만 했던 베트남 전장의 이미지를 빠르게 바꿔놓고 있었다. 1967년을 넘어서면서는 "도시나 시골 어느 곳을 가나 한 동네에서 두세 집의 파월가족을 찾기란 어렵지 않았고, 그만큼 월남 파병은 우리 생활에 깊숙이 파고든 단면"[19]이 되었다.

베트남전쟁 참전과 관련한 변화를 더 깊이 이해하기 위해서는 당시 국

칼빌딩 시위 현장을 지켜보는 경찰과 시민
베트남에는 군인뿐만 아니라 민간인 기술자들도 파견되었다. 위험한 전장이었지만 '10년 벌 것을 1년 안에 벌 수' 있는 일터이기도 했다. 하지만 국내 기업들은 이들을 적절하게 대우하지 않았고, 그 갈등과 불만은 1971년 9월 15일 칼빌딩 방화 사건으로 폭발했다.

가적·사회적으로 진행된 후방의 전쟁동원 과정을 살펴보아야 한다. 박정희 정권은 전쟁 수행을 위해 사회를 체계적으로 조직하고 동원하고자 했다. 이를 잘 보여주는 것이 '위문사업'이다. 위문사업이 본격화된 것은 1966년 5월 6일 대통령령 제2512호로 파월장병지원위원회가 만들어지면서부터다. 국무총리가 위원장을 맡았던 이 조직은 전국 시, 도, 군, 읍, 면에 2637개의 지방위원회를 갖추고, 파월장병 사기 앙양, 가족 지원, 베트남 사태와 파병에 관한 홍보·계몽, 전상자 원호 대책 등 다양한 업무를 수행했다. 1966~72년 동안 위문사업을 위해 조성된 성금은 총 10억 4125만 2000원에 달했고, 위문품은 1899만 8453점이 걷혔다. 전쟁 기간 파월장병 환송국민대회 1회(1966년 8월 백마부대), 파월개선장병 환영국민대회 7회(1971~72년 청룡부대), 파월교체장병 환·송영 행사 120회(1966~72년 춘천·부산)가 실행됐다. 또한 위문단 파월도 활발하여 1966~71년 동안 연예인 공연단이 총 83차례 1160명이 파월되어 2922회의 공연이 이뤄졌다.[20] 이러한 수치들은 당시 위문사업의 규모를 짐작게 한다.

그렇다면 이는 어떻게 만들어졌을까? 박정희 정권은 파월장병들을 위한 '꽃씨 보내기 운동' '김치 보내기 운동' '위문편지 보내기 운동' 등 다양한 대중동원 운동을 앞장서서 추진했고, 이를 위한 성금 모금뿐만 아니라 공무원, 국영기업체 직원, 군인의 월급을 공제하거나, 경제단체에 모금액을 할당하는 등 강제적으로 위문금을 마련했다. 학생들은 의무적으로 위문편지를 써야 했고, 파월장병 환·송영 행사에 동원되기도 했다. 또한 전투사단 파월 기념 우표 발행(1966년 10월 1일), 기념 담배인 '자유종' 발매(1966년 8월 15일), 파월장병 가족 돕기 운동의 달(1966년 2월), 월남 가족의 날(1966년 5월 16일), 국군 파월 기념 조림의 해(1968년) 등 각종

박정희 정권의 파월 위문사업
박정희 정권은 전장과 일상을 연결하기 위해 많은 위문사업을 벌였다. 사진 속 이미자 등의 위문공연도
이러한 사업의 일환이었다. 후방에서는 파월장병 가족 돕기 운동, 사진전, 헌혈 운동 등이 전개됐다.

기념품과 기념일을 지정하며 동원을 독려했다. 박정희 정권의 파월 위문
사업은 정부의 재원이나 지원 대책하에 수행된 것이 아니라 필요에 따라
국민들을 조직하고 독려하며, 때로는 강제적 수단을 동원해 이루어진 것
이었다. 결국 박정희 정권은 전비戰費는 미국, 후방 지원사업은 대내적 자
원동원에 의지하는 '이중의 무임승차'를 통해 베트남전쟁을 수행했던 것
이다.

　이러한 위문사업의 기본적인 목표는 전방과 후방의 일체화였다. 박정
희 정권은 베트남 소식과 파월장병들의 활동상을 통해 한국의 반공·안보
의식을 강화하고 내적 일체감을 공고히 하며, 역으로 한국으로부터 전해

지는 후방의 목소리를 통해 파월장병의 결속과 사기를 높이고자 했다. 전방과 후방은 각자의 '국가적 사명'을 실현하는 전장이며, 서로가 서로를 지탱하는 버팀목이 되는 것이다. 다음의 위문편지는 이러한 특징을 단적으로 보여준다.

> ○○아! 잘 있다구? 기쁘게 네 사연 받았단다. 이제 '더 일하는 해'*를 위해 고국에서는 모두들 힘찬 걸음으로 전진하고 있단다. 지난번 번개 5호 작전의 무공소식은 우리 가족을 모두 기쁘게 만들었구나. ○○아 아무쪼록 무운 빛나길 바란다.[21]

전쟁 기간 내내 전장과 후방의 가족적 유대와 연대가 강조됐다. '김치와 고추장이 먹고 싶다.' '고국의 꽃이 보고 싶다.' '고국의 목소리를 담은 편지를 받고 싶다.'와 같은 파월장병들의 소박한 사연은 가족적 정서를 자극했고, 후방의 국민들은 위문품과 위문편지 보내기 운동 등으로 이에 화답했다. 다음은 김치 보내기 운동 광고문의 일부다.

> 만리이국에서 그들은 한시도 그리운 고국 풍광을 잊지 못한다고 합니다. 그것은 고국의 입맛이고, 그중에서도 김치의 명미(名味)입니다. 이에 본사는 우리 장병들에게 구정 선물로 김치를 보내는 운동을 벌이기로 했습니다. (…) 끼니 때마다 여러분의 아들 오빠 언니 동생 들은 이 김치를 먹으면서 여러분의 알뜰한 사랑을 함께 맛볼 것입니다.[22]

---

* 정부는 1965년을 '일하는 해', 1966년을 '더 일하는 해'로 정했다.

파월장병에 대한 관심은 그들의 가족에게까지 확대되어 파월장병 가족과 각 관공서 및 기업체의 자매결연 맺기, 파월 가족 돕기 운동이 대대적으로 벌어지기도 했다. "우리 장병이 월남에 있는 한 그들의 가족"도 "영광된 가족"[23]이며, 보살펴야 할 대상이 된 것이다. 이에 보답이라도 하듯 파월장병들은 전선에서 받은 월급을 쪼개 어려운 학생들을 돕기 위한 장학사업을 시행하거나, 베트남의 열대성 식물을 고국으로 보내는 '1인 1주株 보내기 운동'[24] 등을 벌이기도 했다. 베트남전쟁 당시 전장과 후방은 확대된 가족주의로 묶였다. 이는 두 지역의 거리감을 줄이고, 경계를 모호하게 만들었다.

파병과 더불어 전시 분위기를 고조시키는 다양한 문화적 기제들이 만들어졌다. 이 가운데 사람들의 기억에 가장 인상 깊게 남아 있는 것은 파월장병 환·송영 행사다. 떠나는 군인과 남아서 손을 흔드는 가족·학생·시민들, 울려퍼지는 군악대의 음악과 목이 쉬도록 군가를 부르는 군인들의 풍경은 준準의례의 행렬로 참전의 시작부터 끝까지 한국사회를 떠들썩하게 했다.

신문의 단골 메뉴였던 「월남통신」 「베트남통신」, 「대한뉴스」의 영상 등 다양한 대중매체들은 끊임없이 베트남의 전황과 나날의 소식을 퍼날라 대중의 일상을 잠식해갔고, 전장을 일상의 일부로 만들었다. "4철의 군인용 일주일 식단은 밥 한 그릇에 부식이 평균 2가지. 약 20원으로 만들어진 부식은 일반가정에서도 이용될 수 있는 영양식단"[25]이라는 국산 레이션 K-Ration* 개발 기사는 전장과 일상이 자연스럽게 결합돼갔던 당시 분위기

---

* 한국형 전투식량을 말한다. 1967년 10월 7일 한미 양국은 양해각서를 체결하고, 한국이 주월한국군에게 한국형 시레이션을 공급하고 미국이 그 대금을 지불하기로 했다. 1968년 1월 처음으로 주월한국군에게 공급되기 시작한 한국형 레이션은 6개의 메뉴(김치, 멸치, 파래무침, 쇠고기, 야채조림, 돼지고기, 오징어, 두부전, 꽁치조림 등)와 인삼차, 설탕, 소금, 가루 고추장 등이 부속으로 따랐다. 『매일경제』 1970년 3월 31일자.

1966년 8월 백마부대 환송식
파병과 더불어 전시 분위기를 고조시키는 데는 파월장병 환·송영 행사가 큰 역할을 했다. 중앙행정관청에서 백마부대 환송식과 같은 행사가 수시로 거행되어, 베트남 파병 기간 내내 한국사회가 떠들썩했다.

를 보여준다. '맹호들은 간다' 같은 군가가 익숙하게 불리는 가운데 남미랑의 '월남 가신 나의 님'[1965], 최정자의 '월남에서 보내주신 오빠의 편지'[1965], 윤일로의 '월남의 달밤'[1966] 등의 대중가요가 유행했고, 신중현이 작사·작곡한 '월남에서 돌아온 김상사'[1969]가 폭발적인 인기를 끌면서 1960년대가 마감되었다.

베트남전쟁은 한국사회의 민주주의를 지체시키고, 군사화·병영화를 가속화하는 결정적 계기이기도 했다. 베트남전쟁 참전 시기 한국사회는 또 하나의 전장이었다. 후방인 한국은 베트남의 전장으로 들어가는 입구이자, 전장에서 돌아나오는 출구였다. 전쟁에 직접적으로 연루된 사람들이나 그렇지 않은 사람들이나 당시 사회를 뜨겁게 달구었던 전쟁의 열기를 피할 수는 없었다. 8년 6개월이라는 긴 시간 동안 전선과 후방, 전장과 일상이 뒤엉켰다. 한국군이 베트남에 참전하고, 실제적인 안보 위기가 고조되면서 국내의 일상은 전시동원과 통제체제를 강화하는 방향으로 바뀌어갔다. 1967년 이후 징병제도가 본격적으로 강화됐고, 1968년 4월 1일에는 향토예비군이 창설됐다. 1968년 11월 21일부터는 18세 이상 모든 국민에게 주민등록증이 발급됐고, 12월 5일에는 총 393자로 이루어진 국민교육헌장이 선포됐다. "우리는 민족중흥의 역사적 사명을 띠고 이 땅에 태어났다."로 시작하는 국민교육헌장은 국민총화와 규율, 국가를 위한 헌신을 강조했던 당시 시대상을 잘 보여준다. 박정희 대통령이 앞장서 '싸우면서 건설하자.'라고 외치던 1969년부터는 전국의 고등학교와 대학교에 교련이 정규과목으로 채택되었는데, 얼룩덜룩한 교련복, 군대식 사열과 분열로 끝났던 조회와 제식훈련, 총검술 등의 군사교육은 학원의 병영화를 심화시켰다. 1972년 유신체제의 성립은 미국의 닉슨독트린에 따른 안보 위기감을 반영한 것이었고, 1975년 남베트남의 몰락은 긴급조치 9호를 정당화하는 요인으로 작용해 한국을 그야말로 '겨울공화국'으로 만들었다.

우리에게 베트남전쟁은 무엇이었을까?

한국에게 베트남의 전장은 분단과 전쟁, 이념 대립과 갈등, 성장을 위한 질주 등 한국의 과거와 현재를 비추는 거울이었고, 전쟁을 통해 근대화의 욕망을 실현하는 장이었다. 한국은 베트남전쟁이 끝나지 않기를 바랐고, 베트남 문제의 평화로운 해결을 거부했으며, 오로지 비타협적 반공주의로 일관했다. 또한 미군 철수 계획이 진행되고 있는 중에도 "주월한국군은 월남에 영예로운 평화가 이룩될 때까지 월남에서 공산군과 계속 싸울 것"을[26] 천명하는 등 한국군의 베트남 철수를 부정했다. 한국은 베트남에 대한 미련을 마지막까지 버리지 못했다. 그러나 미군의 단계적 철수가 진행되면서 한국군도 떨어지지 않는 발걸음을 뒤로하고 베트남 땅을 떠날 수밖에 없었다. 1973년 1월 24일 박정희 대통령은 '명예로운 철수'를 선언했고, 3월 맹호부대 주력이 귀국함으로써 실질적 철군을 완료했다. 또한 1973년 3월 29일 주월미군 병력 전원이 철수를 끝내고 리처드 닉슨 Richard Nixon 대통령이 '명예로운 평화'의 성취를 선언함으로써 미국의 베트남전쟁은 공식적으로 끝났다. 미군이 철수하고 2년여 후인 1975년 4월 30일 남베트남이 몰락했고, 1976년 베트남은 통일을 이뤘다. 1945년 9월 2일 호찌민 Hô Chi Minh이 하노이의 바딘 Ba Đinh 광장에서 베트남의 독립을 선언한 지 30여 년 만이었다.

미국이 베트남전쟁에 참전한 배경에는 냉전 이념에 바탕을 둔 체제 수호라는 목표도 있었지만, 그보다 더 근본적으로는 세계의 "보호자로서의 명성을 유지하기" 위한 명예의 문제가 자리하고 있었다. 베트남전쟁은 미국이 패할 수 없는, 패해서는 안 되는 전쟁이었다. 그러나 베트남전쟁은 미국에게 그야말로 기억하고 싶지 않은 '악몽'이 되었다. 반전운동은 미국 내의 정치·사회적 분열을 부추겼고 전쟁 수행 의지를 꺾어놓았고, 미국의 '군사불패' 신화는 붕괴됐다. 결국 미국은 베트남에서뿐만 아니라 '국내'전선에서도 패했고, 세계 초강대국으로서의 미국의 헤게모니는 큰 상처를 입었다.

같은 전장에서 싸웠지만 한국의 상황은 미국과 사뭇 달랐다. 1971년 12월 9일 청룡부대 철수 1진이 도착했을 때 그들이 타고 온 배에는 '싸웠노라, 그리고 이겼노라'라는 큼직한 플래카드가 걸렸다. 철수하는 한국군은 개선군이었으며, 그들의 전쟁은 승리한 전쟁이었다. 베트남이 통일된 후에도 한국사회에서 베트남전쟁에 대한 이미지는 크게 변하지 않았다. 한국에서는 오랫동안 베트남전쟁에 대한 부정적 기억이나 논의가 없었고, 다만 조용히 잊혀갔다. 8년 넘게 한국사회를 떠들썩하게 만들었던 전쟁이라고 하기에는 너무 쉬운 망각이었다. 잊힌 전쟁 기억의 공백을 메운 것은 반공전쟁, 경제발전을 위한 전쟁이었다는 국가의 공식적 기억이다. 그나마 자유수호 반공전쟁이라는 명분은 1992년 한·베 수교 후에는 공식적으로 언급하기 어려운 단어가 되고 말았다. 현재 베트남전쟁에 대한 한국의 공식 기억은 전쟁에 대한 선택적 기억, 곧 베트남전쟁이 경제발전을 위한 전쟁이었다는 긍정적 이미지, 일종의 경제적 신화를 중심으로 한다. 베트남전쟁을 '월남특수'로 기억하며, 국가·기업, 비록 일부라고 할지라도 개인이 그 성과를 같이했던 경험은 이러한 기억을 강화하는 기제로 작용하고 있다. 그러나 전쟁을 기회로 인식하는 것은 그 자체가 문제일 뿐만 아니라 전쟁의 고통과 희생을 망각하고 부차화하는 효과를 낳는다. 전쟁 경험과 기억에 관련해 우리가 기억하고 관심을 두어야 할 것은 전쟁을 통해 '얻은 것'이 아니라 '잃은 것'이다.

첫째, 박정희 시대는 근대화를 향한 총력전 체제였다. 이는 발전의 방향이 아닌 속도, 효율성과 경제적 이해를 최우선 가치로 하며, 목적을 위한 수단을 정당화했다. 그러나 '방향'이 잘못된 '속도'는 얻은 것보다 더 많은 것들을 잃게 한다. 베트남 정부의 추정에 따르면 베트남전쟁에서 베트남인 사망자 수는 약 300만 명에 달한다. 이런 엄청난 피해를 수반했던 전쟁에서 경제적 이해를 추구했다는 것이 역사적으로 정당화될 수 있는가? 타인의 고통에 무감하고, 자민족 중심적 이해 추구를 당연시하는 사회가 과연 올바른 사회인가? 이는 역사적 측면에서 뿐만 아니라 현실적 측면에서도 정당성을 인정받기 어렵다.

둘째, 전쟁으로 인해 한국이 입은 직접적인 피해를 기억해야 한다. 베트남전쟁에서 5099명의 사망자와 1만 962명의 부상자가 발생했고, 전쟁 기간 동안 이들의 희생은 제대로 알려지지도 않았다. 전쟁으로 인한 질병도 오랫동안 망각되거나 방치된 부분이다. 전쟁 과정에서나, 그 후에나 한국의 국가·사회는 참전군인들의 외상 후 스트레스 장애Post Traumatic Stress Disorder, PTSD에 대해 거의 관심을 기울여본 적이 없고, 그들의 고통은 개인적인 문제나 일탈로 여겨졌다. 고엽제 문제도 마찬가지다. 한국에서 고엽제 문제가 공론화된 것은 1991년이었고, 그전까지 참전군인들은 원인도 모르는 병에 신음해야 했다. 2012년 기준 고엽제 환자 수는 후유증 4만 5663명, 후유의증 8만 8288명이다.

셋째, 한국의 전쟁 기억에서 가장 크게 잊힌 것은 사실 베트남전쟁 당시 한국군에 의한 베트남 민간인 학살이다. 사건은 『한겨레21』 1999년 9월 2일자의 '베트남의 원혼을 기억하라'는 탐사보도를 통해 본격적으로 알려지기 시작했고, 한국사회를 뜨겁게 달궜다. 반공·발전을 위한 전쟁이었다는 기존 시각과 인권·평화를 중심 가치로 삼고 부끄러운 과거사를 직시해야 한다는 새로운 시각이 충돌했다. 24년 전 종결된 베트남전쟁이 한국 땅에서 '기억의 전쟁'으로 재현된 것이다. 전쟁의 상처를 둘러싼 이러한 시차視差는 끝나지 않고 지속되는 전쟁의 여진과 한국사회의 세대·이념 간 대립과 갈등의 현주소를 보여준다.

베트남전쟁은 1960~70년대 한국사회를 만든 중요한 축이었다. 당시 사람들의 일상과 삶은 전쟁의 영향하에 있었고, 현재를 살아가는 우리 역시도 그로부터 자유로울 수 없다. 우리에게 베트남전쟁은 무엇이었을까? 전쟁이 끝난 지 40여 년이 흘렀지만 이 질문은 여전히 유효하다. '잊힌 전쟁'을 불러오는 작업은 때로는 아프고, 혼란스럽고, 불편할 수 있다. 차라리 기억하고 싶지 않을지도 모른다. 그렇다고 해서 망각이 그 자리를 대신하게 해서는 안 된다. 그러기에는 베트남전쟁이 우리의 현대사, 아니 우리의 삶에서 차지했던 비중이 너무 크다.

병영사회와
군사주의 문화

오제연

1960

군부,
사회를 압도하다

　1950년 6월 25일 한국전쟁 발발 이후 3년간 전쟁을 치르면서 애초 10만 명 정도였던 한국군은 70만 대군으로 급속히 팽창했다. 이 과정에서 군의 주요 보직을 담당했던 군사영어학교나 육사 선배 기수 출신들은 대부분 30세 전후의 젊은 나이에 별을 다는 등 진급에 진급을 거듭했다. 1920년 생으로 일제 강점기에 만주군 장교로 복무하다가 해방 이후 군사영어학교를 졸업한 백선엽이 29세인 1949년에 별을 단 후, 한국전쟁 중인 1952년에 육군참모총장이 되고 1953년에는 33세의 나이로 4성 장군이 된 것이 대표적인 사례다.

　30세 전후 장군이 대거 등장한 데에는 한국전쟁만큼이나 해방 이후 미군정의 정책이 큰 영향을 끼쳤다. 1945년 8월 15일 해방과 동시에 한반도 남쪽을 점령한 미군정은 자신들의 점령정책을 뒷받침해줄 물리력으로서 '군대' 창설에 나섰다. 우선 장교 양성을 위해 1945년 12월 5일 군사영어학교를 만들었는데, 여기에는 주로 과거 일본군과 만주군 장교 출신들이 입교했다. 이들은 훗날 한국군의 최고위층을 독점하게 된다. 군사영어학교를 대신해 1946년 5월 1일 태릉에 '조선경비사관학교'가 만들어졌다. 1948년 9월 '육군사관학교'로 개칭된 이 학교는 오늘날까지 한국군 간부 양성에 있어 핵심적인 역할을 담당하고 있다. 또한 미군정은 1946년 1월부터 전국 곳곳에 순차적으로 '남조선 국방경비대'를 창설했다. 국방경비대는 1948년 8월 15일 대한민국 정부 수립 때까지 약 5만 명 규모로 확대되었다. 정부 수립 이후 국방경비대는 대한민국 육군으로 전환되었고, 1949년까지 해군과 공군이 순차적으로 창설되었다. 그리고 한국전쟁을 거치면서 한국군은 70만 대군으로 성장했다. 군이 커지는 정도에 비례해 진급의 기회도 많을 수밖에 없었다.

1953년 한국전쟁이 불완전하게나마 '정전'이라는 형식으로 중단되자 상황이 달라졌다. 전쟁으로 모든 것이 피폐해진 상황에서 한국정부는 70만 대군을 유지할 능력이 없었다. 군의 유지를 위한 물적 자원은 전적으로 미국의 원조에 의존해야 했다. 그러자 미국은 한국이 방대한 규모의 군대를 유지할 필요가 있는가를 재고하기 시작했다. 당시 아이젠하워 Dwight Eisenhower 행정부는 재정 균형을 이루기 위해 비정상적으로 비대해진 한국군의 감축을 원했다.[1] 또한 전쟁 과정에서 비대해진 한국군은 점차 한국사회의 발전, 특히 경제적 발전을 가로막는 장애요인으로 인식되었다. 1950년대 말부터 미국이 원조를 줄이고 한국에 적극적인 경제개발을 요구하면서, 한국군 감축 문제가 한미 간의 현안으로 등장했다. 결국 1957~59년에 걸쳐 약 10만 명 정도의 한국군이 감축되었다.

이러한 분위기 속에서 1960년 4·19혁명 이후 권력을 잡게 된 민주당의 장면 정권은 60만 명으로 축소된 군대를 다시 40만 명으로 감축하겠다는 공약을 내걸었다. 이러한 병력 감축은 미국까지 반대할 정도로 급격한 것이었다. 결국 장면 국무총리는 한국군의 감축 규모를 10만 명 정도로 하겠다고 발표했다. 그러나 당시 군 내부의 인사 적체로 불만이 가득했던 젊은 장교들은 병력 감축이 군 보직 수의 감소로 이어져 자신들의 생존을 더욱 위협할 것으로 인식했다. 그중 가장 강하게 반발했던 장교들은 육사 8기생들이었다.

창군 이후 한국전쟁을 거쳐 한국군이 급격히 팽창하면서 선배 장교들은 매우 빠르게 승진했지만, 1953년 정전 이후 군의 팽창이 중지되고 오히려 점차 감축되면서 후배 장교들의 승진은 갑자기 느려질 수밖에 없었다. 예를 들면 육사 1기 100여 명의 경우 거의 대부분이 임관 8년 안에 별을 달았지만, 이들보다 불과 4년 뒤에 입대한 육사 8기 1200여 명의 경우 12년이 지나도 극히 일부만이 대령급으로 승진했을 뿐이었다. 게다가 이미 한자리씩 차지하고 있던 장성급들의 나이가 대부분 30~40대에 불과했기 때문에 그들이 퇴역하려면 앞으로도 많은 시간이 흘러야만 했다. 이에 육사 8기생들은 4·19혁명을 계기로 부패한 선배 장성들의 퇴진을 요구하고 나섰다. 그러나 이 정군운동이 '하극상'으로 규정되어 좌절되자, 1961년 5월 16일 그들은 박정희와 함께 4·19혁명 이전부터 계획하고 있던 군사쿠데타를 실행에 옮겼다. 즉 군 장교들의 인사문제에 대한 불만은 그들의 권력욕, 정치 참여 의지와 더불어 쿠데타의 중요한 원인이 되었다.

5·16쿠데타를 일으킨 박정희와 육사 8기를 비롯한 젊은 장교들이 권력을 장악하면서, 군부는 일단 감군이라는 현실적인 위협에서 벗어날 수 있었다. 그뿐만 아니라 그들이 장악한 권력을 바탕으로 한국군을 넘어 정치계, 행정계 등 한국사회 곳곳에 진출했다. 김종필 등 육사 8기생들이 주축이 되어 만든 중앙정보부 역시 군부의 영향력을 사회 전반에 확산시키는

1961년 5월 16일 새벽, 서울로 들어오는 쿠데타군
육군사관학교 8기생들은 4·19혁명을 계기로 부패한 선배 장성들의 퇴진을 요구하는 '정군운동'을 벌였으나, '하극상'으로 규정되어 좌절되었다. 장교의 인사 불만 역시 5·16쿠데타의 중요한 원인 중 하나였다.

주요한 통로가 되었다. 하지만 군부가 권력을 잡았다 하더라도 한국군의 규모가 워낙 컸기 때문에 감군의 압력은 계속 이어졌다. 특히 한국군의 유지에 결정적 열쇠를 쥐고 있는 미국은 재정 부담을 이유로 지속적으로 감군을 요구했다. 그러나 한국군의 감축은 곧 박정희 정권의 지지 기반이 축소되는 것을 의미했다.

1960년대 중반 미국이 베트남전쟁에 깊숙이 개입하면서 상황이 급변했다. '더 많은 깃발'을 희망했던 미국은 동맹국들에 전쟁 참여를 요청했다. 미국의 주요 동맹국들은 명분이 부족하다며 개입을 거부하거나 소극적으로 대응했지만, 박정희 정권은 다른 동맹국들과 달리 미국의 요청에 적극 호응해 베트남전쟁에 많은 군대를 보냈다. 처음에는 이동 외과병원과 태권도 교관단(1964년), 공병부대(1965년) 같은 비전투부대가 파병되었다. 그러나 미국은 전투병 파병을 강력히 희망했고, 결국 1965년 맹호부대와 청룡부대, 1966년 백마부대 등 대규모 전투병이 베트남에 파병되었다. 베트남에 파병된 한국군의 규모는 1973년 철군 때까지 연인원 32만여 명에 이르렀다.

1965년 미국의 한국군 전투병 파견 요청은 이제 더이상 한국군 감축 문제가 논의될 수 없음을 의미했다. 분단 상황에서 북한군과 대치하고 있는 한국의 전투병을 베트남에 보내는 마당에 한국군을 감축한다는 것은 어불성설이었다. 박정희 정권 역시 베트남 파병 논의 과정에서 미국 측에 군사원조 유지를 파병 조건으로 제시했다. 결국 한국군 감축 논의는 또다시 연기될 수밖에 없었다.[2] 덕분에 군부와, 군부를 앞세워 권력을 장악한 박정희 정권은 베트남 파병을 요청한 미국의 확고한 지지 속에서 자신들의 힘을 유지·강화할 수 있었다.

베트남 파병은 단순히 한국군이 감군 압력에서 벗어난 데 그치지 않고 군부에 새로운 기회를 가져다주었다. 베트남에 파병된 일부 장교나 하사관들은 공식적인 해외근무수당뿐 아니라 미군으로부터 엄청난 규모의 물자를 제공받았다. 이들은 제공받은 물자의 일부를 부정 처분하거나 암시장에 내다 파는 방식을 통해 부를 축적했다. 그리고 이 돈을 귀국 후 진급을 위해서나 군대 내에서 좋은 보직을 얻기 위한 보직운동을 하는 데 사용했다. 이 때문에 1960년대 전반기에 많이 완화되었던 군 내부의 부정부패가 다시 성행하게 되었다. 당시 베트남 파병부대의 편성에서 각급 지휘관들은 부대 참모와 예하 부대 지휘관들을 비공식적으로 선발할 수 있었는데, 이런 방식은 군 내부의 파벌과 사조직 형성을 조장했다. 1973년 주월한국군의 철수로 별 자리, 즉 장군 수가 줄어들게 되었을 때 박정희는 병력은 그대로 둔 채 후방사단, 동원사단 20개를 창설해 군의 고위직 숫자를 늘림으로써 군부를 배려했다. 이렇게 한국사회에서 특혜를 누린 군부는 박정희 사망 이후에도 12·12와 5·17 두 차례의 군사쿠데타를 통해 계속 권력을 장악할 수 있었다.[3]

베트남 파병은 한국군의 물리적 힘뿐만 아니라 사회적 위상 강화에도 영향을 줬다. 베트남 파병 기간 동안 박정희 정권은 파병 장병들을 위한 위문품 모집, 위문편지 보내기, 각급 부대와의 자매결연 등을 통해 끊임없이 전방의 군과 후방의 사회를 연결하고자 했다. 특히 베트남 파병 장병들과 관련한 각종 환·송영 행사에는 수많은 사람들이 동원되었다. 이러한 대중적 동원은 한국사회 곳곳에 군과의 일체감과 집단성을 불어넣고 재구성하는 일종의 의례적 퍼포먼스였다. 한마디로 박정희 정권은 베트남에 파병된 한국군을 앞세워 사회 전반을 군의 체계 내로 포섭함으로써 '전쟁 스펙터클 사회'를 구현했던 것이다.[4] 이는 한국사회가 정권의 의도에 따라 '병영사회'로 나아가는 배경이 되었다.

군대 가야
사람 되는 사회

베트남 파병을 통해 한국군에 대한 감축안이 철회되자, 곧바로 징병제가 강화되기 시작했다. 만약 당시 한국군이 감축되었다면 이는 곧바로 징병제의 수정을 통해 군인 수를 감축하는 방안으로 이어졌을 것이다. 그러나 한국군이 베트남에 파병된 이상 한국군 감축은 명분을 얻기 힘들었고, 오히려 파병을 위해 더 많은 군인이 필요하게 되었다. 징병문제가 베트남 전쟁과 관련이 있다는 점은, 2차 파병에 대한 논의가 시작된 직후인 1965년에 허점이 많은 징병제를 보완하는 작업이 시작되었다는 사실에서 잘 드러난다.[5]

물론 이때 징병제가 처음으로 도입된 것은 아니다. 이미 일제 강점기부터 한국인들은 전쟁을 위해 의무적으로 군대에 가야만 했다. 1931년 만주사변으로 대륙 침략의 야욕을 드러낸 일제는 1937년 중일전쟁 이후 본격적인 전시체제를 확립했다. 전쟁의 범위가 넓어지면서 일제는 더 많은 병력이 필요해졌다. 이 과정에서 식민지 조선의 젊은이들도 점차 전쟁 병력으로 동원되었다. 우선 일제는 1938년 2월 2일 칙령 제95호 '육군특별지원병령'을 공포해 조선인 중에서 '지원자'들을 전쟁터에 내보냈다. 그러나 지원자만으로는 충분한 병력을 확보할 수 없자, 1943년 5월 8일 만 20세가 되는 조선인 남자에 대한 징병제 실시를 결정했다. 그리고 1944년부터 학생들과 더불어 그해 20세가 된 1924년 갑자생들을 먼저 강제로 징병하기 시작했다. "묻지 마라 갑자생"이라는 말도 이 때문에 생겨났다. 당시 일제에 의해 전쟁에 동원된 식민지 조선의 청년들은 약 20만 명에 이른다.

일제 강점기 말기에 잠시 실시되었던 징병제는 대한민국 정부 수립 이후인 1949년 8월 6일 병역법 공포를 통해 부활했다. 이 법에 따라 1950년 1월 6일 첫 징병 검사가 전국적으로 실시되었다. 하지만 이승만 정권은 한국군의 정원을 10만 명으로 동결한 미국의 정책 때문에 1950년 3월 징병제를 폐지하고 지원병제를 채택할 수밖에 없었다. 그러나 지원병제를 도입한 기간은 잠시에 불과했다. 곧바로 이어진 한국전쟁 초기에 국군이 엄청난 인명 피해를 입었기 때문이다. 국군이 낙동강 전선으로 후퇴해 부대를 수습했을 때 병력 손실은 무려 45퍼센트에 달했고, 전쟁이 격화되면서 막대한 병력 소요가 발생했다. 결국 징병제는 1951년 5월 25일 병역법 개정을 통해 부활했다.[6]

1950년대까지 징병제는 제대로 작동하지 못했다. 광범위한 병역회피자들이 발생했기 때문이다. 1960년대 초까지 입영 대상자 중 병역회피자의 비율은 35퍼센트에 달했다. 당시의 여러 조건들을 고려해본다면 이는 실제보다 낮게 추산되었을 가능성이 높기 때문에, 입영 대상자의 절반 가까이 징집을 회피했다고 추정할 수 있다. 이러한 회피의 이유가 생계를 위한 것이든, 군 내부의 폭력적인 문화에 대한 공포심 때문이든, 소수의 종교적 신념에 의한 것이든 징병제에 대한 개인적 회피, 소극적 저항이 상당했음을 알 수 있다.

1961년 5·16쿠데타로 박정희 군사정권이 들어선 후 병역회피자의 비율은 현격하게 줄어들었다. 쿠데타 이후 한 달도 되지 않은 1961년 6월 9일 내각공고 1호로 병역의무 불이행자 자수 기간을 정했는데, 10일 동안 무려 약 24만 명이 신고했다. 이것을 시작으로 군사정권은 권력의 근거인 군부의 강화와 전사회의 병영화를 위해 "입영률 100퍼센트"를 사회적 목

1944년, 징병된 청년들

일제 강점기 말 1944년부터 조선인 남자에 대한 징병제가 실시되었다. 해방 후인 1949년 실시되었다가 미국의 정책으로 1950년 폐지된 징병제는 1951년 5월 25일 병역법 개정으로 완전히 부활했다.

표로 삼았다. 그리고 전사회적인 통제, 회피자에 대한 강력한 처벌과 사회적 낙인 등의 집요한 노력을 통해 징집체제를 완성해나갔다.[7]

　군사정권은 1962년 병역법을 개정했다. 이때 가장 중요한 변화는 병무행정의 관장 권한을 국방부 장관으로 일원화한 것과 지방 병무청을 신설한 것이다. 이전까지 병무행정 가운데 가장 중요한 징집 업무는 내무부 산하 일반행정 관서의 관장 아래 있었다. 그러나 1962년 각 지방에 병무청이 신설되면서 징집과 관련한 기존의 문민통치가 군부통치로 바뀌게 되었다. 또 병무행정이 국방부 장관으로 일원화되면서 지방 병무청장이 지방 행정부서와 경찰관서에 대한 지휘감독 권한을 갖게 되었다. 이는 권한 면에서 군사행정이 일반행정을 압도하는 당시의 변화상을 잘 보여준다.

　1968년 북한과 관련한 일련의 사건들(북한 특수부대가 청와대를 기습

한 1·21사태, 미 정보함 푸에블로호 나포 사건 등)을 계기로 안보 위기가 발생하면서 병무행정은 다시 한번 강화되었다. 1970년 병역법이 전문 개정되면서 정부 조직 내에 병무청이 신설되었고, 병무청장이 징집과 소집 등 병무행정 전반을 관장하게 되었다. 병무청은 병적기록의 유지·관리 업무에 중점을 두었다. 특히 병역수첩 제도를 새로 마련해, 병역수첩의 휴대를 1968년에 만들어진 주민등록증 휴대와 같이 의무화하고자 했다.[8] 이는 곧 징병과 관련한 감시와 통제의 일상화를 의미했다. 더이상 과거와 같은 병역회피는 불가능해졌다.

감시와 통제의 일상화는 병역회피를 도덕적으로 용납할 수 없는 비행이라고 규정하는 담론화 과정과 동시에 진행되었다. '신성한 국방의 의무'라는 담론이 내면화된 것은 바로 이 부분의 효과라고 할 수 있다. 1950년대에 널리 관행처럼 여겨졌던 '병역 미필' '병역 미이행'은 더이상 사회적 관행이 아니며, '병역기피' '병역사범'이라는 말처럼 이제 용납될 수 없는 공공도덕의 파괴 행위이자 범죄 행위, 즉 사회에 위협적인 비행의 영역이 되었다. 1972년 유신 이후 병역기피자는 '비국민'으로 인식되었다. 병역기피는 시민권을 박탈할 정도의 반역 행위로서 공동체에 대한 배신 행위로 단죄되었다. 반면 병역의무의 이행은 성인 남성이 반드시 거쳐야 하는 통과의례로 생활상식화, 생활도덕화되어 우리의 일상을 지배하게 되었다.[9]

이 과정에서 한국사회에는 '남자는 반드시 군대를 갔다 와야 한다.'는 통념이 자리 잡기 시작했다. '분단 상황이기 때문에 군대에 안 갈 수 없다.'라는 국방의 논리 외에도, 군대를 갔다 오지 않으면 사회에 진출했을 때 '조직 사회'에서 제대로 적응하기도 어렵고 아예 진출하기도 힘들다는 인식이 팽배해졌다.[10] 특히 "남자는 군대에 갔다 와야 사람 된다."라는 말이 한국사회에서 징병제를 합리화하는 가장 원초적인 담론이 되었다.

　이 담론에는 역사적 맥락이 담겨 있다. 즉 1950년대까지만 해도 일제 강점과 전쟁의 참화를 겪은 대다수의 농촌 청년들이 문맹이었고, 전근대적인 인습과 가치관에 사로잡혀 있었다. 그들은 군대를 감으로써 비로소 글을 배우고 자동차, 무기, 통신장비 등 기계문명을 접할 수 있었다. 단체생활을 통해 규율과 협동, 복종을 배우고 졸병들을 거느리면서 통솔력과 지도력, 사람 다루는 법도 익혔다. 또 1960년대 초반에는 농사기술을 배워 제대하기도 했다. 따라서 당시에는 군대를 갔다 오면 사람이 달라져 오니 "군대 갔다 와야 사람 된다."라는 말이 생길 법도 했다. 그러나 이는 1960년대 초반까지의 이야기이지 대학 교육이 일반화된 오늘의 현실에는 전혀 해당하지 않는다.[11] 결국 시대의 변화에 관계없이 징병제를 합리화하는 담론이 계속 이어지면서, 박정희 정권은 한국사회를 병영처럼 감시·통제할 수 있는 기반을 마련할 수 있었다.

—

110101–100001

　1960년대 징병제 강화는 주민등록제도 강화로 이어졌다. 신체 징발을 위해서는 개인 이동의 동태적 감시가 필수불가결하기 때문이다. 즉 주민등록제도의 일차적 필요성은 바로 사회의 병영화를 목표로 한 징병제 그리고 예비군 소집제 강화에 있었다.[12] 주민등록제도는 징병제와 더불어 한국사회가 병영사회로 들어가는 데 필수적인 감시와 통제 시스템이었다.

　주민등록제도 역시 징병제처럼 일제 강점기, 특히 전시체제기의 사회 통제·동원 정책에 그 기원을 두고 있다. 일제는 전시체제기 식민지 조선에서 징병제 실시를 앞두고 정확한 거주지 정보가 필요했다. 이에 1942년 거주지 신고를 의무화하는 '조선기류령'을 제정했다. 조선기류령에 따라 본적지를 이탈해 90일 이상 다른 곳에 거주할 경우 반드시 거주 신고를 하도록 했으며 이를 어길 경우 강력한 제재를 가했다. 조선기류령은 1962년 박정희 정권에 의해 주민등록법으로 변경되었다.[13]

박정희 정권이 만든 주민등록제도는 조선기류령의 주거등록제도보다 훨씬 강력하고 체계적이었다. 국가의 모든 거주민을 대상으로 하는 최초의 통일적 등록제도였다. 이로써 국가권력이 모든 국민의 주거와 이동을 손쉽게 파악할 수 있는 제도가 확립되었다. 조선기류령과 주민등록제도의 구체적인 차이는 '본적지' 규정에 있다. 새로운 주민등록제도는 본적지 규정을 없애고 나이 규정을 넣어 18세 이상의 모든 사람이 거주 등록을 하도록 했다.

나아가 박정희 정권은 1968년의 청와대 습격 사건(1·21사태)를 계기로 주민등록증제도를 도입해 세계적으로 유래를 찾아볼 수 없는 강력한 주민등록제도를 확립했다. 박정희 정권이 새로 도입한 주민등록증제도는 일제가 1931년에 만주를 침략해 세운 괴뢰국 만주국에서 시행한 '국민수장手章제도', 즉 지문을 찍은 주민증을 발급해서 주민을 감시하고 통제하던 제도에 뿌리를 두고 있다. 국민수장제도는 어디까지나 지배자인 일제가 중국인, 만주인, 조선인 등 피지배 민족을 일방적으로 감시하고 통제하기 위한 제도였다. 박정희 정권은 이러한 국민수장제도를 더욱 강력하게 되살려 일제의 잔재를 부활시켰을 뿐만 아니라 이 나라를 심각한 반反인권 상태로 몰아넣었다.[14]

전국민 고유 식별번호인 주민등록번호 역시 1968년 주민등록증제도 실시와 함께 도입되었다. 처음에는 주민등록증을 발급할 때 번호를 부여했으나, 모든 국민에게 번호가 부여된 후부터는 출생과 동시에 번호가 부여되었다. 초기의 주민등록번호는 6자리 숫자가 두 부분으로 나뉜, 총 12자리 숫자로 이루어졌다. 앞의 여섯 자리 숫자는 지역을, 뒤의 여섯 자리 숫자는 거주 세대와 개인번호를 나타냈다. 1968년 11월 당시 대통령이었던 박정희 부부에게는 110101-100001과 110101-200002가 부여되었다. 그러다 1975년 8월 26일부터 생년월일, 성별, 지역을 표시하는 13자리의 숫자 체제로 바뀌어 지금에 이르고 있다.[15] 미국의 사회보장번호 역시 고유 식별번호라는 점에서는 한국의 주민등록번호와 유사하나, 국가와 사회 전반에서 폭넓게 활용되는 한국의 주민등록번호와 달리 엄격하게 제한된 영역에서만 활용한다는 점에서 큰 차이가 있다. 또한 한국의 주민등록표에는 법에 규정된 신고 사항(이름, 성별, 생년월일, 본적, 주소)의 범위를 훨씬 넘어서는 과도한 기록이 담겨 있기 때문에 문제가 있다.

더 큰 문제는 주민등록제도, 특히 주민등록증제도가 한국인들로 하여금 정부의 부당한 감시와 통제를 필요하고 당연한 것으로 여기게 한다는 점이다. 1968년의 주민등록법 1차 개정으로 모든 국민은 성인이 될 즈음에 손가락 지문 채취와 함께 주민등록증을 발급받게 되었다. 그 결과 주민등록증이 마치 '성인의 상징'처럼 되어버렸다.[16] 10대 청소년들은 주민등록증 발급을 국가가 인정하는 '성년식' 같은 것으로 여기기 시작했다. 또한 젊은 사람들 사이에는 주민등록증을 내놓고 서로의 신원을 즐겁게 확인하는 '민증 까기'의 풍조도 생겨났다. 주민등록증을 통한 감시와 통제의 확산이 '감시와 통제의 사회화'를 넘어서 아예 '감시와 통제의 문화화' 단계까지 나아간 것이다. 그런 의미에서 박정희의 독재는, 국가에 의한 강력한 감시와 통제를 가능하게 하는 주민등록제도와 더불어 지금도 사라

지지 않았다고 할 수 있다.

　박정희 정권이 이렇게 할 수 있었던 바탕에는 무엇보다 분단과 전쟁의 역사가 있다. 박정희 정권은 참혹한 전쟁의 경험을 끊임없이 상기시키며 반공을 전면에 내세워 독재를 강행했다. 박정희 정권이 만든 주민등록제도는 애초부터 반인권의 문제를 안고 있었다. 그러나 간첩을 잡기 위해 필요한 제도라는 주장 앞에서 국민들은 위축될 수밖에 없었고 인권은 무시되어버렸다. 박정희의 독재는 주민등록제도의 강화를 통해 단지 감시와 통제의 내면화만 이룬 것이 아니라 반공의 내면화와 독재의 내면화를 이루었다. 요컨대 박정희 정권은 주민등록제도를 통해 독재적 주체, 즉 반공을 내세운 독재에 순종하는 주체의 생산을 시도했다. 그리고 그 결과는 박정희 정권으로서는 대단히 만족스러운 것이었다.[17]

조국 '근대'화?
조국 '군대'화

　남북 분단과 한국전쟁, 그리고 5·16쿠데타와 베트남 파병은 한국사회에서 군대의 영향력이 강력해지는 기본 배경이 되었다. 또한 5·16쿠데타 이후 강화된 징병제에 의해 모든 한국 남성들은 젊은 시절을 군대에서 보내야만 했다. 1960년대 주민등록증제도 실시는 국가가 개개인을 확실하게 감시하고 통제할 수 있게 만들었다. 이를 통해 한국사회는 점차 병영과 같은 모습으로 변해갔다. 그러나 이것이 전부가 아니었다. 1969년 고등학교와 대학교에서 교련교육이 실시되면서, 한국인들은 군대에 가기 전 학교에서부터 군대식 훈련과 훈육을 받아야 했다.

교련교육 역시 징병제, 주민등록제도 등과 마찬가지로 한국인들이 일제 강점기에 이미 경험했던 것이다. 일본은 1925년부터 학교에서 교련교육을 실시했다. 조선에 있는 일본인 중학교에서도 일본 본토와 똑같이 1925년부터 교련교육을 실시했고, 전문학교는 조금 늦은 1928년부터 이 교육을 실시했다. 1930년부터는 일본인들과 조선인들이 함께 다니는 소위 '내선공학' 학교에서도 교련교육이 실시되었다. 일본인 학생 비율이 높은 학교에서 먼저 시작했고, 점차 조선인 학생 비율이 높은 학교로 옮겨 갔다. 그리고 1937년 중일전쟁 발발 이후 전시체제기에 들어서자 조선인 학생들이 주로 다니는 사립학교에서도 교련교육을 시작했다.

일제 강점기 당시 각급 학교에서 행해진 교련 교육은 법규에 규정된 군사교육뿐 아니라, 교내 교련사열과 교외 연합군사훈련, 군사시설과 병영 견학, 전적지 견학, 야영훈련과 행군훈련, 취사훈련, 군인정신 강연 등 다양한 형태로 이루어졌다. 또 학교에서는 매주 월요일에 교련조회를 했다. 학생들은 교련조회가 있는 날에는 1시간 일찍 학교에 와서 사열을 받은 뒤 분열행진을 했다. 교련조회 말고도 강행군, 총검술, 국방경기 따위를 하는 학교는 사실상 병영이나 다름없었다. 1941년 태평양전쟁 이후 해를 거듭할수록 그 강도가 높아졌다.[18] 하지만 1945년 해방으로 교련교육은 한동안 학교 현장에서 자취를 감췄다.

1965년 한국군 전투부대가 베트남에 파병된 후 전면화되기 시작한 남북 간 군사적 긴장관계는 1967년부터 급속히 고조되었다. 특히 1968년 초 연이어 터진 북한 특수부대의 청와대 습격 사건과 북한의 미 정보함 푸에블로호 나포 사건 등은 남북관계는 물론 북미관계까지 극도의 긴장상태로 몰아갔다. 이렇게 1960년대 후반 한반도에 안보 위기가 높아지자 박정희 정권은 1969년 고등학교와 대학교에 교련교육을 부활시켰다.

교련복을 입고 시내 행군을 하는 고등학생
교련교육을 통한 학교의 병영화는 곧 규율과 복종, 획일화를 당연하게 받아들이게 만들었다. 자연스럽게 체제에 복종하는 인간을 만들고자 한 박정희 정권의 의도에 따른 것이다.

　교련교육은 1960년대 후반부터 본격적으로 병영화되기 시작한 학교의 모습을 잘 보여준다. 교련교육을 통한 학교의 병영화는 곧 규율과 복종, 획일화로 이어졌다. 박정희 정권은 엄격한 규율과 획일주의에 입각해 체제에 복종하는 인간형을 만들고자 했다. 이처럼 박정희 정권하의 학교 교육은 국가에 대한 충성이란 미명 아래 1인 독재를 정당화하는 이데올로기를 주입해 오로지 복종하는 기계를 만드는 국가주의의 주물공장이었다. 여기에 학교에 만연한 체벌과 같은 군사주의 문화는 학생들의 정신마저 황폐화시켰다.[19]

　교련교육이 군대에 가기 전부터 학생들에게 병영의 경험을 하게 만들었다면, 역시 안보 위기가 본격화된 1968년에 창설된 '향토예비군'은 군대를 마친 사람들의 삶을 계속 병영 안에 묶어두었다. 향토예비군은 1968년 초 청와대 습격 사건과 푸에블로호 나포 사건으로 한반도에 긴장이 극도로 고조되어 있던 시점에 박정희 대통령의 지시로 그해 4월 1일 창설되었다. 이후 법률적인 근거도 미비한 상태에서 향토예비군의 조직과 무장이 꾸려지기 시작했다. 당시 야당인 신민당은 향토예비군의 전면 무장에 이의를 제기했고, 특히 향토예비군이 정치적으로 악용될 수 있다고 우려했다. 그러나 박정희 정권이 밀어붙이던 향토예비군 창설과 전면 무장을 막기에는 역부족이었다. 특히 한미정상회담을 통해 당시 미국의 린든 존슨 대통령이 향토예비군에 대한 무장 지원을 약속하고, 이에 따라 제2차 세계대전 때 미군이 사용하던 M1 소총을 도입하면서 향토예비군의 조직과 무장은 차질 없이 진행되었다.

향토예비군을 창설하면서 박정희 정권은 북한의 노농적위대에 대응하는 예비 병력의 필요성을 끊임없이 강조했다. 그리고 야당의 향토예비군 비판을 "김일성 도당에 남침의 길을 열어주려고 하는 명백한 이적행위"로 간주하고, 향토예비군에 대한 존폐 시비는 정쟁의 대상이 될 수 없음을 분명히 했다. 하지만 1971년 대통령 선거를 앞두고 신민당의 김대중 후보는 1970년 11월 19일 향토예비군 폐지를 전제로 한 향토경비대 설치를 제안했다. 당시 신민당이 내놓은 향토경비대 설치안의 주요 골자는 예비 병력을 완전히 이원화해서 약 200만 명에 달하는 제1예비역을 국방부 장관 지휘 아래 전면전에 대비한 후방 방위 전력으로 조직하고, 내무부 장관의 지휘를 받는 제1보충역을 바탕으로 한 향토경비대가 공비 토벌을 주관하자는 것이었다. 김대중 후보는 이 대안을 발표하면서 "현 향토예비군은 이중병역의 의무를 강요한 위헌적인 것이며, 경찰의 보조기관으로 전

간첩작전 향토예비군 유공자 환영대회
한반도의 긴장이 극도로 고조되어 있던 1968년에 창설된 향토예비군은 법률적인 근거도 미비한 상태에서 시작되었고, 미국의 지원 아래 조직과 무장이 차질 없이 진행되었다. 예비군 제도는 지금까지도 유지되고 있다.

락되고, 지휘계통이 국방부 장관과 내무부 장관 이중으로 되어 있어 정치적으로 악용될 우려가 있으며, 생업에 지장을 초래할 뿐 아니라 민폐를 조성, 부정부패를 가져올 뿐이다."라고 지적했다.[20] 이에 당시 대통령이자 공화당 후보였던 박정희는 1971년 4월 13일 '칠백의총 보수 정화 준공식 치사'에서 향토예비군과 의병을 동일시하는 방식으로 예비군 폐지를 내세운 신민당 김대중 후보를 비난했다.[21] 결국 1971년 대통령 선거에서 박정희가 승리하고 곧이어 1972년 유신이 선포되면서, 향토예비군에 대한 비판과 폐지 요구는 오랫동안 언급조차 될 수 없었다.

이렇게 "고등학교와 대학교에서의 교련교육−주민등록제도에 따른 철저한 감시와 통제−징병제를 통한 강제 군 입대−제대 후 향토예비군을 통한 군 생활의 지속"이라는 사이클은 한국사회의 병영화를 가속화시켰을 뿐만 아니라, 한국사회가 '병영화'를 넘어 '총력전 체제'의 형성으로 나아가도록 했다. 1968년부터 본격화된 안보 위기는 박정희 정권에게 이를 추진할 수 있는 절호의 계기를 제공했다. 1968년 7월 국방대학원 졸업식에서 박정희 대통령은 총력전 체제 구축의 필요성을 명시적으로 밝혔다. 그는 현대를 "군사, 정치, 경제, 과학, 문화 등의 총체적인 국력이 승패를 좌우하는 총력전의 시대"로 규정하고, "군사전과 경제전과 사상전과 심리전 그리고 과학전이 하나로 융합된 새로운 형태의 투쟁" 즉 총력전에서 승리할 수 있는 '국방체계'를 수립해야 한다고 강조했다. 그런 의미에서 "싸우면서 일하고 일하면서 싸우는" 항토예비군은 군사와 경제, 여기에 사상까지 결합된 총력전 체제의 선봉이라고 할 수 있었다.

중국과의 관계 개선을 추진하는 미국의 동아시아 정책기조 변화와 1970년 주한미군 1개 사단의 일방적 철수는 박정희 정권에게 커다란 압력으로 다가왔다. 기존 냉전체제를 뒤흔들며 급변하는 대내외적 여건에 직면한 박정희 정권은 민주화와 한반도 평화 정착을 요구하는 세력들을 무력으로 진압하고, '안보 위기론'을 극대화하며, 총력전 체제를 전면적으로 구축하는 것을 돌파구로 택했다. 교련교육 강화를 통한 학원 병영화를 반대하는 학생들을 1971년 10월 15일 위수령으로 탄압한 박정희 정권은 그해 12월 '국가비상사태'를 선포하고 '국가보위에 관한 특별조치법'을 국회에서 일방적으로 통과시켰다. 이 특별법은 국가안보가 위기에 처했다고 판단되는 비상시국에 대통령이 인적·물적 동원에서부터 경제행위, 집회 및 시위, 단체교섭권 등 국민의 기본권까지 통제할 수 있다는 내용을 담고 있다. 북의 위협, 중국의 부상 등을 주된 요인으로 강조하며, 국민의 기본권을 침해할 소지가 매우 큰 법안을 통과시킨 후 박정희는 '총력안보

체제' 구축을 역설했다. 1972년 1월 연두 기자회견에서 그는 "모든 국력을 동원하고, 이것을 조직화해서 국가보위를 위한 총력안보 체제를 무엇보다도 우선적으로 다져나가야 되겠다."라고 강조했다.[22] 그리고 곧 10월 유신을 선포했다. 유신은 1960년대 박정희 정권이 계속 강화한 병영사회와 총력전 체제 건설 시도의 최종 결과물이었다.

유신체제가 붕괴된 지 벌써 30년이 흘렀지만, 병영사회와 총력전 체제가 남긴 군사주의의 잔재는 여전히 남아 있다. 이는 기본적으로 권위주의적 성격을 띠고 있으며, 보수적이고, 개인의 개성보다는 집단의 이익을 우선시하며, 통일성과 획일성 등의 가치를 강조한다. 군사주의는 사회 구성원들을 근대 국가의 국민으로 훈육하기에 아주 적합한 도구였다. 군사주의에 익숙해진 사람들은 곧 국가의 유용하고 순종적인 도구가 되기 시작했다. 국가는 더이상 직접적인 강제나 강요를 하지 않고도 사람들에게 국가를 절대적인 존재로 각인시킬 수 있었고, 애국심, 자기희생, 조국수호 등과 같은 가치 또한 쉽게 주입할 수 있었다.

이러한 일련의 정책과 제도는 국민들을 경제성장과 근대화의 유용한 도구로 활용하려는 박정희 정권의 의도 아래 만들어진 것이다. 사람들은 '순종하는 신체'를 가진 국민이 되길 바라는 국가의 요구를 별다른 저항 없이 받아들였고, 한국사회 전반의 '국가주의적 사고'는 점점 더 강화되었다. 그리고 이 모든 과정의 바탕에는 박정희 정권의 실제 권력기반이기도 했던 군대와 군사주의가 강하게 자리 잡고 있었다.[23] 한마디로 박정희 정권이 부르짖은 조국 '근대'화는 오늘날 많은 사람들이 지적하듯 사실은 조국 '군대'화를 의미하는 것이었다.

천리마운동과
사회주의 근로인민의 탄생

이 세 영

1960

작업반장 길확실과
동료들

길확실이라는 여성 노동자가 있다. 흔치 않은 성씨에 흔치 않은 이름을 가졌기에 그 낯선 울림에 한번쯤 귀를 기울이게 될 법하다. 행여 젊은 시절의 사진이라도 보게 되면 우선 짙은 눈썹과 약간 넓적한 코, 복스러운 턱선이 눈에 들어오는 수수한 한국 여성임을 알게 된다. 만일 남한에서 태어났다면 그럭저럭 안온한 삶을 살다 곱게 늙어갔을 그런 느낌? 그런데 어린 티가 미처 가시지 않은 이십대 초반의 이 길확실이 바로 북한에서 둘째가라면 서러워할 대표적인 노력영웅이다.

전후 복구 사업이 한창이던 1955년, 길확실은 18세의 어린 나이에 평양 제사공장에 견습공으로 취직한다. 그리고 3년 뒤인 1958년 겨우 21세의 나이에 48명의 동료 노동자를 이끄는 제2직장 제4작업반장이 된다. 북한 역사에서 가장 황금기라고 할 수 있는 천리마운동 시기(1950년대 중후반~1960년대)를 상징하는 노력영웅의 신화가 탄생하는 순간이었다.

그러면 길확실은 도대체 무슨 영웅적인 위업을 이루었길래 노력영웅이 되었을까? 사회주의 국가들의 원조 노력영웅인 스타하노프*처럼 자기가 맡은 하루 작업 기준량의 14배가 넘는 노동을 한 것일까? 길확실이 제법 일에 능숙했기에 어린 나이에도 작업반장의 위치에 오르긴 했겠지만, 그렇게 영웅적인 노동 성과를 거두었다는 이야기는 없다. 오히려 다른 산업 분야에서는 스타하노프에 비견할 만한 노력영웅들이 속출하고 있었다. 그렇다면 길확실은 무엇이 특별했던 것일까?

답은 바로 '작업반장'이라는 지위에서 찾을 수 있다. 길확실은 당시 북한사회에 불던 천리마운동의 바람을 타고 자기가 속해 있던 제4작업반을 공장에서 가장 모범적인 노동자 집단으로 만들어냈다. 이에 만족하지 않고 길확실은 생산량이 떨어지는 제5작업반으로 이동해 한번 더 전체 작업반원의 생산 수준을 놀라울 정도로 끌어올린다. 그리고 한 번을 더 옮겨 총 세 번의 성과를 만들어낸다. 길확실은 개인의 영달을 위해 노력한 것이 아니라 자신과 함께하는 동료 노동자들을 고무하고 열의를 이끌어내는 데 성공한 것이다. 비유하자면 한 사람의 열 걸음을 열 사람의 한 걸음으로 만들어냈다고 할까? 나아가 열 사람 모두 열 걸음을 걸을 수 있게 한 셈이다.

이 사례에서 길확실을 벗어나 살펴보면 또다른 사람들이 있음을 알게 된다. 길확실의 주위에 있는 수많은 동료 노동자들, 바로 북한의 산업화 시기 노동 현장에서 온 열성을 바쳐 사회주의 사회를 건설하고자 했던 북한의 근로인민들이다. 천리마운동 시기는 북한 역사에서 체제의 가장 하

---

* 알렉세이 스타하노프(Alexi G. Stakhanov)는 소련의 광부이자, 대표적인 노력영웅이다. 1935년 8월 31일, 그는 독자적으로 고안한 방법을 통해 당시 작업 기준량의 14배가 넘는 102톤의 석탄을 채굴하여 유명해졌다. 소련에서는 스타하노프를 '새로운 인민'의 표상으로 널리 선전했다.

노력영웅 훈장
북한 역사에서 가장 황금기라 할 수 있는 천리마운동 시기를 상징하는 노력영웅. 이 신화를 믿으며 북한 인민들은 '사회주의 근로인민'으로 다시 태어났다.

부를 받치고 있던 수많은 이름 없는 이들이 살아 움직이며 역사의 무대에 올라서는 순간이다. 우리는 길확실의 『천리마 작업반장의 수기』를 통해 그녀의 성공담을 읽는 한편 그녀와 함께하는 또래 노동자들을 만나게 된다. 그녀들은 모범적이지도 않고, 늘상 행복하지도 않다. 가정사로 괴로워하기도 하고 고향을 떠나 향수병에 힘들어하는, 그리고 무엇보다 사람의 정을 그리워하는 '보통 사람'이다.[1]

시야를 한번 더 넓혀보자. 사람은 시대 속에서 태어나고 또 시대를 만들어간다. 북한 역사에서 이렇듯 역동적인 인민의 모습이 등장하는 시기는 바로 천리마운동의 열풍이 북한 전역을 강타하던 1960년대의 길목이었다. 북한이 인민민주주의 체제에서 사회주의 체제로의 이행을 완료하고 본격적인 사회주의 사회를 건설하기 위해 고투하던 시기였다. 그리고 바로 그 변화의 고비에서 천리마운동, 그리고 이어진 1960년대의 천리마작업반운동은 어중이떠중이 같은 인민들이 역사의 전면에서 중요한 역할을 수행하도록 이끈 방아쇠였고, 그 운동의 열기 속에서 '사회주의 근로인민'으로 다시 태어나게 만든 변화의 장이었다. 이제 한국전쟁 이후 북한사회의 변화가 어떻게 천리마운동을 불러일으키게 되었는지, 운동의 주역인 인민들은 어떻게 시대와 조응해가며 살았던 것인지 살펴보도록 하자.

폐허에서 공장이,
농민에서 노동자로

1950년대 북한은 전쟁 피해를 복구하고, 사회주의 체제로 나아갈 것을 목표로 했다. 당내의 논의를 거쳐 1956년에 중공업을 우선적으로 발전시키고, 경공업과 농업도 동시 발전시킨다는 노선이 공식화되었다. 즉 북한은 급속한 산업화를 추진했는데, 그에 따른 노동력이 시급히 요구되었다. 새로운 노동자들은 농민, 제대군인, 여성의 순서로 충당되었다. 새롭게 충원된 노동자들은 생산 목표를 달성하라는 압박 속에서 익숙하지 않은 기계를 다루며 노동해야 했다. 생산 목표 미달, 불합격품 생산, 건설공사 지연 등의 문제가 빈발하고, 사고가 속출했다. 또한 과중한 업무에 대해 노동자들은 태업이나 꾀병, 무단결근, 직장 이동 등의 형태로 반발했다.

이렇듯 급속한 산업화 과정에서 노동자로 사는 것은 상당히 괴로운 일이었지만, 긍정적인 면도 있었다. 우선, 북한 인민들은 전후 복구의 경험을 통해 조직화된 노동의 위력을 실감하고 있었다. 대규모 노동력 동원에 의한 전후 복구 사업은 생활이 극도로 피폐해진 인민들에게 매우 고통스러운 경험이었다. 하지만 여러 면에서 조직적인 노력의 성과를 직접 체험하는 기회이기도 했다. 복구 사업에 참여한 인민들은 순전히 자신들의 노력으로 나라를 재건한다는 자긍심이 있었다. 또한 전후 복구 과정 속에서 인민들은 노동을 통해 마치 무에서 유를 창조하는 듯한 성과를 목격했고,

집단화된 대규모 노동의 가치를 체득할 수 있었다.

　노동자들은 다른 직종에 비해 임금이나 복지 혜택을 더 많이 받을 수 있었다. 그들은 자신에 대한 물질적인 처우가 부족하다고 여기면 다른 직장으로 이동하는 방법을 통해 불만을 표출했다. 따라서 지도부는 노동자들의 생활 안정에 주의를 기울이지 않을 수 없었다. 노동자들의 실질임금은 계속 인상되었고, 주택, 음식, 문화·위생 시설 등도 우선적으로 제공받을 수 있었다. 게다가 노동자가 되는 것은 사회적인 지위 상승이자 자아실현의 기회이기도 했다. 이는 여성 노동자들이 더욱 그러했다. 여성들은 노동자가 됨으로써 가정에만 매여 살던 삶과는 다른 사회적 존재로서의 자아실현 가능성에 눈을 떴다. 나아가 여성만의 힘으로도 얼마든지 남성과 대등한 역할을 할 수 있음을 몸소 증명하기도 했다. 평양 제사공장의 길확실뿐만 아니라, 전통적으로 남성의 직업으로 간주되던 건축업에서 노력영웅이 된 리명원* 같은 이 시기 여성 노동자들은 산업전선에서 활발한 성과를 내고 있었다.

열정과 참여로
위기를 넘다

1950년대 중반 북한사회는 새로운 정치적·경제적 위기를 겪게 된다.

＊　길확실이 일반적으로 여성 노동자들이 종사하는 경공업 분야에서 명성을 떨쳤다면, 리명원은 건축 분야에서 유명한 여성 노력영웅이었다. 리명원은 원래 충청북도가 고향으로 한국전쟁 당시 인민군에 지원했다. 간호병으로 복무하다 1954년 10월 제대한 리명원은 방직공이 되고자 했으나, 한창 전후 복구 중이던 평양시 재건에 참여하면서 미장 노동자가 되었다. 이후 미장 작업에 적극적으로 기계화를 도입해 성과를 거두었으며, 1961년 노력영웅 칭호를 수여받았다.

정치적으로는 1956년 8월 전원회의 사건*이 벌어졌고, 그 후유증이 북한 사회 전반을 강타했다. 경제적으로는 소련·중국 등의 외부 원조가 크게 줄어들었다. 1954년 북한의 국가 예산 수입 중 34퍼센트에 달하던 원조는 제1차 5개년 계획이 시작되던 1957년에는 12.2퍼센트, 1958년에는 4.5퍼센트, 1959년에는 2.7퍼센트로 급감했다.

1956년 8월 전원회의 사건은 이후 사회 전반에 걸친 '반종파 투쟁'과 당원을 중심으로 한 '당증교환사업'을 불러일으켰다. 사회 기층단위에서의 반종파 투쟁과 당증교환사업은 김일성에게 충실한 새로운 핵심세력을 형성하기 위한 것이었다. 이러한 사회적 변동의 틈바구니에서 당 주류의 정책을 지지하며 산업 현장에서 적극적으로 활동하는 '열성노동자'들이 중요한 사회세력으로 성장하게 되었다. 이 열성노동자들은 생산 부분에서 모범적인 성과를 올리면서 직업총동맹의 간부로 올라서거나 노동당에 입당하는 기회를 얻었다. 앞서 다룬 대표적인 천리마 작업반장 길확실 역시 1959년 8월 20일 22세의 나이로 후보당원이 될 수 있었다. 즉 이 시기

* 1950년대 북한정권 내부에서 일어난 최대의 권력투쟁으로, 북한 역사에서 유일무이하게 김일성의 권력에 공개적인 도전장을 내민 사건이다. 사건의 배경에는 우선 대내적으로 김일성 지도부의 급진적인 경제정책과 권력 독점에 반대하는 움직임이 있었다. 연안 독립동맹 계열 등은 김일성 지도부 노선에 반기를 들기 시작했다. 게다가 당시 소련의 지도자 흐루쇼프가 스탈린 개인숭배를 비판했고 동유럽에서는 민주주의에 대한 요구가 확산되고 있었다. 반대파들은 이러한 국제적 변화를 이용해 김일성의 권력을 약화시키고자 했던 것이다.
1956년 8월 30일 열린 조선노동당 중앙위원회 전원회의에서 상업상 윤공흠 등이 당이 독재적으로 운영된다며 김일성 지도부를 비판했다. 그러나 이 공격이 실패로 돌아가면서 윤공흠과 서휘 등은 당에서 쫓겨났고, 연안 독립동맹 계열의 지도자 최창익과 소련 계열인 내각부부상 박창옥 등은 당직을 박탈당했다. 윤공흠 등은 중국으로 망명해 도움을 요청했고, 중국과 소련 측이 반대파를 도와주고자 개입했다.
그러나 소련과 중국도 더이상 깊이 개입할 상황이 아니었다. 김일성은 이 사건을 계기로 본격적으로 반대파들을 숙청하면서 자신의 권력을 더욱 탄탄히 다졌다. 이미 김일성의 권력이 탄탄하기도 했지만 충분한 사전 준비 없이 그저 외세의 도움을 빌려 권력에 도전한 어설픔과 무모함 역시 반대파의 몰락을 재촉했다.

열성노동자들은 반종파 투쟁 과정에서 생겨난 상당수의 공석에 '등용'될 기회를 얻을 수 있었던 것이다.

노동자들은 공장 간부(지배인) 혹은 최고인민회의 대의원으로까지 사회적 지위 상승을 했다. 1957년 제2기 최고인민회의에서 노동자 출신은 노력영웅 12명, 공훈광부 3명 등 전체 대의원 215명 중 15명으로 약 7퍼센트 정도였다. 천리마운동 시기를 거친 1962년 제3기 최고인민회의에서는 그 수가 대폭 늘어나 총 383명 중 노력영웅 62명, 공훈광부 17명, '천리마 작업반장' 23명이 대의원으로 선출되었다. 383명 중 102명으로 이는 전체의 27퍼센트로 증가한 것이었다.[2]

이처럼 노동자들의 정치적·사회적 위상이 올라가는 가운데 이들 노동자의 힘을 통해서 경제 위기를 돌파해야 할 국면이 도래했다. 경제적 위기의 순간에 근로인민의 역량이 절실히 필요하게 된 것이다. 1957년부터 시작된 제1차 5개년 계획(1957~61년)은 시작부터 위기에 부딪혔다. 김일성은 공업을 "더욱 급속한 템포로" 성장시켜야 한다고 외쳤지만, 외부 원조가 급격하게 줄어든 상황에서 이는 거의 불가능한 일이었다.

외부 원조가 줄어들자 북한 지도부는 주로 북한 자체의 내부원천에 의존해서 위기를 모면해보고자 했다. 일반적으로 사회주의 체제에서 개별 기업들은 국가로부터 계획 과제는 될수록 적게 받고, 설비, 원료, 자재, 자금, 에너지, 노동력 등 생산자원은 될수록 많이 받고자 한다. 이렇게 하여 각 기업소별로 축적해놓은 자원을 내부원천이라고 불렀는데, 북한에서는 "수입 또는 외부 원조에 의한 물자들과 구별되는 것으로 인민경제 건설에 동원·이용되는 생산자원들(물자, 노동, 자금 등)의 국내원천"을 내부원천이라 정리했다. 내부원천을 쓴다는 것은 국가가 추가적 투자를 없애거나 극히 줄인 상황에서 기업이 축적해놓은 자원을 최대한 동원·이용하겠다는 방침이었다. 하지만 현장의 행정가들, 공장의 지도간부들이 반발하고 나섰다. 설비와 노동력을 추가 투입하지 않고 1957년의 경제계획 목표를 이루는 것은 불가능하다는 것이다.

해법이 보이지 않는 상황이었다. 현장에서 경제 건설을 책임지는 행정 및 경제 관료의 반발에 직면하자 지도부의 고뇌는 커져갔다. 고심 끝에 나온 방법이 바로 이 시기 새롭게 성장하고 있던 노동자들에게 기대는 것이었다. 지도부의 지침에 반발하고 있는 행정 관료와 공장 지배인을 우회해 더욱더 기층으로 내려가서 최고 지도부가 노동자들을 직접 만나자는 것이다. 이후 '군중노선'이라고 정리되는, 생산자 대중을 동원하는 광범위한 군중운동에 의거한 경제 건설 전략이 채택되는 순간이었다.

이러한 방법이 이 시기 처음 나온 것은 아니다. 북한은 초기부터 인민의 사상 교양과 경제 건설을 결합시키는 군중동원 운동의 전통이 있었다. 1946년의 건국사상 총동원운동, 1952년 2월부터 전개된 '반관료주의 투쟁'에 이어 1955년에는 '반탐오·반낭비 투쟁'이 펼쳐졌다. 그후 증산과 절약 운동, 반종파 운동 등을 거쳐온 군중노선의 전통은 천리마운동에 이르러 빛을 발하게 된다.

천리마를 탄 기세로
달려나가다

김일성을 비롯한 북한의 최고 지도부들이 북한 전역의 산업 현장에 급파되었다. 현장 노동자들을 만나 허심탄회하게 북한의 경제상황을 논하고 경제계획 달성을 위한 방법을 모색하기 위한 것이었다. 김일성은

천리마운동 포스터
노동 현장에서의 작은 혁신의 연쇄반응으로 시작된 천리마운동은 북한사회에서 노동자들의 의식을 자극해 국가계획을 성공적으로 달성한 대표적인 사례가 되었다.

1956년 12월 28일 강선제강소로 현지지도를 나갔다. 결과는 대성공이었다. 현장의 노동자들은 최고 지도부의 호소에 적극적으로 호응했다. 이들은 자신의 노동 경험 속에서 얻은 불합리한 작업공정의 개선, 작업방식의 효율화, 설비·장비의 개선과 같은 아이디어를 속속 내놓았다. 노동 현장에서의 작은 혁신의 연쇄반응, 이것이 바로 천리마운동의 시작이었다.

천리마운동은 북한사회에서 노동자들의 의식을 자극해 국가계획을 성공적으로 달성할 수 있다는 것을 보여준 대표적인 성공 사례가 되었다. 1957~59년 공업총생산액은 1957년 44퍼센트, 1958년 42퍼센트, 1959년 53퍼센트로 성장했으며, 제1차 5개년 계획은 2년 반이나 앞당긴 1959년 6월 완료되었다.

1959년에 이르면 천리마운동은 천리마작업반운동으로 확대·발전하게 된다. 얼핏 비슷해 보이지만 운동의 성격은 질적으로 달라졌다. 천리마작업반운동은 사회주의 사회의 완성과 공산주의 사회로의 진입을 위한 인민의 의식 개조에 중점을 둔 운동이다. 1958년 8월 북한은 농업협동화와 개인 상공업의 사회주의적 개조가 완료되었다고 선언했다. 즉 이제 공업, 농업 및 기타 경제의 모든 분야가 국가 또는 집단의 소유가 됨으로써 북한은 사회주의 사회에 들어섰다는 것이다. 김일성은 앞으로의 과제는 사회주의를 더욱 발전시키고 나아가 공산주의 사회로 들어서는 것이라고 보았다.

사회주의자들은 사회의 발전단계가 그 사회에 사는 사람들의 의식을 규정한다고 보았다. 그렇다면 사회주의 사회에 맞는 의식을 갖춘 인간, 나아가 공산주의 사회를 지향하는 인간은 어떠해야 하는가? 북한 지도부와 지식인들은 집단주의를 내세웠다. 집단주의는 공산주의적인 도덕의 원칙으로 서로 연대하고 협조하며 개인의 이익을 공동의 이익에 합치시키는 생활태도라고 정의되었다.[3] 이기주의를 버리고 집단주의를 체득해 일상에서 실천하는 인간, 이것이 바로 현단계의 근로인민이 목표로 해야 할 인간형이라는 것이다.

천리마운동 또한 새로운 사회의 건설에 맞게 발전해야 했다. 천리마운동이 개인 간의 경쟁을 통한 증산운동이라면, 천리마작업반운동은 작업반이라는 '집단' 간의 경쟁을 통한 증산운동이라 할 수 있다. 그에 따라 증산에 따른 보상도 개별 노동자들마다 따로 받는 것이 아니라 작업반의 성취를 기준으로 받는 체계로 바뀌었다. 이처럼 1958년 말부터 집단주의를 확립하기 위한 공산주의 사상 교양 사업이 강화되는 가운데, 생산 현장에서 기존의 천리마운동을 집단주의에 의거하여 발전시킨 것이 천리마작업반운동이다.

천리마작업반운동 단계에 들어서자 사상 교양과 실천(노동) 활동을 하나로 결합하겠다는 의도하에 생산과 기술뿐만 아니라, 사상·문화·도덕 등 사회생활의 모든 영역이 운동에 포괄되었으며, 사상적으로 집단의 교양과 지원을 통해 노동자들을 새로운 공산주의적 인간으로 개조하는 것에 중점을 두었다.

천리마운동과 마찬가지로 천리마작업반운동 또한 강선제강소에서 시작되었다. 1959년 2월 17일 김일성의 현지지도 이후 강선제강소의 노동자 진응원은 "뒤떨어져 있는 동무들을 힘껏 교양하여 함께 나가"자고 결심하고, 1959년 3월 8일 작업반 총회를 열어 최초의 천리마작업반운동을 발기했다.[4] 진응원의 천리마작업반운동이 기존 천리마운동과 차별화될 수 있었던 것은 단지 자기 작업반의 생산성과만 신경 쓴 것이 아니라 다음 교대의 작업반이 손쉽게 작업을 이어받을 수 있도록 준비했기 때문이었다. 이른바 "교대 본위주의"(이기주의)를 벗어나 공산주의적 사회관계, 즉 상호부조를 통한 집단적 발전을 꾀했다 하여 높이 평가받은 것이다.

북한 지도부는 이 운동에 공산주의의 씨앗이 들어 있다고 높이 평가하고 이를 확산·발전시켜야 한다고 보았다.[5] 운동이 시작되자 직업동맹^{약칭} 직맹은 즉각 중앙위원회 제12차 확대 전원회의를 개최해 이 모범사례를 "개개의 작업반으로부터 전^全직장, 기업소, 모든 집단에 이르기까지 확대 발전"시키도록 결정했다. 진응원 작업반원들은 1959년 3월 17일 직맹 중앙위원회로부터 '천리마작업반' 칭호를 수여받았다. 이를 시발점으로 하여 천리마작업반운동은 전사회 영역으로 들불처럼 확산되었다. 1960년 8월까지 17만 8406명이 망라된 8620개 작업반이 이 운동에 참가했으며, 1만 7396명이 망라된 766개 작업반이 천리마작업반 칭호를 얻었다.[6] 천

김일성의 현지지도

김일성을 비롯한 북한의 최고 지도부들이 직접 현장의 노동자들을 만나는 현지지도는 노동자들을 고무시켜 더 열심히 일하게 만드는 계기가 되었다. 천리마운동, 천리마작업반운동의 시작은 바로 노동 현장이었다. 사진은 강선제강소(위)와 황해제철소(아래)에 현지지도를 나간 김일성의 모습이다.

리마작업반운동에 궐기하고 천리마작업반 칭호를 수여받는 것은 근로인민으로서 누릴 수 있는 최고의 명예로 받아들여졌다. 김일성의 말 그대로 북한사회는 천리마에 탄 기세로 질주하기 시작했다. 그리고 그 천리마는 바로 북한의 근로인민들, 그들이었다.

확실히 1950년대의 전후 복구와 산업화는 난관 속에서 진행되었다. 그럼에도 불구하고 이 시기를 살아가던 북한의 인민들, 특히 신생 노동자층은 강한 열의와 적극성을 보이면서 경제 건설을 견인해나갔다. 북한 역사에서 집단적인 인민의 지혜와 노력이 전면에 부각된 시기가 이때이며, 현재까지의 북한체제에서 가장 빛나는 성공의 시대로 기억되는 것도 이 시기이다. 북한 지도부의 정책적 노력과 유인책이 작동했지만, 노동자들의 상호협조를 통한 집단의 위력이 최고조로 발휘될 수 있었던 것이 핵심이었다. 그것이 가능했던 비결은 무엇이었을까.

하나가 된 노동과 일상

길확실의 수기를 비롯한 이 시기 노동자들의 노동과 일상생활을 다룬 기록에서 북한의 노동자층이 공유한 몇 가지 특징들을 확인할 수 있다. 그리고 그 특징들은 북한식 사회주의의 성격을 형성하는 데 기여하게 된다. 왜냐하면 천리마운동의 성공이 바로 당시 노동자층이 삶 속에서 문화적으로 공유한 가치나 특성들에서 비롯되었기 때문이다. 흔히 자본주의 사회에서 직장생활과 가정생활은 별개의 것으로 간주된다. 공과 사의 구분이란 표현도 쉽게 들을 수 있다. 하지만 북한의 일상에서는 그런 구분이 뚜렷하지 않다. 일반적인 근로인민의 삶에서 직장에서의 근무시간과 퇴근 이후의 여가생활은 서로 긴밀하게 얽혀 있었다. 이러한 통합이 가능했던 밑바탕에는 역시 한국전쟁으로 인한 사회변동이 자리 잡고 있다.

전쟁 피해로 인한 인구 변동은 휴전 이후의 북한사회에 많은 영향을 끼쳤다. 당시 새로 충원된 노동자들은 상당수가 전쟁고아였다. 이들은 대개 중등교육까지 마친 10대 후반에 공장 견습공으로 취직하면서 노동자가 되었다. 고아 출신이다보니 공장 합숙소에서 단체생활을 하는 경우가 많았다. 부모를 완전히 잃지 않고 자라난 젊은 노동자들도 대개 고향을 떠나 도시로 이동했기 때문에 공장 합숙소에서 함께 생활했다.

자연히 일상생활 속의 사회적 관계는 같은 직장의 동료 노동자들을 중심으로 이루어졌다. 그러한 상황에서 작업반은 단순히 일을 하는 장소의 의미로만 한정될 수 없었다. 노동자들은 작업반에서의 "생활체험"을 통해 동료들 간의 관계를 '가족'에 비유해 받아들이곤 했다.[7] 길확실은 어린 나이에 아버지를 여의고 홀어머니와 함께 생활하고 있었다. 그렇지만 동료 노동자들과의 관계를 돈독히 하기 위한 첫걸음으로 대부분의 동료 노동자들이 생활하고 있는 합숙소에 들어가기로 결정했다. 그의 이 선택이 주효하여 이후 길확실은 동료 노동자들과 긴밀한 관계를 형성할 수 있었다.

또한 노동자들이 근무가 끝난 후 함께 문화생활을 누렸던 것도 노동과 일상의 통합을 강화시켰다. 이러한 '문화사업'은 노동자들이 직장생활에 흥미를 가지도록 유도하기 위해 지도부나 열성노동자가 강조해왔던 것이기도 했다. 이때 문화생활도 개인적으로 누릴 수 있는 것보다는 집단주의 문화를 고취시키기 위해 필요한 단체활동이 권장되었다. 주로 집단 체육, 군중 무용, 합창, 공연 등의 문화 서클이 조직되었으며, "아침 조회 때면 커다란 원을 짓고 총동원가, 용진가에 맞추어 한바탕씩 군중 무용을 추"

는 공장도 있었다. 비록 전후의 피폐한 상황이었지만 공장은 도시에 인접해 있어 문화생활을 누릴 기회가 많았다. 길확실 또한 작업반원들이 서로 가까워지고 단합하는 데 도움을 주고자 48명의 작업반원 모두 합창 서클에 가입시켰다.

이러한 문화사업은 노동자의 의식 수준을 높이기 위한 수단으로도 활용되었다. 실무지식을 증진시키거나 마르크스-레닌주의와 같은 이론을 배우기 위해 독서가 널리 권장되었다. 혼자서 책을 읽는 것보다는 동료들끼리 돌려가며 책을 읽고 그 감상을 함께 이야기하는 독서 구락부클럽 활동이 중시되었다.

노동자들이 어떤 거주환경에서 생활을 영위하느냐도 중요한 문제였다. 사회주의 국가에서는 도시 또한 이념을 반영해 계획하고 건설되었다. 원칙적으로 사회주의적 도시화는 노동계급을 위한 도시 건설을 1차 목표로 삼고 있었는데, 이는 일터와 쉼터를 근접시키는 '직장·주거 근접의 원칙'에 입각해서 도시공간을 배치하는 것이 특징이다. 북한 또한 전후 복구 과정에서 공장과 노동자 거주지역을 가깝게 배치하고자 했다. 1952년 12월에는 지방 행정구역을 개편해 공장, 광산, 어촌 등지에서 400명 이상의 성인 인구가 살고 있고 그중 65퍼센트 이상이 노동자로 구성되어 있는 지역을 '노동자구'로 지정해 특별 관리했다.

직장과 거주지가 가깝다는 것은 단지 출퇴근의 편리함의 문제가 아니었다. 공장은 인접 지역 거주 노동자의 생활·복지를 직접 책임지고 관리했다. 공장에서 '후방 부지배인' 직위를 가진 간부가 인근 주거지역 노동자들의 식량·주택·옷감 등을 책임져야 했다. 평안남도 진남포시의 대안전기공장에서는 노동자구 경리위원회 위원장이 노동자구 내에 있는 상업유통, 편의시설, 도시 경영, 보건위생 사업 등을 책임지고 지도했다. 이처

대안전기공장
북한의 공장은 인근지역 거주 노동자의 생활·복지를 직접 책임지고 관리했다. 대안전기공장은 노동과
일상을 결합한 '대안의 사업체계'를 제시한 곳이다.

럼 노동자의 거주공간이 직장의 복지체계에 결합됨으로써 노동과 일상은
더욱 통합되어갔다.

1950년대 북한사회는 전쟁 피해를 극복하기 위한 노력뿐만 아니라, 급
속한 산업화와 도시화가 진행되면서 인민의 생활환경도 크게 변화했다.
특히 산업노동자의 삶은 단지 노동환경이나 조건만의 변화가 아니었다.
일상적인 삶, 그리고 그 안의 인간관계가 크게 변화하는 것이었다. 공장,
특히 자신이 속한 작업반을 중심으로 일상의 여러 요소들이 통합된 삶이
었다. 1960년대 천리마작업반운동을 거치면서 작업반은 상호협조적인 분
위기 속에서 생활의 애로사항을 해결하고 문화적 욕구를 충족시킬 수 있
는 조직이 되었다. 북한에서 근로인민은 반드시 어떤 노동조직에 속한다.

그중 가장 말단에 있으면서 가장 밀접한 인간관계가 이루어지는 단위가 '작업반'이었다. 천리마작업반운동은 작업반 단위가 노동자들이 단합하고 집단을 위한 헌신성을 발휘하기에 제일 적합한 형태임을 보여주었다.

공산주의적 인간이란?

북한이 스스로 사회주의 사회에 진입했음을 선언했을 때, 그런 선언을 할 수 있었던 주요 근거는 모든 근로인민이 '노동계급'이 되었다는 것이다. 계급의 개념에는 여러 가지가 있겠지만 북한에서 모든 근로인민을 노동계급이라고 부를 수 있게 된 것은 1950년대 진행된 북한체제의 사회주의화로 인해 이들이 순전히 자신의 노동력을 제공하고 그에 대한 대가를 받는 위치가 되었다는 것이다. 즉 생산수단인 공장이나 기계, 토지 등을 소유하지 않는다는 것이다. 그리고 노동자를 비롯한 근로인민들은 이러한 사회변화에 걸맞은 계급의식을 갖게 된다는 것이다.

이론적으로는 그렇다 하더라도 실제 북한의 근로인민들이 자본가나 지주계급과의 투쟁을 통해 정치적인 계급의식을 갖춘 것은 아니었다. 인민민주주의 개혁과 한국전쟁을 거치면서 북한사회에서는 적대계급이라고 부를 만한 존재가 진즉에 사라졌기 때문이다. 계급으로서의 정체성을 형성하는 데 필요한 적대적 대상이 부족한 가운데 북한의 근로인민들은 자연스럽게 특정한 정서나 감정을 공유하는 '공동체'로서의 정체성이 더 강해졌다. 그것을 '감정의 공동체'라고 부르면 어떨까. 즉 북한의 근로인민들은 공통의 경험, 그리고 그 경험을 다 같이 공유하는 집단기억에 의거해 집단정체성을 형성해간 것이다.

이 시기에 모든 이들을 관통하는 강력한 구심점은 무엇보다도 전쟁 체험이다. 힘든 세월이었다. 노동자들 누구나 고통스러웠던 경험을 간직하고 있었고, 이를 이야기함으로써 서로의 아픔을 함께 나눌 수 있었다. 노동자들은 작업반에서 전쟁고아 출신 동료의 전쟁 경험을 함께 듣거나, 전쟁에서 죽은 한 노동자의 부친을 함께 추모하는 모임을 갖기도 하고, 제대군인의 참전 경험 이야기를 나누기도 했다. 작업반을 중심으로 한 노동자들의 긴밀한 관계는 다른 누군가의 체험을 '우리 모두'의 일로 받아들이기 쉽게 해주었다.[8] 누구나 인정할 수밖에 없는 상실과 고통의 체험 이야기는 듣는 이의 마음을 자극해 감정적인 유대감을 더욱 높여주었다.

때로는 나이 차가 있는 선배 노동자들의 회고담을 들으면서 노동자로서의 정체성을 만들어가기도 했다. 대안전기공장의 주조직장 용해작업반의 한영원은 자본가를 체험하지 못한 청년 용해공들을 집체적으로, 또는 매일 한두 사람씩 만나서 자신의 과거 경험을 이야기했다. 함경남도 함주군에 소재한 운흥리 여성 철도역원들은 나이 많은 선로반장을 초대해 그가 어려서부터 겪은 일제 때의 역부 생활과 눈물겨운 선로수 생활 이야기를 들었고, 부근 탐사단 지배인의 비참한 광산 노동 생활 이야기를 들었다. 이럴 때 이들은 실제로 접해본 적도 없는 자본가계급에 대한 적대의식보다는 식민지 시대의 삶이 가진 고통과 비참함 같은 특정한 상심의 정서를 더 크게 받아들였다. 이는 계급의식이라기보다는 힘겨운 삶을 견뎌나간 개인이 비슷한 경험을 공유하는 이에게서 느끼는 원초적인 친밀감에 더 가까웠다.

이런 상황에서 열성노동자를 포함한 젊은 노동자의 다수가 유년기에 전쟁으로 인해 친가족을 상실하고 고아로 자라왔다는 것은 이 시기 노동자층의 내면에 중요한 욕구를 창출했다. 그것은 사랑이었다. 길확실이 이 시기에 대표적인 천리마 작업반장으로 인정받게 된 것도 수많은 전쟁고아 출신 동료들에게 쏟은 관심과 애정이 남달랐기 때문이다. 젊고 감수성 예민한 노동자들은 작업반을 통해 가족관계에서 느낄 수 있는 감정을 대신 구하고자 했다. 소설가 윤세중은 이러한 공장 내 관계를 동지적 우애와 형제적 사랑으로 하나의 목표를 위해 서로 도와주는 대가정이라고 묘사했다.*

작업반을 통해 이러한 가치를 제공받을 수 있었기에 노동자들은 동료들과의 강한 결속력과 자발적인 상호협조의 자세를 가질 수 있었다. 북한 지도부는 공산주의적 인간이란 '상호부조적 인간'이라고 결론지었는데, 그 상호부조는 현장 노동자들의 집단 기억과 체험 그리고 강력한 감정적 유대감에 기초한 것이었다.

북한의 근로인민들은 노동과 일상생활 속에서 집단의 구성원들끼리 서로 도와주는 것을 최고의 미덕으로 삼았다. 이런 분위기는 작업반장을 비

---

* 천리마작업반운동 시기에는 모범적인 성과를 거둔 근로인민의 사례를 널리 알리기 위해 여러 출판물들이 제작·배포되었다.

『천리마 작업반장의 수기』는 평양 제사공장의 길확실 천리마 작업반장의 경험담을 다룬 책이다. 이 책을 통해 길확실의 입장에서 본 평양 제사공장과 여공들을 만나게 된다. 길확실은 이 수기에서 자신이 어떻게 천리마 작업반장으로서 활동했으며, 그 과정에서 동료 노동자들과 어떤 관계를 맺었는지 이야기하고 있다. 출간 의도가 길확실의 사례를 모범적으로 알리기 위함이지만, 그런 내용 속에서나마 드러나는 개성적인 여공들의 모습 속에서 당시 역동적이고 다양한 북한 인민 군상의 편린을 살펴볼 수 있다.

『천리마공장 사람들』은 노동자가 쓴 글이 아니라 전문적인 직업작가가 대안전기공장에 들어가 오랜 기간 노동자들과 함께 지내며 취재해 쓴 실화 소설이다. 작가 윤세중은 1912년 논산출생으로 대표작으로는 『시련 속에서』 『용광로는 숨쉰다』 등이 있다. 월북 시기는 알려지지 않았으며, 1965년 11월 사망했다. 윤세중은 이 작품을 통해 천리마작업반운동에 적극적으로 참여한 대안전기공장의 노동자들을 조명한다. 또한 대안전기공장의 노동자들을 관찰하면서 노동자들의 열의의 근원에는 심리적인 요구, 즉 사랑이나 증오와 같은 원초적인 감정이 자리 잡고 있음을 강조했다.

평양 모란봉 공원에 있는 천리마 동상
1961년 만수대창작사에 의해 제작된 천리마 동상은 북한 근로인민들의 영웅적 기상을 상징하는 작품이다. 천리마운동에서 천리마작업반운동으로 이어지던 노동자 운동을 넘어 일상적인 노력경쟁이 이뤄지도록 함으로써 북한은 사회주의를 완성하고자 했다.

롯한 작업반 내 열성노동자들이 주도한 것이었지만, 공동체 의식이 높아진 가운데 작업반원 간의 상호부조는 자연스럽게 이루어질 수 있었다. 유명한 사례는 함경남도 함흥시에 소재한 본궁 화학공장 제관직장 제관공 리홍렬의 경우였다. 그는 공장의 "낙후분자"로 낙인찍힌 노동자 박승하와 가깝게 지내면서 그가 전쟁 중에 누이와 생이별을 한 비극이 있음을 알게 되고, 그를 대신해 1년 6개월간의 노력 끝에 마침내 누이를 찾아주는 큰일을 해냈다. 또한 두 오누이가 같은 집에서 살 수 있도록 자신의 집까지 기꺼이 내어주기도 했다.

노동자로 살기보다
전사로 죽기를

1950년대 후반 천리마작업반운동의 성공을 통해 북한정권은 경제 건설, 나아가 체제 공고화에 대해 자신감을 가질 수 있었다. 1961년 9월 11일부터 18일 사이에 열린 조선노동당 제4차 대회는 이른바 "승리자의 대회"라고 불렸다. 이 대회에서 김일성은 다시 위원장으로 뽑혔다. 자신감에 넘친 김일성은 사회주의 기초 건설이 완수되었음을 선언하고, 이제부터는 사회주의의 전면적인 건설을 위해 노력해야 한다고 강조했다. 그는 경제발전을 위한 7개년 계획을 제시했다.[9]

그동안의 경제성장에 자신감을 얻은 북한 지도부는 '자립경제'라는 야심에 찬 기치를 내걸고, 1961년부터 시작되는 7개년 계획 기간에 공업생산은 3.2배, 농업생산은 2.4배, 그리고 국민소득은 2.7배로 증가시키겠다는 목표를 수립했다. 따라서 북한은 제1차 7개년 계획의 원대한 목표를 달성하기 위해서 노동력 관리를 새로운 차원으로 끌어올리기 위한 작업에 나섰다. 당과 대중조직을 통한 광범위한 조직화와 사상 교양 사업이 전개되었고, '대안의 사업체계'와 '청산리 방법'이 생산 현장에 도입되었으며, '천리마작업반운동'을 통한 사회주의 노력경쟁이 일상적으로 행해지도록 했다.[10]

천리마작업반운동은 상시적으로, 그리고 북한사회 제반 분야에서 일상적으로 벌어지도록 확대되었다. 김일성은 제4차 당대회에서 천리마운동을 "사회주의 건설에서 우리 당의 총로선"이라고 선언했다. 천리마작업반운동이 증산과 기술 혁신을 위한 노동자의 운동을 벗어나 사회 전반으로 확산되는 분수령은 1961년 11월 16일에 열린 전국어머니대회였다. 이 대회에서 김일성은 인민들의 공산주의로의 사상 개조는 가정에서부터 시작되어야 함을 강조했다. 즉 "어머니들은 자기의 아이들을 훌륭한 공산주의 건설자로 양성해낼 중대한 임무"를 지니고 있다는 것이다. 이제 천리마작업반운동이 가진 '사상 개조'의 측면은 사회 기초 단위인 가정까지 확산되기 시작했다.[11]

그러나 자신감 넘치는 사회주의 전면적 건설의 꿈은 커다란 장애물에 부딪히게 되었다. 무엇보다도 대외관계에서 오는 긴장이 결정적이었다. 1960년대 북한은 중·소 갈등의 틈바구니 속에서 중국과도 소련과도 일정한 간극을 두었다. 그런 가운데 안보문제가 불거지면서 김일성은 4대 군사노선과 경제-국방 병진노선을 채택했다. 병진노선은 사회경제적으로 막대한 희생에 바탕을 둔 것이었다. 국방비 부담이 증가하면서 북한 경제는 과도한 부담을 질 수밖에 없었다. 게다가 '전인민의 무장화, 전국토의 요새화, 전군의 간부화, 전군의 현대화'를 주창한 4대 군사노선은 그야말로 엄청난 물적·인적 비용이 들었다. 결국 경제성장이 타격을 받았다. 북한은 인민의 열의에 기대어 1961년부터 1967년까지를 기간으로 한 '7개년 계획'에 착수했지만, 7개년 계획은 1970년까지 3년을 더 연장한 뒤에야 목표치에 도달할 수 있었다.

경제-국방 병진노선으로의 전환은 단순히 경제적·정치적인 문제만이 아니었다. 그에 맞는 인민 개조의 과업이 제기되었다. 1960년대 중반 대외적 갈등이 고조되고 남북관계가 악화되는 가운데 북한정권은 인민들에게 건설자로서의 역할에 더해 단결과 인내심을 더 강조했다. 천리마작업반운동이 상대적으로 젊은 노동자층을 중심으로 전개된 운동이고, 따라서 모범적 인민의 상도 그러한 범주에서 나오는 것이었다면, 이제 국가적 위기가 부각되고 당과 국가에 충성하는 군인적 가치가 중시되기 시작한 것이다. 이미 한국전쟁을 거치면서 '초총력전' 상황을 겪은 북한에서 이것이 의미하는 바는 명확했다. 인민들은 노동자인 동시에 당과 수령에 한없이 충직한 전사로 거듭날 것을 강요받았다.

그러기 위해 해묵은 '증오'의 감정을 사회 전영역에서 자극하기 시작했다. 한국전쟁을 치르면서 외부세력, 특히 미국에 대한 원초적인 증오심은 매우 강렬했을 뿐만 아니라 북한 지도부가 인민을 통제하는 데 유용한 수단이 되었다. 전쟁 중 계속된 미군의 공중폭격으로 북한 전역에서 사상자가 발생했다. 그 시기에 살아남은 북한 인민들 중에 가족이 죽거나 다치지 않은 이들을 찾기가 힘들었다. 증오, 그것은 곧 "부모의 원쑤를 갚"아야 한다는 너무나 원초적인 복수심에 기인한 것이었다. 북한 지도부는 노동계급이라면 응당 그러한 복수심을 열심히 노동하는 것으로 승화시켜야 한다고 선전했다. 즉 노동은 '미제'에 대한 복수인 동시에 미제의 침략으로부터 국가를 지키는 애국 행위로 재정의된 것이다. 이제 인민은 자발성에 기초한 노동 행위에서 자신들의 정체성을 찾기가 점차 어려워졌다. 그들은 항상 국가보위 의식을 갖고 수령의 지시에 충직하게 따르는 전사로서 살아갈 것을 강요받았다. 1960년대가 저물 무렵, 주체사상이 본격적으로 표방되는 가운데, 북한은 자발적이고 열정적인 노동자가 아니라 조직화되고 충직한 공민公民으로서 살아갈 수밖에 없는 사회가 되어가고 있었다.

주체사상 시대로
가는 길목

1950년대를 거치며 북한의 인민들은 균질한 사회적 처지로 재편되어 갔다. 사회주의 사회에 맞는 근로인민으로 바뀌어간 것이다. 북한의 근로인민은 망치와 낫, 붓이 상징하는 것처럼 노동자, 농민, 근로 인텔리의 세 집단으로 이루어졌다. 그러나 이 중의 핵심은 노동자였고, 사회주의 사회에서 모든 인민은 노동계급화될 것을 요구받았다.

1960년대의 천리마작업반운동은 가장 '선진적'이어야만 했던 노동자들의 행위와 의식구조를 북한사회 전역에 확대·복사하기 위한 운동이었다. 그것이 사회주의를 넘어 공산주의의 도래를 앞당기는 유력한 수단이라고 믿었던 것이다. 이 시기 노동자들은 북한식 사회주의가 자신들에게 긍정적으로 작동할 수 있다고 받아들였다. 그 핵심은 집단주의였다. '하나는 전체를 위하여, 전체는 하나를 위하여'라는 구호로 대표되는 집단주의는 노동자의 일상에서 가장 직접적으로, 가장 현실적으로 작동하는 집단인 '작업반'을 통해 구현되었다. 작업반은 이제 단순한 직장의 최말단 노동단위가 아니라, 노동자들의 아침부터 밤까지의 삶을 끌어당기는 생활

평양에 있는 당 창건 기념탑
조선노동당의 상징은 망치와 낫, 붓이다. 이 세 가지는 북한의 근로인민을 뜻한다.

의 중심이자, 동료들과 함께 웃고 울 수 있는 감정의 공동체로 승화된 것
이다. 즉 집단주의가 자신들의 일상에서 긍정적으로 작용한다고 느끼면
서 북한의 인민들은 체제에 협력적인 '사회주의 근로인민'으로 거듭나게
되었던 것이다.

　그러나 1960년대 천리마작업반운동이 북한 전역에 확대되고 일상적으
로 수행되던 시기, 인민의 열의는 온전했지만, 대외적으로 고립되고 남북
의 군사갈등이 고조되면서 북한의 경제성장에 제동이 걸리기 시작했다.
결국 체제의 역동성이 점차 사라지고, 내외의 변화에 유연하게 대처하지
못하면서 오직 김일성을 중심으로 한 체제 유지가 강조되었다. 인민들에
게도 자발적인 협력보다도 조직화된 충성이 강요되기 시작했다. 수평적

인 '형제애'에 근거한 노동자 의식은 약화되고 수직적이고 절대적인 '충성심'을 끌어내기 위해 항일 빨치산 시절의 '수령-전사' 관계가 강력하게 유포되어갔다. 주체사상의 시대가 다가오고 있었다.

북으로 간
재일조선인 '째포'의 삶

정은이

1960

북한에 들어온
이질적인 사람들

한국전쟁이 막 끝난 즈음 사망 혹은 이주로 인해 북한의 인구는 급감했다. 1961년판 『조선중앙년감』에 따르면, 1949년 말 962만 2000명에 달한 북한 인구는 전쟁이 끝난 1953년 12월 849만 1000명으로 전쟁 기간 113만 1000명이나 감소했다. 전통적으로 남북은 2배 정도의 인구 격차가 있었는데, 전쟁을 겪으며 인구가 더 감소한 북한은 전후 복구와 안전보장에 충분히 위협받을 수 있는 상황에 직면하게 되었다.

이 상황에서 중국인민지원군의 주둔은 북한에 큰 힘이 되었다. 당시 북한은 전후 복구건설을 위한 청장년층 남성 노동력이 절대적으로 부족했는데, 중국인민지원군이 잔류해 이러한 문제를 해결해주었다. 그러나 이것도 잠시, 북중 갈등으로 1956년 김일성은 중국인민지원군의 철군을 요구했으며, 1958년 철군이 완료되었다. 이는 북한의 정치·경제·군사·사회·국제관계 등 전분야에 걸쳐 막대한 혼란을 초래할 정도였다.[1]

이즈음 북한 당국은 해외 각 지역에 거주하는 동포에 대한 귀국사업을 대대적으로 펼쳤다. 통계와 증언을 바탕으로 인구학적인 측면에서 귀국사업을 평가해보면, 귀국사업은 북한에 적지 않은 파급효과를 가져왔을 것으로 짐작된다. 즉 당시 북한 인구는 최대 850만에서 최소 600만 명 사이이며, 귀국사업을 통해 북한에 유입된 인구는 약 35만 명으로 추정된다. 북한을 수령·당·대중이 일체화된 획일적인 체제로 보는 시각이 지배적이지만, 이 같은 정의로는 북한 주민과는 다른 이질적 요소를 가진 귀국자*를 통해 북한사회를 설명하기에 어려운 점이 적지 않다. 즉 귀국자는 북한을 이해하는 새로운 시각을 제시하는 역할을 할 수 있다.

그러나 귀국자에 대한 자료와 연구가 미미하고 북한 또한 이들에 대한 자료를 공개하지 않아 접근이 매우 어려운 실정이다. 그나마 최근 귀국사업에 관한 새로운 자료가 공개되면서 귀국사업을 둘러싼 새로운 해석이 제기되고 있다. 그중에서도 모리스 스즈키Tessa Morris-Suzuki는 50여 년 만에 기밀 해제된 국제적십자위원회의 재일조선인 귀국문서 발굴을 토대로 각국에 흩어진 관련 자료들을 추적해 귀국사업의 전과정을 재구성해냈다.[2] 그는 귀국사업이 단순히 일본 거주 조선인의 북한행이 아니라 냉전체제하에서 일본과 북한정부, 양국의 적십자를 비롯한 소련과 미국, 중국, 한국 등 관련국의 은밀하고도 거대한 이해관계와 공작의 산물이었음을

---

* 귀국자의 정의는 다양하다. 북한에서는 이들이 본인의 의지로 조국에 돌아왔다고 간주해 '귀국자(歸國者)'라고 부른다. 일본에서는 자신들의 고향으로 돌아갔다고 하여 '귀환자(歸還者)'라고 부른다. 반면에 남한에서는 본인의 의지와는 상관없이 지상낙원이라는 북한 당국의 허위선전에 속아 건너갔다 하여 '북송동포(北送同胞)'라고 부른다. 이 글에서는 북한에서 쓰는 용어 '귀국자'를 사용했다. 사실 북한의 역사는 김일성을 비롯한 항일투사, 연안파, 소련파, 국내파 등 귀국자의 역사라고 해도 과언이 아닐 정도로 귀국자의 범위가 광범위하다. 이 글에서 귀국자는 1958년에서 1984년에 걸쳐 실시된 '북송사업'을 통해 북한으로 건너가게 된 일본을 비롯한 중국 및 소련 등지에 거주한 조선인으로 한정짓는다.

밝혔다. 하지만 이들이 북한에 건너간 후 귀국자로서 어떤 삶을 살았는지, 북한과 다른 환경에서 성장한 귀국자가 어떻게 북한사회에 적응하고, 그 과정에서 현지 주민과 어떠한 관계를 가지고 어떻게 다른 삶의 양상을 보였는지에 대한 구체적 실태는 철저히 베일에 싸인 채 역사 속에 묻혀가고 있다. 이 글은 바로 그들 귀국자의 관점에서 북한을 보려는 시도다. 이 글을 쓰기 위해 필자는 주로 각국 기밀해제 문건과 니가타 현립문서보관소 소장자료를 활용했다. 이와 더불어 '재일탈북자在日脱北者'에 대한 심층면담조사를 실시했다. 귀국자 중에서 1990년대 고난의 행군 시기 많은 탈북자가 발생했고, 이들 중 약 200여 명이 일본으로 건너갔다. 이들은 일본에서 '재일탈북자'로 불리지만 엄밀히 말하면 과거 일본에 살다가 북송사업을 통해 북조선으로 건너가 반세기 이상을 살다 최근 탈북해 다시 일본으로 돌아온 재일조선인(일본인 배우자 포함)과 그 후손들이다. 필자는 이들 대부분 고령화가 진행되고 있다는 점에서 구술자료의 확보가 시급함을 깨닫고 재일탈북자의 구술을 통해 당시 한반도 북부의 잊혀가는 역사적 사실을 수집하고 재구성하고자 했다.

귀국사업의
글로벌 정치

북한정부는 1950년대 후반부터 1960년대 초반에 걸쳐 일본을 비롯하여 사회주의 동맹국에 거주하는 해외 동포와 고아들을 대상으로 대대적인 귀국사업을 펼쳤다. 북조선은 지상낙원이며, 무상교육과 무상의료를 한다고 선전했다. 이를 계기로 소련·중국·일본 등지에 거주하는 해외 동

북한으로 떠나는 재일조선인들
1959년 12월 14일 니가타항에서 북한 청진항으로 향하는 1차 귀국선. 북한에 대해 아는 바가 전혀 없었던 재일조
선인 2, 3세들은 일본 내의 혹독한 멸시와 차별을 뒤로하고 귀국선에 몸을 실었다.

포, 사회주의 국가에서 양육하던 전쟁고아와 그들의 외국인 부인들까지도 북한으로 대거 유입되었다. 귀국자와 관련된 통계를 보면, 일본에서 건너간 조선인(일본인 배우자 포함)은 총 9만 3339명이다. 소련에서 건너간 조선인은 약 6만 명, 중국에서 건너간 조선인은 약 20만 명으로 추정된다. 이때 같은 귀국자라도 북한에서는 소련이나 중국에서 왔으면 '해외연고자緣故者'라 칭했으며 이들은 각각 '재소在蘇연고자' '중국연고자'로 불렸다.

그러나 북한 당국이 귀국사업을 펼친 주 목적은 단순 노동자의 유입이 아닌 경제 재건을 위한 숙련노동자를 받아들이기 위해서였다. 당국은 부족한 노동력을 보충하기 위해 국내에서는 천리마운동을, 국외에서는 해외 동포와 유학생을 대상으로 귀국사업을 진행했다. 북한 지도부는 소련 지도부 및 외교부에 귀국사업에 대한 협조를 요청했고, 소련은 사회주의 위계질서 속에서 각국에 협력을 요청했다. 한편 중국 동북지역의 조선족 역시 그 대상이었다. 조선족의 자주적 성향은 마오쩌둥毛澤東의 보고서에까지 기록되어 있을 정도이다. 이 때문에 1950년대 중국 반우파 투쟁 시기 조선족은 탄압의 대상이 되기도 했다. 더불어 중국 지도부에게는 동북지역의 조선족 비율과 영향력을 축소시키는 것이 하나의 과제였다. 따라서 중국 조선족의 귀국사업은 북한과 중국의 이러한 정치적 타협의 산물이었다. 중국 조선족은 더 나은 삶을 바라고, 조국에 기여할 꿈에 부풀어 북한으로 귀국했다.*

---

* 북한에 도착한 조선족이 마주한 현실은 달랐다. 1950년대 후반에서 1960년대 초반의 북한은 3년 재해를 입은 중국과 크게 다르지 않았다. 조선족 귀국자들은 도시에서 노동자가 되거나 교육을 받는 것이 꿈이었지만, 북한 당국은 지식 및 노동숙련도에 따라서 많은 조선족을 농촌에 배치했다. 사회주의 건설에 기여하는 노동자가 되고자 했던 조선족들의 꿈은 북한에서도 좌절되었다.

한편 1956년 소련과 동유럽의 혁명 분위기 속에서 전쟁고아의 일부는 헝가리혁명에 동참했다. 소련과 동유럽에서 유학한 조선의 젊은 공산주의자들은 북한 사회주의 독재와 개인숭배 분위기를 이해하지 못했다. 따라서 북한 당국은 유학생과 전쟁고아에 대해서도 대대적인 귀국 결정을 내렸다. 북한과 각국은 원조액수, 설비투자문제, 유학생의 체류 비용, 환율문제 등을 둘러싸고 줄다리기 협상을 했다. 결국 소련과 동유럽은 유학생과 전쟁고아에 대한 대대적인 귀국사업에 대해 자국민의 결정에 동의했다.*

반면에 재일조선인 귀국사업은 소련, 중국, 동유럽 각국의 귀국사업에 비해 더 복잡한 문제를 안고 있었다. 북한과 일본은 국교를 체결하지 않은 상태였으며, 전후처리도 해결되지 않고 있었다. 따라서 북한은 소련을 중심으로 적십자와 적신월사를 통해 일본과의 협상을 추구했다. 이러한 국제적 협상과 더불어 북일 직접협상도 추진했다. 북한은 소련과 사회주의 각국을 통해 유엔UN 등 국제기구에서의 선전활동을 병행했다. 일본 당국은 전후처리 과정으로서 재일조선인의 귀국을 인식한 측면이 있으며, 일본에서 다양한 문제를 일으키는 비非국민을 축소하려는 의도도 있었다. 이러한 일본 우익의 전략에 미국도 동조했다. 그리고 일본의 진보진영은 사회주의 북한의 건설을 위해 재일조선인이 공헌하기를 바라는 마음도 있었다. 그러나 일본 진보진영이 답사한 북한의 실상은 '지상낙원'이 아니었다. 더욱 심각한 문제는 귀국사업 초기부터 재일조선인 귀국자의 인권문제가 불거졌으나 일본의 진보진영은 이러한 문제에 대해 눈을 감았다

---

* 일부 젊은 공산주의자들은 망명하거나 도피했다. 심지어 소련에서는 대낮에 북한 대사관 요원에 의한 유학생 납치 사건이 발생하는 등 북한과 사회주의 각국 사이에서는 인권문제를 둘러싼 적지 않은 갈등이 발생했다.

는 것이다.

즉 재일조선인 귀국사업은 북한과 소련을 중심으로 한 사회주의 진영, 그리고 일본 우익과 진보진영 및 미국의 공조에 의해 진행된 합작품이다. 그들은 '무상교육' '무상의료'가 없다는 사실을 알면서도, 재일조선인을 북한으로 이주하도록 했다.

—

북송선을 탄 이들은 과연 누구인가?

그렇다면 어떤 사람들이 북한으로 귀국을 했을까?

먼저, 재일조선인의 북송 전 가정 형편을 살펴보면 이들은 부모의 고향에 따라 세 부류로 나뉜다. 첫째, 부모가 모두 조선인으로 경상남도, 제주도 등 남한에서도 고향이 남쪽인 사람들이다. 둘째, 한국인과 일본인 사이에 태어난 재일조선인으로 이들은 모친이 일본인인 경우*와 부친이 일본인인 경우**로 나뉜다. 셋째, 양친 모두 일본인이지만 사정에 의해 재일조선인의 양자로 들어간 경우, 혹은 일본인 부모가 이혼 후 어느 한쪽이 재일조선인과 재혼한 경우다.

한편 이들 부모가 일본에 오게 된 동기를 보면, 일제 강점기 탄광으로의 강제 징발, 종군위안부, 징병, 유학 등 다양한 사정이 있었으나, 해방 전후 제주도 4·3항쟁 등 정치적인 이유와 경제적 궁핍으로 인해 다시 일본에

---

* 북송사업을 통해 북한에 건너간 일본인은 6637명이며, 그중 일본인 처는 1828명이다(재일본 대한민국민단 관계자 인터뷰).

** 이 경우에 해당하는 탈북자 Q1씨의 증언에 따르면 이들은 총 4명이다.

오게 된 이도 적지 않았다. 또한 일본에 정착한 부모의 직업을 보면 도쿄대 출신을 비롯해 파친코, 조선식당 경영 등 어느정도 경제적 기반을 갖춘 재일조선인이 있는가 하면 탄광·광산·토목건축 및 일용직 공장노동자로 근근이 생활하는 가계도 적지 않았다. 그중에는 부모가 병으로 일을 할 수 없게 되거나 부친의 사망으로 장래에 대한 희망이 보이지 않아 오게 된 가정도 있었다.

그런데 여기서 주목할 점은 재일조선인 2, 3세는 대다수가 일본 태생으로 성장과정을 보아도 북한에 대해 아는 바가 전혀 없었으며, 조선말을 제대로 구사할 수 있는 이도 많지 않았다는 것이다. 이는 부모가 남한 출신이 많았던 탓도 있지만 일본에서 재일조선인에 대한 차별과 멸시가 심해 자식이 조선인이라는 사실을 숨기기 위해서라도 부모들이 북한에 대해 가르치지 않았기 때문이다. 재일조선인 후대들은 제대로 된 교육도 받지 못했으며 설령 받았다 해도 어떠한 희망도 꿈도 품을 수 없었다. 이는 재일조선인을 더욱더 극심한 빈곤으로 몰아넣었고, 가난을 대물림하게 했다.

따라서 북한과 어떤 연고도 없는 재일조선인까지 귀국하게 된 데에는 이와 같은 일본 내 재일조선인에 대한 혹독한 차별과 멸시가 무엇보다 중요한 영향을 끼쳤다. 이 상황에서 남한은 대안이 아니었다. 이승만 독재, 5·16쿠데타 등 남한은 정치적으로 혼란을 면치 못했으며, 해외 동포에 대해서도 사실상 방기정책을 취했다. 반면에 북한은 교통편뿐만 아니라 입국비용까지 부담해가며 재일조선인을 조국의 국민으로 받아들이겠다고 선전했다. 북한을 평등한 국가, 노동자의 국가로 선전해 차별받는 재일조선인의 마음을 움직인 것이다. 한편 대부분 남한에 연고를 둔 재일조선인은 고향을 방문하고 싶어도 한일 국교 정상화가 이루어지지 않아 고향에 돌아갈 방법이 밀수선밖에 없었다. 설령 밀수선을 타고 방문한다고 해도

마이바라(米原)시의 '평화의 빛' 상
1959년부터 시작된 북한의 '귀국사업'에 따라 많은 재일조선인들이 북으로 돌아갔다. 마이바라시에는 재일조선인 마을이 있었는데, 총련에서는 그들의 귀국을 기념하기 위해 1960년 11월 22일 이 동상을 세웠다. 한복을 입은 재일조선인 어린이와 일본 어린이가 선생님을 사이에 두고 손을 잡고 서 있다.

다시 일본으로 돌아올 경우 시모노세키 오무라수용소로 연행되었다. 더욱이 재일조선인에게는 당시 남북이 분단되었다는 인식이 부족했다. 이들의 정체성은 조선이었으며, 북한에 가도 남한을 자유로이 왕래할 수 있다고 착각한 것이다. 또한 가족이나 친척 중에 재일조선인총연합회^{약칭 총련}의 열렬한 활동가이거나 일본공산당 당원, 조선학교에 재학 중인 학생들이 많았다. '지상낙원'이라는 총련의 선전에는 북한에 갔다 일본에 다시 오고 싶으면 3년 안에 돌아올 수 있다는 내용이 포함되어 있었다. 그런 탓에 온천이나 해외 여행을 가듯이 가볍게 생각하고 가방만 하나 가지고 간 재일조선인도 적지 않았다. 개중에는 일본에서 범죄를 저질러 더이상 일본에 살 수 없어 간 사람도 있었다.

그러나 무엇보다도 재일조선인이 북한에 건너간 동기는 어차피 일본에서 차별과 빈곤으로 생을 마감할 바에야 일본에서 익힌 기술과 지식을 발휘해 조금이라도 조국건설에 힘이 되고자 하는 바람이거나, 고령자의 경우 조국에 뼈를 묻고자 하는 바람이 있었기 때문이다. 일본인 처의 경우에는 자식을 위해 일본의 가족과 연을 끊고 조선인 남편을 따라갈 수밖에 없었다.

귀국자의 삶과
북한의 처우

피라미드 형태를 보이는 북한의 성분제도는 크게 핵심계층·동요계층·적대계층으로 나뉜다. 이 중 재일조선인 귀국자는 동요계층 혹은 적대계층에 속한다. 적국이며 자본주의 국가인 일본에서 왔기 때문이다.

재일조선인은 청진항에 도착하자마자 북한의 '지상낙원'이라는 선전에 속았다는 사실을 깨달았다. 이러한 까닭에 수년간 좌절 속에서 생활하고 그 충격으로 정신질환을 앓는 귀국자가 많았다. 귀국 초기 유일한 생활수단은 북한 주민과 동일하게 2주에 한 번 지급되는 배급이었지만 이는 대부분 곡물이었고, 된장과 간장, 배추가 소량 지급될 뿐이었다. 무엇보다 귀국자에게 힘든 것 중 하나는 잡곡을 먹는 일이었다. 귀국자의 시각에서 잡곡은 사료용이었다. 북한 주민과 달리 쌀밥에 익숙한 귀국자는 잡곡을 먹고 자주 배탈이 났다. 그러나 이런 배급조차도 항상 부족했다. 생필품은 일본에 사는 친척(재일친척)의 도움으로 충당할 수 있었지만 식량은 어떻게 할 방법이 없어 식량 확보가 귀국자에게는 가장 관건이었다.

귀국자의 불만은 북한 당국도 충분히 예상할 수 있는 일이었다. 그럼에도 배급제를 강행한 것은 단순히 사회주의 원리원칙을 고수했기 때문만은 아니다. 북한 당국은 귀국자의 정치적 반감을 누르고 체제에 복종시키기 위한 수단으로 배급제를 활용했다. 당시 일본에서 온 귀국자의 면담 업무를 맡은 귀순자 오기완은 "처음에 온 귀국자는 북한이 일본사회와 같을 것이라는 착각에 '이런 사회도 있단 말인가?' 하며 불평불만 투성이였다. 그러나 1~2년이 경과한 후 전부 북한사회에 동화되었다. 배급을 중단하면 바로 내일 어떻게 살 것인가 하는 궁지에 몰리기 때문이었다. 따라서 살기 위해서라도 귀국자는 김일성 만세, 북한 만세를 외치지 않을 수 없었다."라고 증언한다.[3]

'지상낙원'이라는 선전에 속아 북한으로 간 귀국자는 북한에서도 그들만의 커뮤니티를 형성하고 살았으며 결혼도 귀국자와만 했다. 다음과 같은 이유 때문이다.

첫째, 귀국자 자체의 문제다. 귀국자는 음식 문화를 비롯한 생활양식, 습관, 가치관 등 모든 면에서 북한 원주민보다 우월하다고 생각해 의식적으로 북한 주민과 거리를 두었다. 이러한 의식은 귀국자가 북한 주민을 업신여겨 부르는 은어 '켄짱原チャン'또는 '아파치'에서 확인할 수 있다. '켄짱'은 원주민의 첫 글자 '원'의 일본어 발음 '켄'과 명사에 붙여 친근함을 나타내는 '짱'이 합쳐져 이루어진 단어로, 귀국자가 북한 주민을 원주민에 빗대어 부른 말이다.* 이렇듯 귀국자들은 북한사회밖에 모르는 북한 주민과는 대화가 통하지 않는다고 생각해 교류를 스스로 거부하는 등 북한사회에 동화되지 않으려고 노력했다.

---

* 귀국자가 북한 주민을 원주민이라 부른 것은 청진항에 도착한 순간 받은 첫인상에서 비롯되었다. 마중 나온 북한 주민의 모습이 귀국자 눈에는 마치 인디언같이 보였다. 피부는 까맣고 일본에서는 본 적도 없는 '스프'라는 기지로 만든 초라하고 더러운 옷을 입고 있었다. 특히 여자들이 머리를 인디언처럼 양 갈래로 따고 있었다. 후에 이들의 피부가 왜 그렇게 까만지 알았다. 바로 모든 주민이 천리마운동 등의 대중운동에 상시적으로 동원되었기 때문이다(재일탈북자 H씨).

둘째, 북한 주민 자체의 문제다. 북한 주민은 일본에서 온 귀국자를 '째포 在胞'라고 부르며, 뿌리 없는 존재라고 멸시했다. 그러나 귀국자를 째포라고 부르는 북한 주민들의 마음속에는 귀국자에 대한 열등감과 부러움, 질투, 미움의 감정이 섞여 있었다. 특히 귀국자의 물건은 북한 주민의 물욕을 자극해 북한 주민들은 귀국자의 집을 방문할 때마다 무언가 훔치곤 했다. 그러나 북한에는 이러한 행위를 고소할 제도적 장치가 없었다. 모두가 평등하게 사는 삶이 사회주의 이념이며, 가진 자가 가지지 못한 자에게 분배해야 한다고 배웠기 때문이다. 이런 연유로 북한 주민은 귀국자의 물건을 훔치는 행위를 비도덕적이라 인식하지 못했다.

셋째, 귀국자를 차별하는 북한의 제도이다. 귀국사업의 초기 단계에는 북한 주민이 귀국자를 이국에서 고생하고 왔다며 따뜻하게 맞이했다. 그러나 어느 순간 주민들은 밀고자로 돌변했다. 부부 간에도 이런 일이 빈번했다. 귀국자를 감시 대상자로 규정하는 제도가 있었기 때문이다. 실제로 1968년부터 10년간 귀국자를 숙청하는 움직임이 있었으며, 이 시기에 체포되어 어딘가로 끌려가 소식이 끊긴 귀국자가 수없이 많았다는 증언도 있다. 게다가 일본을 적으로 가르치는 반일 역사교육은 귀국자를 적의 나라에서 온 증오의 대상으로 인식시켰다. 어느 귀국자 1세대는 "조선사 수업에서 일본에 대해 말할 때가 가장 싫었다. 선생님이 식민지 시대에 일본이 조선에게 얼마나 잔혹하게 했는지 말할 때 학우들의 시선은 일본에서 온 귀국자에게 쏠렸다. 그러면 내 얼굴이 어느새 빨갛게 달아올랐다."라고 서술했다.

그러나 한편 귀국자는 사회·문화와 경제적 지위로 인해 북한의 일반 주민보다 우월한 입장에 있었다. 무엇보다 귀국자는 재일친척으로부터 송금, 우편, 친척 방문 등 어떤 형태로든 경제적 원조를 받았다. 친척의 원조는 북한에서 귀국자의 생활양식을 결정짓는 주 요인인 동시에 정치적 탄압으로부터 보호받는 생명선으로, 때로는 신분 상승의 수단으로 활용되었다. 귀국자의 경제적 지위는 재일친척의 원조 정도에 따라 시기별로 큰 차이를 보이는데 크게 세 단계로 나눌 수 있다.

첫 번째 단계는 1960년대 초반에서 1970년대 초반으로, 북한의 실상이 외부에 잘 알려지지 않은 때였다. 재일탈북자 R씨는 "당시 우리보다 먼저 북한에 귀국한 친오빠로부터 유리 자르는 칼 100개, 스카프 수백 장을 부쳐달라는 편지가 왔습니다. 첫 단락은 일단 김일성 장군 덕택에 잘 지낸다는 내용이었으며, 다음 단락은 헌옷이든 뭐든 좋으니 아무거나 부쳐달라는 내용이었죠. 그 다음 단락에는 구체적으로 어떤 물건이 필요한지 상세하게 쓰여 있었습니다. 가족들은 이 의문투성이의 편지를 어떻게 해석해야 할지 의아해했습니다. 당시 북한의 실상이 전혀 알려지지 않았으며 북한에 살아본 적도 없는 재일조선인 가족들은 모든 체제의 기준이 일본이었기 때문입니다."라고 증언했다.

두 번째 단계는 1970년대 초반에서 1990년대 초반으로 귀국사업의 절정기였다. 이 시기 북한에서 귀국자의 경제적 지위가 급부상했다. 북한의 실태가 외부에 알려진 시기이며 동시에 일본에 사는 재일조선인은 일본의 고도경제성장에 힘입어 어느정도 경제적 기반이 갖춰져 북한의 친척에게 더 많은 원조를 할 수 있었기 때문이다. 이때는 원조물자도 의류에서 자전거·승용차 및 공장의 기계설비에 이르기까지 다양했다. 또한 이 시기 귀국한 재일조선인들은 신분도 달랐다. 즉 1961~62년에 정점을 이룬 귀국사업은 북한의 실정이 외부에 알려지면서 귀국자 수가 극감해 1967년에 일단락되었다. 이때 총련은 상공인을 상대로 '애국지원사업'을 펼쳐 귀국을 독려했다. 그 결과 부유한 상공인 집안 출신의 자제들이 귀국했다.

재일교포 북송사업의 상징 만경봉호
귀국선이 만경봉호로 교체되면서 사람의 왕래가 가능해졌고, 재일친척의 북한 방문이 절정기를 이루었다. 북한의 이러한 '조용한 개방' 덕분에 많은 일본 제품과 엔화가 북한으로 흘러들었다.

엄밀히 말하면 총련이 세력을 유지하기 위해 총련 간부의 자제를 인질로 보낸 것이다. 이와 동시에 공장플랜트 등 일체의 공장설비와 함께 이와 관련된 기술자까지 보냈다. 또한 1973년부터 북한에 외화상점이 생겼으며 조선은행을 통해 해외에서 송금도 가능했다. 이는 귀국자 커뮤니티에 새로운 계층 분화를 촉진하는 계기가 되었다. 즉 송금액에 따라 연간 100만 엔 이상을 받는 귀국자는 상, 10만 엔 전후는 중, 10만 엔 이하는 하로 분류되었으며 아무것도 받지 못하는 귀국자는 북한 주민보다 생활이 더 어려워 '귀국자 꽃제비'라고 불렸다. 이즈음 귀국선이 소련 배에서 북한 배, 즉 '만경봉호'로 교체되면서 사람의 '왕래'가 가능해졌고, 1980년대는 재일친척의 북한 방문이 절정이었다. 즉 북한이 부분적이나마 해외관광을 허용한 셈인데, '조용한 개방'이라 할 수 있다. 이를 계기로 일본 제품이나 엔화가 대량 북한으로 흘러들어갔다.

　세 번째 단계는 1990년대 초반 이후로 재일조선인이자 귀국자라는 이중의 고난에 직면하면서 몰락하는 시기다. 재일친척의 원조가 중단된 시기와 배급이 중단된 시기가 맞물려 진행되었다.* 특히 고난의 행군과 함께 시작된 배급제 붕괴는 귀국자의 삶을 더 힘든 상황으로 내몰았다. 북한 주민은 가난하지만 지역에 뿌리를 내리고 있어 각지에 친인척 네트워크가 형성되어 있었기 때문에 장사를 하더라도 수월했다. 혈연·지연을 중시하는 관행은 혼란기에 더욱 강화되었다. 반면 귀국자는 대부분 남한 출신이어서 현지 사정에 문외한인 데다 해외에 연고자가 있었으며, 자기들끼리 귀국자 커뮤니티를 형성하고 살았다. 또한 귀국자를 차별하는 제도 탓에 보위부나 안전부, 당원이 되기 어려웠으며, 좋은 직장을 갖는 것조차 힘들었다. 즉 귀국자는 인적 네트워크를 구축할 기반 자체가 부족했다. 죄를 지어 수용소에 보내지더라도 도움을 청할 친척이나 가족이 없어 그대로 삶을 마감해야 하는 경우도 많았다. 더욱이 장기간 친척 원조에 의존해 살아온 탓에 생활력이 약했다. 이는 중국연고자나 북한 화교와는 대조적이다. 중국연고자는 정치·지리적 이점을 활용해 중국 친척들과 '왕래'가 가능했다. 특히 중국의 개혁개방은 중국 친척들이 방문하게 하는 구실을 만들어주었다. 이들은 북한에 와서 장사를 했으며, 중국연고자들도 중국 친척을 따라 장사 노하우를 배웠다. 또한 1990년대 배급제의 마비가 오히려 기회가 되어 중국연고자들의 경제적 지위가 급부상했다. 반면 일본에 연고를 둔 귀국자는 몰락의 길을 걷게 되었다.

---

*　송금이 두절된 원인으로는 육친의 고령화에 따른 사망, 결혼과 출산으로 인한 가족 연계의 약화 및 세대교체, 일본 거품경제 붕괴에 따른 경기 침체 등을 들 수 있다.

—
귀국자,
암시장의 주역이 되다

귀국자와 북한 주민은 문화·정치적으로는 갈등관계에 있었지만 경제적으로는 북한 경제체제 그 자체의 구조적 모순으로 인해 공생관계였다.

북한은 1958년 농업 및 상공업의 협동화가 완성되면서 국가공급제로 전환하고 주민은 배급제의 대상이 되었다. 이와 동시에 기존의 '농촌시장'을 '농민시장'으로 개칭하고 그 기능도 대폭 축소했다. 그러나 북한 배급체계의 특징을 보면 곡물 위주이고 생필품은 1년에 한두 번 지급될 뿐이어서 대부분 주민 자력으로 해결해야 했다. 반면에 귀국자는 동요계층에 속하지만 귀국 시 상당한 재산을 가지고 왔으며, 재일친척의 원조가 지속되었다. 이는 북한 주민과 귀국자 간 경제적 거래를 발생시켰다. 즉 귀국자가 중심이 되어 배급 대상자인 도시 주민, 협동농장 농민, 북한 화교 간에 거래가 이루어졌다.

먼저 도시 주민은 당국으로부터 받은 배급을 조금씩 아껴서 이를 귀국자의 물건을 구입하는 데 사용했다. 협동농장의 농민들은 1년 결산 배분을 통해 한꺼번에 많은 양의 쌀을 분배받아 이를 도시로 가져와 가호 방문 형식으로 귀국자의 집을 돌아다니며 소비재와 교환했다. 한편 북한 화교는 사업수완이 대단했다. 텃밭에서 귀국자가 선호하는 작물을 재배*하

---

* 북한에서는 화교를 '똥때놈'이라 부른다. 이는 '때놈' 앞에 '똥'자를 붙인 말로, 원래 '때놈'은 대(大)놈의 격양된 표현으로 '큰놈'을 뜻한다. '똥'자를 붙인 것은 조선인에게 중국인은 왠지 때가 많아 더럽다는 이미지가 있는데다 화교들이 채소밭을 가꾸는 데 대부분 인분을 사용했기 때문이다. 화교가 채소밭을 가꾸는 기술은 대단했다. 이들은 귀국자에게 팔기 위해 그들이 선호하는 우엉, 마, 홍당무 등 값비싼 작물을 재배했다. 북한 주민처럼 상추같이 값이 나가지 않는

고 이를 귀국자의 소비재와 바꿔서 중국에 가지고 가 되팔고, 값싼 중국제를 다시 북한으로 들여왔다.

따라서 귀국자가 소지한 개인 재산 및 친척 원조는 북한에서 암시장의 형성·발달에 기초적인 틀을 마련하는 데 역동적 힘을 불어넣었다. 건국 초기 한국전쟁 및 사회주의적 개조로 인해 개인 축재蓄財가 전무한 상황이어서 귀국자의 물건은 희소성이 높았다. 이러한 연유로 계급을 불문하고 누구나 귀국자의 물건을 탐했으며 아무리 값이 비싸도 수요가 있었다.

이러한 거래 양상은 1970년대 중반 북한에 외화상점이 생기면서 달라졌다. 외화상점에는 텔레비전이나 냉장고 등 가전제품에서 조미료에 이르기까지 일반 주민이 농민시장이나 암시장에서 입수하기 힘든 소비재를 팔았다. 더욱이 북한 주민이 관혼상제 같은 전통행사를 치러야 할 때 필요한 물품까지 갖추고 있어 외화상점에 대한 주민 수요가 증대했다. 특히 외화상점이 유일한 상품 공급의 통로가 되면서 외화상점은 암시장에서 장사를 하기 위한 원료공급지가 되었으며 여기에는 귀국자의 역할도 컸다. 즉 귀국자는 해외친척이 보낸 외화를 자가소비보다는 장사 밑천을 마련하기 위한 수단으로 사용했다. 예를 들어 원단 장사라고 하는 이른바 '써래기'는 귀국자가 처음 시작했다. 여기서 '써래기'는 '썰다'에서 비롯된 말로 개인이 원단을 쌓아놓고 본에 따라 자르는 행위를 말하며, 그 천의 양이 엄청나 이렇게 불리기 시작한 것이다.

귀국자의 상거래 행태를 보고 일찍부터 장사에 눈을 뜬 북한 주민은 이를 모방했다. 하지만 일반 주민은 외화를 획득할 수단이 없다는 사실이 문제였다. 이때 송금을 통해 외화를 쉽게 얻을 수 있는 귀국자들이 외화상점

채소는 다루지 않았다.

에서 옷감, 텔레비전, 냉장고 등 물품을 구입해 북한 주민, 화교 등에게 이윤을 남기고 되팔았을 뿐 아니라 때로는 북한 주민에게 환전상의 역할도 했다. 이 과정에서 귀국자와 북한 주민 간 외화 암거래가 필연적으로 발생했다. 일반적으로 거래는 북한 주민이 귀국자 집을 직접 찾아가 북한 돈과 외화를 바꾸는 형태로 이루어졌다. 오늘날 북한 시장에서 성행하는 '돈 장사' 또는 신흥자본가 계층인 '전주錢主'의 기원은 귀국자에서 유래되었다고 볼 수 있다. 그뿐만 아니라 외화상점의 일본 제품은 중국 조선족과 북한 화교를 통해 중국으로 유입되었다. 이때부터 일본에서 북한을 거쳐 중국으로 가는, 마치 실크로드와 같은 동서 무역통로가 형성된 것이다.

"당신들이야말로 진정한 애국자"

귀국자가 북한 경제에 미친 영향은 단순히 암시장의 발아·형성·발전에 그치지 않았다. 귀국자는 북한의 산업, 그중에서도 특히 경공업 발전에 큰 역할을 했다. 이는 북한 당국이 귀국사업을 실시하게 된 배경에서도 유추할 수 있다. 앞서 언급한 것처럼 본질적으로 귀국사업은 중국인민지원군이 철군한 상황에서 전후 복구에 필요한 노동력을 확보하기 위한 정책이었다. 그러나 귀국사업으로 북한에 오게 된 재일조선인은 전문기술을 가진 숙련공이었다.* 오랫동안 총련의 간부로서 교포북송사업을 진행했던

---

* 1960년까지 조선노동당은 일본에 54척의 배를 파견해 5만 3000명의 조선인을 귀환시켰다. 이 사람들 중 94퍼센트는 일본으로 이주하기 전 남한에서 생활했다. 이 중 전문가가 700명, 과학자와 예술가가 300명, 의학의사 3명 및 다른 1명의 전공의가 있었다. 그 이외에도 1500명의 일본인들(주로 일본인 배우자들)이 포함되어 북조선으로 이주했다. 1961年3月14日,

장명수는 일본의 각 지역에서 업종별로 기술자 집단이 조직되어 귀국했다는 사실을 그의 저서에서 밝히고 있으며, 당시 북한의 전체 숙련공에서 귀국자가 차지하는 비율을 30~40퍼센트로 추정한다. 귀국자는 일본과 같은 선진국에서 왔으며 징용 등으로 일본에 끌려와 탄광이나 제철소에 종사한 공장노동자로, 일본에서도 도시에 살 수밖에 없던 양질의 노동력이었다. 다시 말하면 북한은 단순 노동력이 아닌 숙련공을 필요로 했다. 당시 북한의 어느 공장을 가보아도 기술 분야는 대부분 외국인(귀국자)이 담당했으며, 귀국 초기 귀국자의 직장과 삶의 터전은 재산과 기술에 따라 결정되었다는 당국의 조치에서도 이러한 사실을 간파할 수 있다. 이는 지극히 자본주의적 발상이었던 것이다.

북한은 귀국자를 매개로 양질의 노동력과 기술 이외에 자본을 도입하는 데도 성공했다. 당시 귀국사업의 선전활동을 담당한 총련 간부 Z는 북한 당국이 귀국사업을 실시하게 된 의도에 대해 "당시 북한은 귀국자를 받아들일 준비가 되어 있지 않았다. 오히려 그때 복구건설 과정에서 요구된 것은 노동력이었다. 재일조선인을 노동시장으로 생각한 것이다. 또한 재일조선인은 일본에 살던 역사가 길어 반드시 육친이나 친척 중 그들 나름대로 자금을 가진 자들이 있을 것이고, 필요에 따라 언제든 조달이 가능했다."라고 서술했다. 즉 북한정부가 대량 귀국사업에 적극적으로 대응했던 배경은 숙련된 노동력 보전 외에도 기술과 외화 획득의 수단으로써 귀국자를 포함한 재일조선인의 이용 가치를 인식했기 때문이다.

이는 1970년대 중반부터 북한으로 건너온 귀국자의 성격이 바뀌었다는 사실에서 확인할 수 있다. 종래에는 북한 당국이 노동력 충원을 목적으

SAPMO-BA, Dy 30, IV 2/20/137, T6910, No.1, *CWIHP Bulletin*, Winter 2003-Spring 2004, Issues 14/15, pp.39~41.

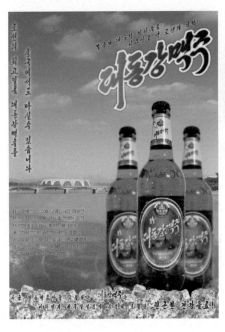

북한의 대동강맥주 공장
북한이 자랑할 만한 공장들은 대부분 귀국자
의 투자로 만들어졌다. 사진은 북한 2002년
에 새로 지은 대동강맥주 공장과 광고 포스터
이다.

로 귀국자를 받아들였지만 이때부터 자산가 계층의 상공인 자녀들로 바
뀌었다. 1965년부터 10년간 조선대 교수를 지내고 오랫동안 총련 상공단
체 임원을 맡은 홍상공은 동북아문제연구소 김정삼과의 인터뷰에서 "조
총련 산하에는 성별·직업·연령에 따라 다양한 단체가 있는데 그중에서도
상공단체는 수상한 자본주의 사회의 부르주아 집단으로 간주해 최하위에
있었다. 그러나 김일성은 1973년 두 차례에 걸쳐 상공단체대표단을 평양
으로 불러 당신들이야말로 진정한 애국자이며 진보적이라고 말했다. 지
금부터는 조국과 민족을 위한 애국사업에 적극적으로 기여해야 한다는
교시가 내렸다."라고 했다. 따라서 세계 각국과 경제·기술교류를 확대·발
전시킬 목적으로 실시한 합영사업이 귀국자를 포함한 재일조선인을 겨냥
한 것이었다는 사실은 명백하다. 당시 평양시 소재 편직, 봉제, 맥주 공장

등 북한에서 자랑할 만한 공장은 귀국자의 투자에 의해 지어졌다. 오기완은 "북한의 귀국사업은 성공과 실패 두 가지 측면을 동시에 가지고 있는데, 실패한 측면은 북한의 비인도적 실정이 전세계에 알려진 것이며 성공한 측면은 귀국자를 통해 일본에서 북한으로 자본·재산·기술 등이 유입되었다는 것이다. 만일 이러한 유입이 없었다면 북한은 쇠망해버렸을 것이다."라고 증언했다. 이와 같이 귀국자를 통해 북한으로 자본을 유입시키려는 당국의 의도는 1982년부터 방문단이 조직되어 해외연고자와 귀국자 간 '왕래'를 가능하게 했다는 조치를 통해서도 뒷받침된다. 이들을 통해 막대한 외화가 북한으로 들어왔으며, 귀국자가 북한에 제공한 기술과 자본은 북한의 공업 발전에 큰 역할을 했다.

그들이 남긴
자본주의의 흔적

북한 주민은 1950년대 한국전쟁의 피해로 개인 축재가 전무한 상태였다. 게다가 1960년에서 1965년 사이 북한의 사회주의 체제는 절정이었다. 이 상황에서 귀국자가 대거 유입된 만큼 귀국자가 북한의 정치·사회·문화에 미친 파장은 적지 않았다.

귀국자는 북한에 유입될 당시 두 가지 요소를 동시에 들여왔는데 그중 하나가 개인 축재이다. 즉 귀국자는 일본에서 가져온 재산 또는 친척 원조를 통해 막대한 '불로소득'을 올렸으며, 이를 토대로 재산 축적이 이루어졌다. 귀국자가 점차 오토바이나 자가용 등 사유재산을 소유하게 되면서 북한 당국은 귀국자에 한해 공식적으로 사유재산을 인정하지 않을 수 없었다.

귀국자가 북한에 가지고 온 또다른 하나가 소비문화다. 부유한 귀국자 중에는 일하지 않고 노는 건달도 많았다. 이들은 매일 밤 친구들과 맥주를 마시고 불고기 파티를 벌였다. 각자 돼지고기, 맥주, 생선회를 가져왔다. 집 밖에는 우유, 수산물, 맥주, 돼지고기, 쌀, 야채 등 물건을 대기 위해 장사꾼이 줄을 섰다. 대부분 신용판매였다. 매일 밤 목욕도 한다. 일본에서 보는 주간잡지도 가져와 귀국자들끼리 돌려보았으며, 잡지에서 본 의상과 헤어스타일 등 모두 일본 것을 따라 했다.

북한 당국의 입장에서 보면, 소비재 유입은 환영할 요소지만 소비문화의 유입은 대단히 우려스런 일이었다. 그러나 전자를 받아들이기 위해서는 후자도 동시에 받아들일 수밖에 없다는 게 딜레마였다. 실제로 북한 당국은 자본주의의 영향을 더이상 받기 싫다며 귀국사업을 중지시키고, 사람이 아닌 돈만 보내라고 하기도 했다. 1961년 3월 14일, 조선주재 민주독일대사관에서 통일사회당에 보낸 대외정책과 국제부의 보고에 따르면, 귀환활동을 잠시 중단하는 몇 가지 원인에 관해 다음과 같이 이야기했다.[4]

첫째, 이미 북한에 귀국한 사람들이 일본에 있는 사람들에게 북한 소식을 보냈으며, 생활에 대한 처우로 북한으로 귀국하는 것을 반대하고 있다.

둘째, 북한 관리자들은 더이상 귀국자를 통제하는 일이 힘들다는 것이 증명되었다. 예를 들어 우리 대사들의 관찰에 따르면, 젊은 층의 귀국자들, 특히 평양에서 새로운 소그룹이 조직되었다. 그들은 이미 그들 자체의 회의장소를 가지고 있었으며 몇 가지 사건에서 문제아로 낙인찍혔다.

셋째, 그들의 의복, 자세와 개인적 태도들은 북한에서 바로 식별이 가능했다. 많은 사람들이 즐기는 트랜지스터라디오, 음반들은 과거 그들의 일상에서 아주 보편적인 오락기계들이다. 만약 이러한 기계들이 조선 민중들에게 퍼져나간다면 교육적인 부분에서 갈등과 분쟁을 일으킬 것이며, 특히 젊은 층에서 그러한 경향이 심화될 것이다.

넷째, 현재 구매센터로 불리는 기관이 귀국자들을 대상으로 일본에서 가져온 물품을 제공한다. 물품은 특히 자전거, 트랜지스터라디오, 시계, 가죽점퍼, 의복, 축음기, 가죽지갑과 레코드 등이다. 귀국자들은 이러한 구매센터를 통해 자신들이 보유한 일본 물품들을 현금으로 바꾸어 생활필수품들을 구매할 수 있었다. 하지만 젊은 층의 귀국자들은 이러한 돈을 6개월간 생활비로 사용할 뿐 구매센터에서 어떠한 생활필수품도 구매하지 않는 경우도 있었다. 그들은 거래를 통해 물품을 처분했으며, 그 결과 거리에 암시장이 생기기도 했다.

다섯째, 북한정부는 귀국자들을 전국적으로 거주하게 했고 심지어 가장 궁벽한 산촌에도 살게 했지만, 많은 이들이 이러한 산촌을 벗어나 대도시로 이주하기도 했다.

여섯째, 귀국자의 부녀자들 역시 불만을 표시했다. 일본에서는 그녀들이 백화점이나 상점에서 쇼핑을 하는 일이 보편적이었으나 북조선에서는 이러한 쇼핑을 할 수 없기 때문이다.

일곱째, 자본가 또는 예전 중소 규모의 사업가들이 가장 빨리 북조선 생활에 정착했다. 이들은 소지한 기계설비나 완제품^{기계, 부품세트, 차}의 판매를 통해 많은 이익과 권리를 얻었다. 예를 들어 좋은 직장을 얻었다.

귀국자와 함께 유입된 자본주의 요소는 핵심계층에서 일반계층에 이르기까지 북한 전체에 적지 않은 파장을 일으켰다. 먼저 귀국자의 물건은 시각적으로 주민의 잠재된 물질적 욕망을 끌어냈다. 귀국자의 집으로 정기적으로 배달되는 편지며 짐은 북한 주민에게 바깥세상을 바라보는 창이 되었다. 무엇보다 외형상 드러나는 헤어스타일과 복장을 먼저 모방했다. 또한 귀국자들은 북한 주민의 가치관에도 영향을 미쳤다. 북한 주민은 일하지 않아도 친척 도움으로 행복한 삶을 사는 귀국자를 보고 처음으로 불로소득의 개념을 이해했다. 어렸을 때부터 반일·반자본주의 교육을 받아왔으나 귀국자를 보면서 현실과의 큰 괴리감을 느꼈다. 물론 귀국자는 북한에서 소수이며 그들만의 커뮤니티를 형성해 살았다. 그러나 반드시 그렇다고만은 할 수 없다. 국가시스템이 이를 어렵게 했다. 귀국자도 직업을 가져야 하고 학교도 다녀야 했다. 그러다보면 북한 주민 중에 친한 동료나 친구도 생기게 된다. 무엇보다 귀국자는 대부분 도시에 거주했다. 귀국자는 북한의 엘리트층을 자극해 마치 그 사회의 오피니언리더와 같은 역할을 했다.*

그러므로 초기 신문화를 체험한 사람은 북한의 상위계층에 속하는 보위부나 안전부 등 당 간부였다. 특히 1968년 유일사상 체계가 확립된 이후 북한 문화의 주류인 러시아 문화가 배제되기 시작하면서 문화적 공백이 생겼고, 이 공백을 일본에서 온 귀국자 문화로 자연스럽게 매꿔나갔다. 이때부터 「츠리바카낚시 미치광이」 「오토코와츠라이남자는 괴로워」 등 비디오 문화와 가전제품을 사용하는 문화가 유입되었으며, 비디오 내용물을 통해 이성관이 발달하게 되었다. 또한 세이코 시계, 일제 선글라스, 운동복, 자전거, 마일드세븐 담배, 라이터는 북한 간부들 사이에서 상징적 물건이 되었으며 이것이 없으면 사람 취급을 받지 못했다. 귀국자의 물건을 쉽게

---

* 재일탈북자는 귀국자가 북한사회에 미친 파장에 대해 "마치 맑은 물에 잉크 한 방울 떨어뜨리면 색깔이 변하는 원리와도 같다."라고 표현했다.

얻을 수 없다는 현실은 특권층에게 자본주의 상품에 대한 강한 소비욕을 불러일으켰다.

한편 귀국자를 포함한 재일조선인이 북한에 헌납한 막대한 지원이 북한 지도자의 정책 결정에도 많은 영향을 미쳤을 가능성을 부인할 수 없으며, 귀국자가 미친 경제적 영향이 정치적인 측면에서도 영향을 끼쳤을 가능성이 높다. 예를 들어 1974년 김정일 국방위원장은 후계자 업적 쌓기를 위해 경제발전을 위한 6개년 계획(1971~76년)을 2년 앞당겨 끝내자는 '70일 전투'운동을 벌였는데, 이때 필요한 자금을 당시 '애국적 지원'이라는 명목하에 총련이 지원할 것을 장려했다. 또한 김정일이 후계자로 등장한 1970년대 중반, 중앙당의 주도하에 4·15선물 명목으로 시작된 '외화벌이 사업'은 귀국자와 총련의 도움 없이는 시작할 수 없었다.

그러므로 건국 초부터 시작된 귀국자의 유입은 북한을 획일적이고 일체화된 사회로 규정할 수만은 없다는 사실을 알려준다. 오히려 북한이 다원적이고 역동적인 사회였음을 뒷받침한다. 이는 화교·화인의 대중국 투자보다 훨씬 더 먼저 일어난 역사적 사실로, 북한 당국의 의도와는 달리 결과적으로 자본주의적 요소도 중국보다 먼저 받아들이게 되었다고 평가해야 한다. 대부분의 귀국자는 북한에서 차별을 받았지만 북한사회에서는 매우 예외적인 가문이기도 하다. 북한 최고지도자 김일성−김정일−김정은 그리고 성혜림, 고영희 가문은 전형적인 귀국자와 해외연고자 가족이다. 즉 북한체제에서 귀국자는 잊혀져가는 존재이면서도 실제로는 체제의 중심인 셈이다. 1960년대 이후 귀국자들이 남긴 자본주의의 흔적이 지금의 북한사회에서는 어떤 모습으로 남아 있을까? 얼마 남지 않은 재일 탈북자들과 북한체제에서 살다 온 다양한 사람들과의 구술 작업은 그 답을 찾는 소중한 기회가 될 것이다.

[그때 동아시아는?]

일본: 고도경제성장
중국: 문화대혁명의 돌풍

강진아

1960

일본: 고도경제성장

안보투쟁

1960년대의 서막을 연 것은 안보투쟁이었다. 이 대규모 정치운동은 1960년 1월 일본의 기시 노부스케^{岸信介} 수상과 미국의 드와이트 아이젠하워 대통령이 조인한 신안보조약에 반대해 일어났다. 신안보조약으로 양국의 상호 방위 의무가 강화되어, 미일 관계는 군사동맹과 비슷해졌다. 또 주일미군은 일본의 동의 없이 사전 협의만으로 해외 출동이나 핵무기 반입을 할 수 있게 되었다. 일본사회는 이 개정 조약으로 평화헌법에서 보장한 전쟁 방기와 관계없이 일본이 미국과의 동맹 때문에 전쟁에 휘말릴 수도 있다고 보았다. 기시 내각과 자민당은 여론의 반대를 무릅쓰고 5월 19일 국회에 경찰관 500명을 배치한 채 조약 비준안을 여당 단독으로 통과시켜버렸다. 이 날치기 통과에 크게 반발한 야당과 일본의 반전세력은 이때부터 자연 승인이 되는 6월 19일까지 한 달에 걸쳐 대대적인 조약 반대 데모를 벌였다. 마침 그 한 달 전에 이승만 독재정권을 타도한 4·19혁명이 한국에서 일어났다. 이승만 대통령이 하야하고 망명한 이웃 한국의

신안보조약을 체결하는 기시 노부스케 수상과 아이젠하워 대통령
기시 노부스케 수상(왼쪽)과 아이젠하워 대통령(오른쪽)은 군사동맹에 준하는 신안보조약을 맺었다. 일본 국민들은 이에 반발해 안보투쟁을 벌였다. 이는 반미나 혁명을 위한 투쟁이 아닌 전쟁에 반대하는 평화투쟁이었다.

정황도 일본에 광범위한 데모가 발생하는 데 자극을 주었다. 6월 15일의 시위에는 전국적으로 580만 명이 참가했고, 학생 데모대가 국회에 난입하는 와중에 도쿄대 여학생이 사망하는 사건까지 발생했다. 기시 내각은 자위대 투입을 고려할 정도였으나, 결국 6월 19일에 33만 명의 데모대가 국회를 포위한 가운데 신안보조약은 자연 승인이 되고, 기시 수상은 사태에 책임을 지고 퇴진하는 것으로 일단락되었다.

안보투쟁은 반미투쟁도 아니었고, 정권 전복을 시도한 혁명투쟁도 아니었다. 다만 전쟁이 싫다는 평화투쟁이었다. 특히 1957년부터 재임한 기시 노부스케 수상이 도조 히데키東條英機 전시 내각의 각료였고 전후 A급 전범 용의자로 투옥되었다가 풀려난 지 겨우 9년 만에 총리까지 오른 인물인 점이 반전 여론을 자극했다. 사회당과 노동조합, 학생뿐 아니라, 아이를 업은 주부나 샐러리맨 같은 일반 시민까지 대거 평화시위와 행진에 참여해 전후 일본 민주주의의 정착과 새로운 시민계급의 등장을 보여주었다. 역설적이지만 안보투쟁이 치열했던 만큼, 미국이 과도한 방위비 증액을 요구할 때마다 일본정부는 제2의 안보투쟁이 일어날지 모른다는 이유로 견제할 수 있었고, 이후 자민당 내각은 미국의 군비 증강 요구를 억누르고, 경제성장에 매진할 수 있었다.

안보투쟁은 대규모 노동쟁의와 시위, 정치투쟁의 시대였던 1950년대의 마지막 에피소드이기도 했다. 안보투쟁을 고비로 일본의 노동운동은 봄에 집중적으로 임금협상 투쟁을 벌이는 춘투春鬪가 상례화하면서 협조적 노동조합운동으로 이행했다. 안정적이고 협조적 노사관계 아래 1960년대 일본사회는 본격적인 고도성장의 시대로 넘어간다.

—

고도성장의 시대

기시 내각이 무너진 후 1960년 7월 성립한 이케다 내각은 '소득배증계획所得倍增'을 발표하여, 이제 정치투쟁은 그만하고 10년 동안 국민소득을 2배 높여 잘살게 만들겠다고 공약했다. 정부의 계산으로는 연간 7퍼센트대의 실질성장률을 유지한다면 가능하다고 계산했던 것인데, 실제로 1960~65년의 실질성장률은 9.7퍼센트에 달했다. 국민총생산GNP도 10년보다 더 빠른 7년 만인 1968년에 2배로 늘어났다. 이해에 일본의 GNP는 영국과 서독을 누르고 미국과 소련에 이어 세계 3위가 된다. 1955년에 전전 수준을 회복한 뒤로 10여 년 만에 세계 3위의 경제대국이 된 것이다.

일반적으로 고도경제성장 시대는 1955~73년, 제1차 석유파동이 발생하기 전까지 약 18년간을 지칭한다. 이 18년간 일본의 명목 GNP 규모는 13배가 늘어났다. 대체로 그 중간의 1964년 도쿄올림픽과 1965년의 불황을 경계로 제1차 고도성장기, 제2차 고도성장기로 나누기도 한다. 전반은 내수확장형 성장이었고, 후반은 수출주도형 성장이었다. 1960년대 일본 고도성장의 요인은 여러 가지가 있다. 우선 1960년대는 일본뿐 아니라 전 세계적으로 대부분의 선진 공업국의 경제가 비약적으로 발전한 황금의 시대였다. 세계무역 규모가 크게 확장되었고, 국제석유자본의 주도로 중동에서 유전이 개발되면서 석유가 대량으로 싸게 공급되던 때이기도 하다. 거기에 국내적으로 자민당 장기집권하에 일본의 국내 정치가 안정되었다. 안보투쟁을 고비로 정치의 계절에서 경제의 계절로 바뀐 것이다. 노동운동은 춘투 중심으로 바뀌어 참가자가 1955년 70만 명에서 1965년 635만 명으로 격증했지만, 임금인상률도 1955년 6.3퍼센트에서, 1960년대 후반에는 연간 10퍼센트 이상 인상이 실현되어 노동운동은 체제내화했다. 일본공산당의 활동은 화염병을 투척하는 장외투쟁에서 의회로 무대를 바꿨다.

　대내외적으로 우호적인 환경이 조성된 가운데, 일본사회는 기술혁신과 자본 투자에서 두드러진 성취를 보여주었다. 무엇보다 기술혁신이 성장을 견인했다. 고도성장기 성장률에 대한 각 요소의 기여도를 조사한 연구에 따르면, 성장의 60퍼센트가 기술진보에서 나온 것이고, 자본축적이나 노동력의 기여도는 40퍼센트에 그쳤다. 소니의 트랜지스터라디오 개발, 조선업에서의 블록 건조공업의 개발, 철강일관제철소의 건설, 나일론 제조기술의 자급화 등 이 시기의 기술혁신은 셀 수 없이 많다. 특히 중화학공업인 철강, 조선, 자동차, 전기, 석유화학공업 분야에서 기술혁신이 고도성장을 주도했다. 두 번째로는 이렇게 기업이 기술혁신에 퍼부을 풍부한 자본을 민간과 정부가 공급해주었다는 점이다. 일본 기업의 외부자금 의존율은 60퍼센트나 되었는데, 그중 90퍼센트가량을 은행이 제공했다. 은행에 돈이 넘쳤던 것은 일본의 높은 저축률과 정부의 자금 지원 덕분이었다. 1960년대 중반 GNP 대비 저축률이 꽤 높다는 독일이 18퍼센트, 미국이 10퍼센트 정도였는데, 일본은 30퍼센트로 단연 앞섰다. 또 정부는 일본은행을 통해 일반 시중은행에 돈을 빌려주어 기업 지원을 위한 자금을 배후에서 공급했다.

기업이 활성화된 만큼 노동 수요 역시 급증해 취업시장은 늘 공급 부족이었다. '집단취업열차'가 동북지역에서 도쿄로 젊은이들을 실어 날랐고, 종신고용과 연공제가 고용의 일반적 형태가 되었다. 1958년을 경계로 미국 수출이 아시아 수출을 추월한 이래, 몇 차례의 예외를 제외하고는 1990년대 초까지 대미 수출이 일본 수출 전체의 30~40퍼센트로 줄곧 1위를 차지했다.* 미국이 전후 1960년대까지 IMF-GATT체제로 유지한 자유무역질서하에 세계무역은 급성장했다. 1948~73년 동안 세계무역은 6배가 늘어났는데, 일본의 수출은 이 속도의 2배로 늘어났다. 일본의 수출 증가율은 10퍼센트대의 경제성장률과 거의 일치했다. 일본은 서독과 더불어 미국이 주도한 자유무역 질서의 최대 수혜자였다.

베트남 특수

1964년 도쿄올림픽의 성공적 개최는 국민들에게 일본이 전화戰火에서

---

* 1990년대에 들어와 아시아 수출이 다시 대미 수출을 추월했고, 2004년부터 중일 무역량이 대미 무역량을 넘어섰다.

완전히 회복해 선진국 대열에 들어섰다는 자신감을 심어주었다. 그러나 공교롭게도 바로 이듬해 1965년 금융권의 도산과 함께 전후 최대의 불황이 찾아왔다. 일본의 성장 신화에 제동이 걸리는 듯했다.

이러한 우려를 한 번에 날리고 일본 경제를 재차 도약시킨 것이 1965년부터 본격화된 베트남전쟁의 전시 특수였다.* 미국은 이 전쟁에 최강의 화기와 250만의 대군을 투입했다. 일본은 자위대의 해외파병은 하지 않았지만 미국에 대한 정치적·경제적 지원을 했고, 일본 국내에 미군기지의 사용을 용인했다. 오키나와의 미 공군기지에서 폭격기가 베트남으로 발진했고, 요코스카항은 미 제7함대의 거점 항구가 되었다. 전쟁 수행을 위해 미국이 뿌린 자금은 아시아에 골고루 스며들었다. 1960~70년 사이 미국의 대외 군사지출 총액 약 250억 달러를 흡수한 지역의 순위를 따져보면, 일본이 1위로 33억 달러를 가져갔다. 2위는 남베트남 28억 달러, 3위는 한국 15억 달러, 4위는 태국 13억 달러, 5위는 오키나와 11억 달러였다. 당시 아직 미군 통치하에 있던 오키나와를 합치면 미국의 군비 지출에서 일본이 가져 간 금액은 44억 달러로 압도적으로 많다.

이러한 직접적 흡수뿐만이 아니었다. 일본은 한국, 남베트남, 타이완 등 베트남 주변지역에 대한 수출을 확대해 미국이 아시아 각국에 산포한 달러의 상당 부분을 다시 흡수했다. 일본의 대미 수출은 경이적으로 늘어났다. 탄약, 의료, 섬유, 전차와 차량 등 군수사업의 수요가 큰 철강 수출이

---

* 베트남전쟁은 미국과 북베트남 사이의 전쟁이라는 면에서는 1965년 2월 7일 미국이 북베트남에 대한 폭격을 본격화한 때부터 1973년 1월의 베트남 평화협정 조인까지 약 8년의 전쟁을 가리킨다. 그러나 길게 보면 제2차 세계대전 종결 후 호찌민이 이끈 베트남독립동맹회(약칭 베트민)가 프랑스에 대항해 벌인 독립전쟁부터 1954년 디엔비엔푸 전투에서 프랑스를 몰아낸 후 다시 미국의 개입으로 남북이 분단되고, 이후 무력으로 미국을 몰아낸 뒤, 1975년 4월 30일 북베트남이 남베트남의 수도 사이공을 함락해 통일을 완성하기까지 30년 전쟁을 총칭한다.

급증했다. 일본의 대미 무역수지는 전후 내내 적자를 면치 못했는데, 1965년에 드디어 수출이 수입을 누르고 흑자로 바뀌었다. 베트남 특수를 내다본 일본 기업계는 철강, 전력, 석유화학, 조선 등 중화학공업에 설비투자를 대폭 늘렸고, 그 결과 1970년대에 일본은 세계 최대의 철강생산국이 될 수 있었다. 근대 일본이 청일전쟁 배상금으로 철강을 비롯한 중화학공업에 투자해 러일전쟁을 거치며 근대 경제를 완성한 역사가, 현대의 한국전쟁과 베트남전쟁을 걸쳐서도 재현되었다. 베트남전쟁 초기 1965~70년 일본의 GNP 평균 명목성장률은 17.5퍼센트, 실질성장률은 11.2퍼센트로 제1기 고도성장을 상회했다.

베트남전쟁은 미국과 일본을 중심으로 한 아시아 지역의 안보 구도에도 영향을 주었다. 우선 한국과 일본의 국교가 회복되었다. 한일 예비회담은 미국의 알선으로 1951년에 이미 시작되었지만 14년 동안 양측의 의견 차이로 성사되지 않았다. 그런데 군사쿠데타로 박정희 정권이 성립하고, 베트남전쟁으로 발등에 불이 떨어진 미국이 한일 양국이 빨리 국교를 회복해 전쟁 지원에 본격적으로 나서줄 것을 요구하면서 급거 성사되었다 (1965년 6월 한일협정 체결). 그러나 이 조약은 한·미·일 삼각 안보체제의 구축과 한반도 분단의 고착화를 의미했고, 일본이 전쟁에 대한 사죄 없이 한국의 배상청구권을 거부하고 '경제협력'이란 애매한 명목으로 자금 지원을 했기 때문에 한국 내의 격렬한 반대운동을 초래했다. 일본의 사토 에이사쿠(佐藤榮作) 내각은 아시아에서 미국의 반려자로 지위를 굳건히 하고, 1969년 11월에 닉슨 대통령과 공동성명을 내면서 미군 점령하에 있던 오키나와 반환을 약속받았다. 그 반대급부로 일본은 타이완과 한국의 방위를 위해 미군이 오키나와 군사기지를 자유롭게 이용할 수 있도록 보장했다.

대중소비사회의
성숙

일본은 1950년대 말에 생겨난 단지족團地族으로 핵가족화가 진전되고 세대수가 늘어나면서, 개별 세대에 필요한 가전 소비가 급격하게 늘어났다. 1950년대가 라디오와 영화의 시대였다면, 1960년대는 텔레비전의 시대였다. 공영방송 NHK의 텔레비전 방송이 1953년에 시작되고 민간방송도 같은 해에 시작되었지만, 1950년대는 텔레비전 보급률이 아직 낮았다. 1960년대에 접어들어 기술혁신과 대량생산으로 생산비가 절감되면서 텔레비전 가격이 싸졌다. 한편 핵가족 세대가 증가하고 가구당 소득은 상승했다. 이에 따라 1965년에 일본의 텔레비전 보급률은 95퍼센트에 육박해 거의 모든 가정에서 텔레비전을 시청할 수 있었다. 반면 1960년에 전국적으로 8000곳이 넘던 영화관은 감소 추세로 돌아서, 1975년에는 4000여 곳으로 절반가량이 줄어들었다. 예전에는 잘사는 집에 모여서 보던 텔레비전을 각 가정에서 볼 수 있게 되고, 아파트 단지 위주로 사회가 재편되면서, 밖에서 노는 아이 수는 줄어들고 놀이집단도 해체되었다.

한국의 1988년 서울올림픽이 서울의 도시 경관을 크게 변모시킨 것과 마찬가지로, 1964년 도쿄올림픽을 기점으로 도쿄의 도시 경관은 완전히 바뀌었다. 공항과 시내 사이에 모노레일이 깔리고, 신칸센이 부설되었으며, 전국에 고속도로망이 완비되었다. 도시에는 고가도로가 생겨났다. 인구의 도시집중화는 가속화되었다. 1945년 28퍼센트(2002만 명)가량이었던 도시인구 비율은 1970년에는 72.1퍼센트(7543만 명)로 빠르게 커졌다. 핵가족 비율은 1960년대를 거치면서 60~70퍼센트에 달하게 되었다.

신제품 텔레비전 앞의 일본인들
1953년 NHK가 텔레비전 방송을 시작했지만 텔레비전은 1960년대 들어서야 본격적으로 상용화되었다. 텔레비전의 보급은 일본사회의 문화를 크게 바꾸어놓았다.

거꾸로 취업인구 중 농촌인구 비율이 1950년의 45.2퍼센트에서 1970년에는 17.9퍼센트로 낮아졌다. 1960년대를 거치며 이미 농업은 노인들이 하는 일이 되었고, 청년들은 고도성장을 뒷받침하기 위해 도시로 향했다. 메이지유신 이래 처음으로 '완전고용'이 달성되었다.

경제의 계절로 후끈 달궈진 1960년대는 베트남전쟁 이후 1966년 중국의 문화대혁명 개시, 1967년 미국의 흑인 공민권 운동과 베트남전쟁에 대한 반전시위, 1968년 프랑스 5월혁명과 체코의 반소反蘇 민주화 운동의 영향을 받아 후반기에는 재차 이데올로기 과열이 나타났다. 그러나 이때의 정치열은 대학 내에 머물렀다. 기성 가치에 대한 반역과 히피 문화, 비틀

스와 록Rock 음악의 대유행은 전세계적인 현상이었고 일본도 예외가 아니었다. 1960년대 중국 홍위병紅衛兵이나 파리 5월혁명으로 상징되는 반항의 젊은 세대는 일본에서는 폭력혁명을 찬양하는 '전공투'全共鬪, 전학공투회의全學共鬪會議의 약칭 세대로 나타났다. 1968년에 니혼대日本大, 도쿄대를 중심으로 학원 내의 문제가 폭력화한 학생운동이 성행했는데, 거기에는 1960~67년 사이에 대학생 수가 67만 명에서 116만 명으로 거의 2배로 늘어났던 점도 작용했다. 그러나 중국혁명에 심취하고 쿠바혁명과 체 게바라에 매혹된 세대는 이념적 과격화에 머물렀으며, 고도성장 시대의 과실을 만끽하는 일본사회의 공감을 얻지 못했다. 문화대혁명의 실체가 드러나고 학내 파벌로 인한 린치와 살인 사건까지 발생하면서 좌파는 급격히 약화되었다. 이 열기가 지난 후에 일본의 청년세대는 점차 보수화되었다.

이 세대는 대학에서는 과격한 이념 논쟁에 휩쓸리면서도 졸업 후에는 팽창하는 일본 경제 덕에 쉽게 직장을 골라 취직하고, 제2차 고도성장기의 성장 주역으로 일본 기업의 최전선에서 활약하다가, 이후 고도성장기가 끝나면서 인원 감원, 기업합리화의 충격을 처음 겪은 세대다. 한국의 1987년 민주화운동의 성공 배경에는 1983년 졸업정원제 실시 이후 대학과 대학생 수가 급격히 늘어났던 점도 있는데, 이 386세대 혹은 1980년대 민주화 세대의 행로와 일본 전공투 세대의 행로는 자못 비슷한 점이 많다. 한국의 민주화 세대 역시 대학 내에서 이념적 과격화를 겪으면서 민주화운동의 핵심적인 역량이 되었고, 졸업 후에는 1990년대 한국 경제의 비약적 성장기에 쉽게 취직하고 또 경제성장에 필요한 인력풀을 제때에 공급하기도 했다. 그러나 1997년의 IMF 위기를 겪으며 고통스러운 기업합리화를 체험한 세대이기도하다.

중국: 문화대혁명의 돌풍

—

중소분쟁과
베트남전쟁

1950년대 중국은 대약진운동이 처참한 실패로 끝나며 비극적으로 마무리되었다. 중국의 1960년대는 중소분쟁으로 서막이 올랐다. 1960년 4월 중국『인민일보』는 소련공산당을 공개적으로 비판했다(중소분쟁의 내용은 본 시리즈『한국현대 생활문화사 ─ 1950년대』참조). 7월에 소련은 과학기술 원조를 중단하고, 중국에 파견한 소련 기술자 1390명 전원을 귀국시키는 것으로 보복했다. 같은 달 7300킬로미터나 되는 국경선 획정을 두고 분규가 계속되던 중앙아시아 지역에서, 양국 국경수비대가 무력 충돌까지 일으켜 일촉즉발의 위기감이 감돌았다. 다행히 양측 모두 더이상의 공개적 대립은 무익하다고 판단하고, 양국 공산당 회담에서 공개적 논쟁은 피하기로 약속했다. 이듬해 소련은 최신예 전투기와 미사일의 기술 공여를 재개했다. 그러나 1962년 봄 신장新疆 서부에서 6만 명 이상의 카자흐인과 위구르인이 소련 영내로 도망하는 사건이 발생하고, 1962년

중국의 원자폭탄 실험 성공
1964년 10월 16일, 중국은 중소분쟁으로 어수선한 상황에서도 원자폭탄 실험에 성공했다. 원자폭탄의
위험성에도 불구하고 많은 중국인들이 역사의 현장을 주시했다.

말 국경분쟁을 겪고 있던 중국과 인도 사이에 대규모 군사 충돌이 발생했을 때 소련이 적극적으로 인도를 지원하면서 중소 관계는 다시 틀어졌다. 1963년 중국은 다시 공개적으로 소련공산당을 '수정주의'로 비난하고 나섰다. 그리고 마치 핵무기 기술 공여 약속을 어겼던 소련에 과시하듯이 1964년 10월 중국은 최초의 원폭실험에 성공했다. 이리하여 중국은 미국(1945년), 소련(1949년), 영국(1952년), 프랑스(1960년)에 이어 세계에서 다섯 번째로 핵무기 보유국이 되었다. 일본이 도쿄올림픽으로 경제성장을 세계에 과시한 해에, 중국이 경제적 곤궁 속에서 군사 역량을 과시한 것은 의미심장하다.

중소분쟁은 중국에 기술과 경제발전에서 소련의 의존에서 벗어날 필요성을 통감하게 했다. 중국은 1962~68년 사이에 서구와의 관계 개선에 나서, 일본·이탈리아 등 10개국으로부터 중화학·첨단산업 분야의 신기술 및 플랜트를 수입했다. 1963년과 1964년은 저우언라이周恩來 총리가 정력적으로 아시아·아프리카Asia Africa, AA 외교에 나서 아시아·아프리카 신생국과의 관계 강화에 온 힘을 기울였다. 1964년 1월에는 프랑스와 국교를 회복했고, 그해 말에는 러시아어를 대신해 영어를 다시 제1외국어로 하는 방침이 나오기도 했다.

그러나 1965년 일본에게 축복이었던 베트남전쟁은 중국을 다시 외교적으로 고립시켰다. 1965년 2월 미국이 전면적으로 베트남전쟁에 개입했다. 중국은 베트남 문제에 이미 깊숙이 개입한 상태였다. 1954년 베트민군이 디엔비엔푸 전투에서 프랑스군을 대패시킨 이면에는 중국군의 막대한 중화기 지원이 있었다.* 그 직후 미국의 개입으로 베트남은 프랑스를

---

* 베트남의 민족 지도자이자 베트남 공산당의 아버지 호찌민은 1920년대 제1차 국공합작(國共合作, 중국국민당과 공산당의 첫 번째 합작, 1924~27) 시기에 쑨원(孫文)의 광둥 정부에 코민

몰아내고도 남북으로 분열되어 재차 분단국가가 되었던 것이다. 1953년 한국전쟁의 종결로 1라운드가 종결된 미국과 중국의 대결은 1954년과 1965년 베트남에서 2라운드를 맞이하고 있었다. 미국의 전면 개입에 맞서 중국은 6월 '중국후근부대^{中國後勤部隊}'를 베트남에 파병했다. 미국은 베트남전쟁 수행을 위한 전방위적 안보체제의 구축에 나서, 먼저 한일 국교를 회복시키고(6월), 인도네시아에서는 친중^{親中} 성향의 수카르노^{Achmed Sukarno} 정권을 와해시켜 친미^{親美} 수하르토^{Suharto} 정권 출범(9월)을 도왔다. 수하르토 정권은 인도네시아 공산당을 궤멸시키고, 1967년 중국과 국교를 단절했다. 중국은 1965년부터 1970년까지 도합 32만 명을 북베트남에 파병했다. 후근부대라는 이름대로 전투보다는 방공 설비의 구축 등 후방지원에 종사했지만, 전쟁 기간 동안 중국군 사망자 수도 1100명 이상에 달했다.

중소 관계 역시 악화되었다. 1969년 3월 우수리 강의 전바오^{珍寶, 다만스키} 섬에서 중소 양국의 국경경비대 사이에 무력 충돌이 발생했다. 양측은 서로 선제공격을 했다고 비난했는데, 7월에는 헤이룽^{黑龍} 강의 바차다오^{八岔,} ^{고르진스키} 섬에서, 이듬해 1970년 봄에는 중앙아시아 신장지역에서 연속적으로 국경경비대 간의 무력 충돌이 발생했다. 중국 국내에서는 소련과의 전쟁을 가상하여 대규모 지하 방공호를 파고, 민중들에게 핵전쟁에 준비할 것을 호소했다. 한국과 일본이 경제개발에 자본투자를 몰아주던 시기, 중국은 1970년대 말까지 전국 고정자산 투자의 3분의 1을 가상 전쟁에 대비한 후방기지 건설인 삼선건설^{三線建設}에 퍼부었다. 대외 개방에 나

테른의 일원으로 참여해 황푸군관학교에서 강의를 하는 등, 오래전부터 중국공산당과 친밀한 관계에 있었다. 또 전후에 소련과 달리 민족해방운동을 강조하는 중국의 입장에서도 베트남 해방전쟁의 후원은 중요했다.

섰던 중국의 시도는 베트남전쟁으로 다시 문이 닫혔다. 이후 사방이 적으로 둘러싸여 있다는 고립감과 언제 전쟁이 일어날지 모른다는 위기의식이 중국의 정치와 경제 재건에 그늘을 드리웠고, 궁극적으로 내부의 적과 스파이를 적출해내야 한다는 문화대혁명의 광기를 키웠다.

계급투쟁인가, 경제 재건인가

1960년에 들어와 대약진운동의 실패로 망가진 중국 경제를 회복하기 위한 정책 수정이 본격적으로 시작되었다. 마오쩌둥을 대신해 류사오치劉少奇와 덩샤오핑鄧小平이 전면에 나서 경제 회복을 지휘했다. 계급투쟁보다 생산력의 회복을 우선시한 이들 실용파가 이끈 '경제조정정책'은 일부 자본주의적 요소를 용인하더라도 농민의 생산의욕을 북돋우는 것이었다. 농촌의 곡물 수매를 줄이고, 모자라는 곡물은 수입했으며, 농민들에게 텃밭의 자유로운 경작과 판매를 허용해주었다. 인민공사의 규모는 줄이고 공동식당은 폐쇄했다. 1961년에 농업세는 전년도보다 29퍼센트 인하하고, 대신 곡물 수매가격은 평균 25퍼센트 인상해주었다. 농촌의 식량 공급 부담을 줄이기 위해 도시 인구의 감소를 정책적으로 유도해, 1961년 말까지 1500만 명의 도시 인구를 줄였다. 그러나 뤼산회의에서도 드러났듯이 대약진운동의 실패가 마오쩌둥 노선과 대중노선식의 경제성장 때문이라고 명확하게 정리할 수 없었고, 여전히 마오쩌둥과 극좌 노선에 대한 비판은 자제되었다. 경제조정정책에도 불구하고 1965년까지 1인당 소비재 생산량은 건국 초기인 1952년 수준으로 회복하는 데 그쳤다. 연간 1인당 곡물생산량과 면포생산량은 1952년 수준도 회복하지 못했다. 느린 경제 회복에 초조해진 실용파는 반우파 투쟁으로 배제된 지식인 계층을 포용하고 농가의 청부경영을 허용하는 것까지 고려했으나, 마오쩌둥은 두 가지 모두에 비판적이었다. 실용파 역시 자칫하면 사상적 문제가 있다고 역풍을 맞을 수 있었기 때문에 경제정책에서는 좌편향을 수정하는 조치를 취하면서도, 정치적으로는 사청四淸운동과 같은 사회주의 교육운동을 벌이면서 정치사상 교육을 강화했다.

공업 분야에서는 과도한 투자를 삭감하는 조치가 내려졌다. 대약진 시기에 지방에 난립했던 4만 개 이상의 소규모 공장이 폐쇄되었다. 그러나 안보와 관련된 핵무기 개발과 중화학공업에 대한 집착은 여전히 계속되었다. 실용파로 분류되었던 저우언라이조차도 '사회주의 강국'이 되기 위해서는 농업, 공업, 국방력, 과학기술 네 분야의 현대화를 이뤄야 한다고 하여, 그 핵심인 중화학공업의 중시는 흔들리지 않았다. 그 결과, 제조업 생산액에서 중공업의 비중은 전전(1933년)과 건국 초(1953년)에 20퍼센트가 채 되지 않았으나, 1963년에 40퍼센트대로 진입했고 1970년에 이르러 60퍼센트에 육박했다.

그러나 경제조정정책이 추진되면서 공산당 지도부 내에 마오쩌둥을 주축으로 하는 극좌파와 실용파 사이에는 갈등이 깊어갔다. 1964년 6월 마오쩌둥의 부인 장칭江靑이 처음 정치운동의 전면에 나서서, 이제 현대의 경극京劇은 중국혁명사를 소재로 한 창작 경극이어야 한다며 '경극혁명'을 제기하고 나섰다. 때를 같이해 문화 분야에서 특정 작품이나 작가를 '반혁명적'이라며 지목해 비판하는 움직임이 확산되었다. 실용파에서는 이러한 좌파의 문화선전 공작을 이용한 정치적 공격을 적극적으로 방어할 필요성이 제기되었다. 실용파가 장악하고 있던 당 중앙은 1964년 7월

공산당 중앙서기국 가운데 '중앙문화혁명5인소조中央文化革命五人小組'를 설치해 극좌파의 움직임을 견제했다. 점차 노선투쟁과 권력투쟁이 문화를 무대로 옮겨가는 가운데 마침내 1966년 문화대혁명이 누구도 예상하지 못한 형태로 일어났다.

문화대혁명의 발발

프롤레타리아 문화대혁명은 1966년부터 1977년까지 봉건 문화와 자본주의 문화를 비판하고 새로운 사회주의 문화를 창출하자는 기치 아래 벌어진 대규모 정치운동이다. 그 과정에서 많은 인명의 살상, 유무형의 문화재 파괴가 벌어져 '10년 동란'이라고도 부른다. 정치·사회·사상·문화 전반을 개조해 진정한 사회주의 유토피아를 구현하겠다는 명분에도 불구하고, 실제로는 대약진운동의 실패로 정권의 중심에서 밀려난 마오쩌둥이 대중 동원의 형태로 중국공산당 지도부의 실용파를 수정주의로 공격하고 정권을 되찾은 권력투쟁이었다는 평가가 많다. 중국공산당 지도부 내부의 항쟁에 일반 민중과 당 조직이 휘말려들었다. 건국 이래 중화인민공화국이 구축해온 사회질서가 붕괴되고, 사회계층 사이에 축적되었던 불만과 요구가 한꺼번에 분출되면서 중국의 내정·외교·사회·경제에 대혼란이 생겨났다. 국가주석 류사오치를 비롯해 다수의 정치지도자가 투옥되고 옥사했다. 사회 각 분야의 전문 지식인과 당 간부들에게 '반혁명'이라는 이름으로 린치와 박해가 가해졌다. 100만 명 이상이 사망 또는 부상당했으며, 수많은 문화재가 '봉건 문화의 잔재'라는 명목으로 파괴되었다.

직접적인 계기는 1965년 11월 상하이 신문인 『문회보文匯報』에 야오원위안姚文元이라는 젊은 비평가가 문예평론 「신편 역사극 『해서파관海瑞罷官』을 평한다」를 게재하면서였다. 『해서파관』은 베이징시 부시장 중 한 사람이었던 역사학자 우한吳晗이 1959년 봄에 발표한 문예작품인데, 명대의 관료 해서가 황제에게 충심으로 간언하다가 파직당한 일화를 재구성한 작품이다. 야오원위안은 그 내용을 우한이 뤼산회의 때 마오쩌둥을 비판하다 실각한 펑더화이彭德懷를 빗댄 것으로 해석하고, 마오쩌둥을 음해한 반혁명적 작품이라고 비판했다. 비판 캠페인이 확대되면서 1964년 이래의 '중앙문화혁명오인소조'는 우한을 옹호하는 반혁명 집단으로 지목받아 해산당하고, 1965년 5월 장칭 등 문혁파가 장악한 '중공중앙문혁소조中共中央文革小組'가 설치되었다. 이들 문혁파는 5·16통지五·一六通知를 발표해 문화의 혁신과 함께 사회 각 계층과 부문에 숨어 있는 반혁명 주자파走資派, 자본주의의 길을 걷는 자를 샅샅이 찾아낼 것을 호소했다.

베이징의 중·고등학교와 대학에는 이 호소에 공감해 문혁을 찬양하고 기성 관료와 질서를 비판하는 대자보가 붙었다. 칭화淸華대학 부속 고등학교에서 문혁을 지지하는 학생들이 처음으로 사회주의 혁명의 수호자를 뜻하는 '홍위병紅衛兵'을 자칭했다. 마오쩌둥은 직접 "사령부를 폭격하라."며 젊은이들을 부추겼다. 전국적으로 대자보와 홍위병이 확산되었다. 기존 당 조직이 마비된 상태에서, 8월 중국공산당 제8기 제11회 중앙위원회는 '프롤레타리아 문화대혁명'을 결의했다. 1400만 명의 어린 홍위병들이 베이징에 상경해 톈안먼 광장에서 집회를 가졌고, 마오쩌둥이 직접 광장에 나와 혁명을 격려했다. 류사오치와 덩샤오핑 등 '실권파實權派' '주자파'로 비판받은 실용파들은 자아비판을 한 뒤 투옥되었다. 각지에서 기존 공

문화대혁명 선전물
중국의 1960년대 문화대혁명 시기는 홍위병들의 시대였다. 홍위병들은 각 분야의 지식인과 당 간부들에게 '반혁명'이라는 이름으로 린치와 박해를 가했고, 수많은 문화재를 '봉건 문화의 잔재'라는 명목으로 파괴했다.

산당 조직과 행정기구가 해체되고, 대신 문혁파가 주도하는 '혁명위원회'라는 권력기구가 새로 성립했다. 그러나 각지의 홍위병과 문혁파 내부에 치열한 파벌투쟁이 벌어지고 무장투쟁과 시가전이 전개되면서, 중국은 사실상 무정부 상태에 빠졌다. 이 혼란을 수습한 것은 마오쩌둥의 요청을 받은 인민해방군이었다. 1969년 4월 중국공산당 제9회 전국대회에서 군을 대표하는 린뱌오林彪가 마오쩌둥의 후계자로 공식 지명되면서 문혁은 새로운 국면을 맞았다.

문혁 세대의
그림자

어른들의 정치투쟁에 장기판의 말이 된 것은 대부분 도시에서 중고등학교를 다니던 어린 홍위병과 실업 상태의 노동자들이었다. 이들 문혁 세대는 전후에 1차 베이비붐으로 태어난 아이들로, 항일전쟁과 내전을 겪지 않고 건국 후에 태어나 사회주의 이데올로기를 철저히 교육받은 세대다. 미국의 베이비붐 세대, 일본의 단카이團塊 세대(일본의 베이비붐 세대로 고도경제성장을 경험하면서 집단적으로 문화·사상의 특성을 공유한 세대)에 상당하는 것이 중국의 홍위병 세대다. 이 세대는 평화 시기에 태어나 건국 초기의 건설을 보고 사회주의 강국 건설의 이데올로기와 자긍심을 가졌으나, 성장한 후에는 좌절감에 휩싸였다. 중국의 도시 인구 비율은 10퍼센트에 불과했지만, 베이비붐으로 인구가 크게 늘어나면서 도시 청년의 수는 매년 200만 명씩 늘어났다. 그러나 중공업 위주 정책과 경기 둔화로 이 중 취업이 가능한 수는 절반에 불과했다. 이런 가운데 사회주의의 '평등원리'는 건국 후 노화현상을 보였다. 노동 현장에서는 나태와 부패가 생겨났고, 당 간부와 자제들이 특권을 독점하는 현상이 두드러졌다. 중·고등학교를 졸업하고도 정규직을 못 찾은 채 열패감에 젖어 있으면서 학교에서 배운 사회주의 이상향과는 거리가 먼 당 관료의 특권에 불만을 가진 젊은이들은 문혁에서 그 희망을 찾았다. 『수도홍위병首都紅衛兵』제21호에 '계약노동자여! 임시노동자여! 혁명을 일으키자!'라는 슬로건이 게재되고, 홍위병들이 경력과 사상 경향을 기록한 개인 관리문서 당안檔案을 불태웠던 것도 이런 맥락에서 이해할 수 있다.

하이힐과 청바지, 클래식 음악은 부르주아 문화로 공격받았고, 낡은 사상·문화·풍속·습관을 파괴한다는 '파사구破四舊'의 슬로건 아래 베이징 시내의 6843개 문화재 시설 중 4922개가 홍위병의 공격을 받았다. 문화인과 지식인은 '학계의 반동적 권위' '반혁명분자'로 린치의 대상이 되었다. 1966년의 '교육혁명'으로 대학입시는 폐지되었고 노동자, 농민, 병사 출신이 대학에 우선 입학했다. 실상 대학에는 교수들이 쫓겨나고 없었기 때문에 배우는 것은 마오쩌둥 사상과 정치교육밖에 없었다. 그마저 곧 대학이 아예 폐쇄되어 문혁기에 중국의 고등교육은 기능을 멈췄다. 홍위병 자체도 파벌을 나누어 서로를 반혁명으로 비판하며 무장 충돌을 거듭했다. 이 단계에 와서는 공산당 중앙의 문혁파조차도 통제 불능의 상태가 되었다. 마오쩌둥은 정적을 다 제거한 후, 1968년부터 청소년들은 지방으로 내려가 농민과 노동자에게서 배울 필요가 있다며 도시 청년들을 농촌과 지방 공업단지로 내려보냈다. 통칭 '상산하향上山下鄉운동'으로, 일반적으로는 '하방下放'이라고 부른다. 이들 홍위병 세대는 문혁이 끝나는 1970년대 중반까지 학력 단절을 겪었으며, 문혁은 이 세대의 교육과 윤리에 깊고 긴 그늘을 남겼다.

문혁 시기에는 임금 인상이나 수당의 지급을 '경제주의'로 비판하면서 일절 금지했기 때문에 현장에서 노동 의욕은 낮을 수밖에 없었다. 생산성 향상을 위한 직장규율조차도 '생산제일주의'로 역시 자본주의적이라고 비판받아, 생산 현장의 규율은 느슨해졌다. 한마디로 말하자면, 노동자들은 군이 열심히 일할 필요도 없고 일하려 하지도 않았다. 1967년 중국의 농업과 광공업 총생산액은 전년 대비 10퍼센트가량 감소했으며, 1968년에는 다시 4.2퍼센트가 감소했다. 1967년 석탄 생산량은 18.3퍼센트, 발전량은 6.2퍼센트가 줄었고, 철강 생산량은 32.8퍼센트나 격감했다. 문혁 초기 중국의 국민총생산은 매해 마이너스 성장을 기록했다. 1967년 중반 이후 군대가 투입되면서 점차 사회질서가 회복되지만, 경제는 1969년에 가서야 정상을 찾았다. 그러나 중소 국경분쟁의 발생과 베트남전쟁으로 준^{準} 전시경제가 여전히 유지되었기 때문에 경제 회복에도 왜곡이 발생했다. 1968~71년 5년 동안 국가 재정지출 중 20퍼센트 이상이 군사비에 소모되었다. '자력갱생'의 슬로건 아래 효율적 투자가 아닌 식량·물자·군사의 자급자족이 우선시되었다. 계획경제하에서 중공업 편향은 강화되고, 생활수준 향상을 이끌 경공업과 민수산업에 대한 고려는 미뤄졌다. 군사와 정치 우선의 분위기 속에서, 중국은 1967년 6월 수소폭탄 실험과, 1970년 4월 인공위성 발사에 성공해 대륙간 탄도탄을 이용한 핵공격 능력을 갖추게 된다.

같은 시기 타이완은 미국의 원조를 기반으로 1950년대부터 실시한 수입대체 공업화 정책이 실효를 거두면서 면포, 의류, 시멘트, 합판, 플라스틱 등 제조업 분야에서 큰 성장을 이루었다. 1960년대에는 일본과 미국에서 외자를 적극 유치해 수출지향 공업화를 본격화했다. 1966년부터는 수출을 위한 면세특구를 조성해 가전, 전자, 기계, 화학 산업이 크게 발흥했다. 타이완이 경공업 중심, 수출지향 산업화로 연평균 8퍼센트 이상의 경제성장을 하던 시기, 중국의 경제는 군수경제에 준하는 중공업 편향의 산업화로 마이너스 성장을 지속했다. 그러나 장기적으로 이 시기 중국의 중공업 투자는 개혁개방 이후 폭발적 성장의 한 동력이 되기도 했다. 한편으로 일본, 한국, 타이완이 미국 시장의 우산 아래에서 경제적 성장을 하는 동안, 중국은 향후 미국과 소련이라는 양극 군사대국에 도전할 군사적 실력을 일찌감치 축적하고 있었다는 점도 간과할 수 없을 것이다.

주

크게 본 1960년대

1   이 작품의 주제를 크리스마스이브의 야간통행제한 해제와 관련하여 다룬 진지한 연구는 서은주 「한국적 '근대'의 풍속」, 『상허학보』 19집, 2007 참조. 밤을 새우고 놀고 마시는 한국적 크리스마스 문화의 기원적 요인을 강준만도 야간통행제한 해제로 들었다. 강준만 「한국 크리스마스의 역사: '통금 해제의 감격'에서 '한국형 다원주의'로」, 『인물과사상』 105호, 2007년 1월호 참조.

2   이어지는 작품의 인용은 다음을 참조. 최인훈 「크리스마스캐럴 5」, 『크리스마스캐럴/가면고』(최인훈전집 6), 문학과지성사 2009, 121~84면.

3   권보드래·천정환 『1960년을 묻다 — 박정희 시대의 문화정치와 지성』, 천년의상상 2012, 특히 서문 「1960년대 우리에게 무엇인가」와 1장 「4·19는 왜 기적이 되지 못했나? — 4·19와 5·16, 자유와 빵의 토포스」 참조.

4   김수영 「마리서사」, 『김수영전집 2 — 산문』, 민음사 2003, 109면.

5   이에 대해서는 이혜령 「식민지 유산으로서의 '친일 문학'(론)의 위상」, 정근식·이병천 엮음 『식민지 유산, 국가 형성, 한국 민주주의』, 책세상 2012 참조.

6   「정부 연구센터장이 "천황폐하 만세"」, 『아시아경제』 2016년 6월 23일자 참조.

7   이혜령, 앞의 글 370면.

8   김수영, 앞의 글 108면.

9   김보현 「박정희 정권기 경제개발 — 민족주의와 발전, 그리고 모순」, 성균관대학교 정치외교학과 박사학위논문 2005, 1면.

10   황병주, 「박정희 체제의 지배담론 — 근대화 담론을 중심으로」, 한양대학교 사학과 박사학위논문 2008, 118~36면.

11 이러한 박정희 체제의 특성에 대해서는 조희연의 '개발동원체제'라는 개념을 참조해
도 좋을 것 같다. 조희연 『동원된 근대화』, 후마니타스 2010.

4·19혁명 전후 도시빈민

1 홍영유 『4월혁명통사 1』, 천지창조 2010, 62~63면, 72~73면.
2 최원규 「도시빈민의 형성과정 — 노동자 계급의 빈민화 과정을 중심으로」, 『한국사
회복지학』 14호, 1989, 3~4면.
3 이영환 「해방 후 도시빈민과 4·19」, 『역사비평』 46호, 1999년 봄호 174~84면.
4 차철욱 「3·15의거의 주체 형성과 권리 상실」, 『한국민족문화』 37호, 2010, 371~79면.
5 이하 4·19혁명과 관련된 본문 내용은 필자의 논문 「4월혁명의 기억에서 사라진 사
람들 — 고학생과 도시하층민」(『역사비평』 106호, 2014년 봄호)를 기반으로 작성되
었다.
6 홍영유, 앞의 책 102~3면.
7 김동춘 「1971년 8·10 광주대단지 주민항거의 배경과 성격」, 『공간과 사회』 21집 4호,
2011, 26면.
8 오승용 「광주전남의 4월혁명」, 정근식·권형택 엮음 『지역에서의 4월혁명』, 선인 2010,
330~32면.
9 김선미 「부산의 4월혁명」, 같은 책 393~96면.
10 강인섭 「4월혁명 후기」, 『신동아』 1965년 4월호 87~89면.
11 김아람 「1960년대 고아(부랑아)의 개척단 활동과 경험」, 『2013 한국구술사학회 하계
학술대회 자료집』, 2013, 4면.
12 이은진 「3·15마산의거의 지역적 기원과 전개」, 정근식·이호룡 엮음 『4월혁명과 한국
민주주의』, 선인 2010, 174면.
13 3·15의거 기념사업회 『3·15의거사』, 2004, 425면.
14 허종 「대전 충남 지역 4월혁명의 발발」, 정근식·이호룡 엮음, 앞의 책 110~11면.
15 김태일 「대구의 2·28과 4·19혁명」, 같은 책 61면.
16 허은 「4·18 고대생시위 주체의 정체성과 사회운동 전개」, 허은 엮음 『정의와 행동 그
리고 4월혁명의 기억』, 선인 2012, 74면.
17 안동일·홍기범 『기적과 환상』, 영신문화사 1960, 188~89면.
18 김미란 「'청년 세대'의 4월혁명과 저항 의례의 문화정치학」, 『사이間SAI』 9호, 2010,
31~32면.

19　이효식「4·19에서 4·26까지의 서울 — 일선취재기자의 수기」, 이강현 엮음『민주혁명의 발자취』, 정음사 1960, 264면.

20　『국제신보』1960년 5월 14일자; 홍영유『4월혁명통사 7』, 천지창조 2010, 11~13면에서 재인용.

21　『동아일보』1960년 9월 3일자 3면(조간).

22　이승원「'하위주체'와 4월 혁명 — '하위주체'의 참여형태를 통해 본 민주화에 대한 반성」, 『기억과 전망』20호, 2009, 201면.

23　김정화「1960년대 기혼여성의 노동 — 도시빈민을 중심으로」, 『역사연구』15호, 2005, 65~66면.

24　김영모「빈민지역의 사회생태학적 고찰」, 『도시문제』6권 9호, 1971, 28~29면.

25　김묘정「사회사적 관점에서 본 우리나라 도시빈민의 형성배경과 주거문화 — 한국전쟁 이후 집단이주민촌부터 외환위기 이후 신빈곤층 주거까지」, 『한국주거학회논문집』18권 4호, 2007, 83면.

26　손정목「광주대단지 사건」, 『도시문제』38권 420호, 2003, 91~99면.

27　김원「박정희 시기의 대중시위: 공권력의 폭력과 민중의 대항폭력 사이에서」, 『내일을 여는 역사』33호, 2008년 가을호 71~76면.

28　김원「1971년 광주대단지 사건 연구 — 도시봉기와 도시하층민」, 『기억과 전망』18호, 2008, 226~27면.

29　김묘정, 앞의 글 82~83면.

30　이광일「근대화의 일그러진 자화상 — 광주대단지 '폭동사건'」, 『기억과 전망』창간호, 2002, 177~78면.

대학과 광장의 탄생

1　박태화(고려대학교 법과대학)「1960년과 우리학생들」, 『동아일보』1960년 12월 27일자.

2　「좌담회: 노한 사자들의 증언」, 『사상계』1960년 6월호.

3　김성식「학생과 자유민권운동」, 같은 책.

4　「고대서 한미행협 촉진 데모」, 『경향신문』1962년 6월 6일자.

5　김현「책머리에」, 『김현문학전집 7』, 문학과지성사 1992, 13면.

6　「민주사의 역정 — 여론조사 발전과정 특징 분석〈기(其)3〉」, 『매일경제신문』1972년 3월 24일자.

7 「진리와 자유의 광장」, 『경향신문』 1965년 4월 10일자.

8 「학원 민주화가 그 목표」, 『경향신문』 1962년 4월 9일자.

9 『청맥』이 기획·개설한 코너의 명칭이다.

10 「한·일협정비준을 둘러싼 주권의 광장」, 『동아일보』 1965년 7월 17일자.

11 박명림 「박정희 시대 재야의 저항에 관한 연구, 1961~1979 ― 저항의제의 등장과 확산을 중심으로」, 『한국정치외교사논총』 30집 1호, 2008, 32~34면.

12 「60년대 신어(新語)」, 『동아일보』 1969년 12월 20일자.

13 발터 벤야민 『일방통행로』, 조형준 옮김, 새물결 2007, 13~14면.

14 이영미 「1970, 80년대 재야 지식장의 예술관 변화와 공공적 실천성 ― 문화운동·문예운동·예술운동의 명명과 그 의미」, 『'권력(국가-지식)과 학술장, 경합하는 공공성' 학술대회 발표자료집』, 연세대학교 국학연구원 HK사업단, 2013년 5월 24일, 34면.

15 김종철 「글로 테러를 하는 '시인' 김지하」, 『미디어오늘』 2012년 12월 6일자.

16 「60년대 (1) 새 질서를 향한 몸부림…숨가쁘게 달려온 10년」, 『경향신문』 1969년 12월 10일자.

17 「좌담: 4월혁명과 60년대를 다시 생각한다」, 최원식·임규찬 엮음 『4월혁명과 한국문학』, 창작과비평사 2002, 46~47면.

18 「위수령과 '테로'와 주인 잃은 정국」, 『신동아』 1965년 10월호 163~66면.

19 「대학·교수·학생 ― 연고대휴업령의 파문」, 『경향신문』 1965년 9월 6일자.

20 「박대통령 담화요지」, 『동아일보』 1964년 6월 4일자.

21 「본사 정치부 좌담 ― 계엄과 해엄, 무엇을 가져왔고, 무엇을 가져오나(상)」, 『동아일보』 1964년 7월 29일자.

22 「본사 정치부 기자 좌담회 ― '계엄 두 달'의 고비를 넘어」, 『경향신문』 1964년 7월 29일자.

23 「계엄의 영향과 해엄 뒤의 과제 ― 각계인사들에 물어본다」, 『동아일보』 1964년 7월 30일자.

24 「1964년도 국방대학원 졸업식 유시(諭示)」(1964. 8. 3.), 『박정희대통령연설문집 1집』, 대통령공보비서관실 1965, 257~60면.

25 황산덕 「아카데미즘의 위기」, 『청맥』 1964년 9월호 22면.

26 박태순·김동춘 『1960년대의 사회운동』, 까치 1991, 205면.

27 장준하 「1964년을 보내면서」, 『사상계』 1964년 12월호 27면.

28 「편집후기」, 『사상계』 1966년 8월호 372면.

29 황산덕, 앞의 글 22면.

30 당시의 조치에 관해서는 다음의 글들을 참조. 「비학술서클 모두 해체」, 『경향신문』
1971년 10월 13일자; 「문교부서 공개, 불법간행물 12개, 비학술서클 9개」, 『경향신문』
1971년 10월 15일자; 「학생서클 74개도 해체, 제적학생 163명으로」, 『경향신문』
1971년 10월 19일자; 「대학가 진통 1주」, 『경향신문』 1971년 10월 23일자.

31 오제연 「1960~1971년 대학 학생운동 연구」, 서울대학교 국사학과 박사학위논문
2014, 234면.

32 「여적」, 『경향신문』 1964년 5월 21일자.

33 박계주 「장미와 태양(174)」, 『경향신문』 1960년 10월 19일자.

지식인과 잡지 문화

1 「종장(終章)의 문턱서 되돌아본 60년대 (9) 출판」, 『동아일보』 1969년 12월 11일자.

2 「쏟아져 나온 종합지의 갈 길은」, 『경향신문』 1962년 11월 13일자.

3 신일철 「종합지의 증언성(證言性)」, 『경향신문』 1962년 11월 13일자.

4 「반사경」, 『경향신문』 1962년 8월 7일자.

5 박태순·김동춘 『1960년대의 사회운동』, 까치 1991, 52면.

6 권보드래 「『사상계』와 세계문화자유회의 ― 1950~1960년대 냉전 이데올로기의 세
계적 연쇄와 한국」, 『아세아연구』 144호, 2011, 247면.

7 「7월 종합지평」, 『동아일보』 1960년 7월 13일자.

8 박태순 「민주·민족이념을 추구하다 쓰러진 『사상계』」, 『역사비평』 39호, 1997년 여름
호 301면.

9 계창호 「젊음을 불사른 〈사상계〉」, 장준하선생추모문집간행위원회 엮음 『민족혼·민
주혼·자유혼 ― 장준하의 생애와 사상』, 나남출판 1995, 166면.

10 양호민 「다시 역사의 전환점에 서서」, 『사상계』 1963년 3월호 50~55면.

11 「신뢰감에 기반한 '마음의 혁명' ― 본지 창간 10주년 기념에 즈음하여」, 『사상계』
1963년 4월호 26면.

12 조동걸 『한국사에서 근대와 현대』, 역사공간 2010, 193면.

13 김현주 「1960년대 후반 '자유'의 인식론적, 정치적 전망 ―『창작과비평』을 중심으
로」, 『현대문학의 연구』 48권, 2012, 59~60면.

14 박태순, 앞의 글 312~13면.

15 『사상계』와 『씨올의 소리』의 등록취소 사건에 관해서는 다음의 글을 참조. 임유경
「1960년대 '불온'의 문화 정치와 문학의 불화」, 연세대학교 국어국문학과 박사학위

논문 2014, 142~43면.

16 김병익 「거짓·안일·상투성·침묵을 슬퍼하는 '블루진·통기타·생맥주'의 청년문화」, 『동아일보』1974년 3월 29일자.

17 「탈바꿈하는 잡지계」, 『동아일보』1969년 4월 11일자.

18 「지령 200호를 맞이하는 마음」, 『사상계』1969년 12월호 12면.

19 김건우 『사상계와 1950년대 문학』, 소명출판 2003, 234면.

20 「7월 종합지평」, 『동아일보』1960년 7월 13일자.

21 염무웅 「주간한국론」, 『주간한국』1967년 9월 24일자 2면.

22 김성우 『돌아가는 배』, 삶과꿈 1999, 173면.

23 이광훈 「다시 잡지문화의 꽃을」, 『동아일보』1970년 11월 2일자.

24 「특집:68년의 출판계와 그 인접세계」, 『출판문화』1969년 1월호 7면.

25 「잡지계」, 『경향신문』1968년 1월 13일자.

26 같은 곳.

27 「쏟아져 나온 종합지의 갈 길은」, 『경향신문』1962년 11월 13일자.

28 김병익 「지성과 반지성」(1971), 『지성과 반지성』, 민음사 1974, 44면.

29 「이번 호를 내면서」, 『문학과지성』12호, 1973년 여름호 259면.

30 김수영 「엔카운터지(誌)」, 『김수영 전집 1 ─ 시』, 민음사 2003, 326~27면.

31 김윤식 『내가 읽고 쓴 글의 갈피들』, 푸른사상 2014, 244면.

32 염무웅 「창간 5주년을 맞이하여」, 『창작과비평』20호, 1971년 봄호 261면.

33 「좌담:4월혁명과 60년대를 다시 생각한다」, 최원식·임규찬 엮음 『4월혁명과 한국문학』, 창작과비평사 2002, 55~57면.

영화, 독보적인 대중문화

1 전우형 「1960년 한국영화의 가난 재현의 기술과 정치학」, 『한국어문학연구』61집, 동악어문학회 2013, 69면.

2 김한상 『조국 근대화를 유람하기』, 한국영상자료원 2007.

3 같은 책 15~17면.

4 박지연 「영화법 제정에서 제4차 개정기까지의 영화정책」, 김동호 외 『한국영화 정책사』, 나남 2005, 193~95면.

5 문화관광부 『한국영화 상영관의 변천과 발전방향』, 2001, 44면.

6 이성철 「국민문화 향상을 위한 영화정책」, 『공보』, 공보부 1963, 36면.

7   조준형『영화제국 신필름』, 한국영상자료원 2009, 111면.

8   오영진「영화인의 자세 ── 경계해야 할 근본적 요소」,『주간조선』1969년 3월 9일자.

9   김소운「일본영화의 수입 ── 문제는 이쪽의 태도」,『주간조선』1969년 11월 23일자.

10 이영일「예술 즉 적자라는 오해 ── 먼저 고정관념의 껍질을 벗자」,『주간조선』1969년
    3월 9일자.

11 김한상, 앞의 책 53면.

12 「호현찬·백결·박인재·김기팔 좌담: 국산영화의 위기, 가정에서 쫓겨난 한국영화」,
    『여원』1969년 7월호.

13 이영일『한국영화전사(개정증보판)』, 도서출판 소도 2004, 354면.

14 같은 곳.

15 이영미「신파양식의, 세상에 대한 태도」,『대중서사연구』9호, 2003, 16~22면.

재벌의 탄생, 부정축재자의 비상

1   「색다른 데모」,『동아일보』1960년 5월 11일자.

2   「통고받은 후의 반향」,『동아일보』1960년 9월 2일자; 을지로 Y상사 주인「업계의 소
    리: 자진신고자 벌과(罰課)말라」,『서울경제신문』1960년 9월 13일자.

3   심상준(제동산업사장)「특집 좌담회: 단일환율은 유지될 것인가」,『비지네스』
    1961년 4월호.

4   한국경제협의회·대한상공회의소·한국무역협회·대한건설업회·대한방직협회「북
    한괴뢰에 이익을 주는 부정축재처리가 되지 않도록」,『경향신문』1961년 3월 4일자
    1면 광고.

5   「여적」,『경향신문』1961년 4월 20일자.

6   「민폐 끼친 96명 문초」,『경향신문』1962년 1월 30일자. 체포된 범인은 전직 경찰관
    이다.

7   "Telegram from AmEmbassy Seoul to SecState Washington," 1961. 10. 6, Box 11,
    370.3 Crime, Criminal Records, 1961, General Records, 1953-1963 (Entry UD
    2845), RG84(NARA).

8   「국가재건최고회의 상임위원회 회의록 제60호」1961년 10월 23일.

9   공제욱「부정축재자 처리와 재벌」, 한국정신문화연구원 엮음『1960년대의 정치사회
    변동』, 백산서당 1999, 252면.

10 이병철「우리가 잘 사는 길」,『한국일보』1963년 5월 30일~6월 4일자(연속 6회 연재).

11 유창렬「우리가 못살게 된 원인」,『경향신문』1963년 7월 1~2일자(연속 2회 연재).

12 임묘민「사과문」,『동아일보』1962년 1월 9일자. "본인이 취재내용을 재검토하온 바 사실과 상이되옵기 자(茲)에 깊이 반성하여 그 전문을 취소하는 바입니다. 한편 본인 으로서는 그동안 해당기사로 인하여 야기된 삼성재벌계통 관계자 제위에 대한 명예 의 훼손과 물적손실에 대하여 깊이 사과"한다는 요지였다.

13 임묘민「누가 재벌을 욕할 것인가」,『경향신문』1963년 7월 18~19일자, 22일자(총 3회 연재).

14 「압맥(壓麥)서 11억 이득」,『경향신문』1964년 2월 1일자.

15 「경제의흑규명 위한 야의 공세 끝내 좌절」,『동아일보』1964년 2월 5일자;「경향신문 보도에 관한 해명서」,『동아일보』1964년 2월 8일자 1면 광고;「삼성물산에서 경향신 문 고소」,『동아일보』1964년 2월 12일자.

16 「유창렬 의원 제안 설명 전문」,『경향신문』1964년 2월 21일자.

17 「묻혀버린 대사건(2) 삼분폭리」,『경향신문』1964년 12월 24일자.

18 이덕주「특집 한국의 타부들 ── 난공불락의 제국〈재벌〉」,『청맥』1965년 1월호.

19 김입삼 엮음『한국기업의 풍토와 사회성』, 한국경제인연합회 1965, 127~28면.

베트남전쟁 참전의 안과 밖

1 『경향신문』1964년 8월 24일자.

2 『한국일보』1971년 12월 1일자.

3 박종식『보병중대장』, 국학자료원 1996, 78면.

4 초대 주월한국군 사령관 채명신 인터뷰 내용.「월남에서 돌아온 새까만 김병장」, MBC 시사교양국 '이제는 말할 수 있다' 제77회(2004년 3월 28일).

5 『사병수첩』, 육군본부;『파월장병에게 드리는 경리업무 소개』, 육군본부: 같은 곳에서 재인용.

6 『동아일보』1966년 2월 9일자.

7 김진선『산 자의 전쟁 죽은 자의 전쟁』, 중앙M&B 2000, 21~22면.

8 박종식, 앞의 책 119면.

9 채명신『베트남전쟁과 나』, 팔복원 2006, 503면.

10 강원도『또 다른 시작』, 강원일보사 2000, 326면.

11 『매일경제신문』1966년 11월 25일자.

12 Stanley Robert Larsen & James Lawton Collins, *Allied Participation in Vietnam*,

Washington, D.C.: Department of the Army 1975, 120~59면.

13 찰스 K. 암스트롱 「한국의 베트남전쟁」, 『볼』 7호, 2007, 161면.

14 『문화일보』 2005년 7월 4일자.

15 『조선일보』 1966년 11월 25일자.

16 최태순 「어떤 민간인들이 남베트남에서 무엇을 하고 있는가」, 『신동아』 1966년 11월 호 180면.

17 편집부 「월남장병 부인들은 말한다」, 『한월계』 1966년 7월호.

18 『동아일보』 1967년 1월 12일자.

19 『동아일보』 1967년 3월 25일자.

20 원호처 『원호 10년사』, 1974, 383~84면, 394~95면.

21 편집부 「한국과 월남을 잇는 메아리」, 『한월계』 1966년 7월호.

22 『경향신문』 1967년 1월 25일자.

23 『동아일보』 1965년 10월 12일자.

24 『동아일보』 1971년 4월 5일자.

25 『경향신문』 1966년 11월 19일자.

26 1969년 12월 29일 정일권 국무총리의 마닐라 발언(『매일경제신문』 1969년 12월 30일자).

병영사회와 군사주의 문화

1 한홍구 『대한민국사 1』, 한겨레출판 2003, 268면.

2 박태균 「1960년대 중반 안보위기와 제2경제론」, 정성화 엮음 『박정희 시대 연구의 쟁점과 과제』, 선인 2005, 129~30면.

3 한홍구 「베트남 파병과 병영국가의 길」, 이병천 엮음 『개발독재와 박정희 시대』, 창비 2003, 304~5면.

4 윤충로 「베트남전쟁 시기 한국의 전쟁 동원과 일상」, 『사회와 역사』 95집, 2012, 299~303면.

5 박태균, 앞의 글 140면.

6 한홍구, 앞의 책 266~67면.

7 임재성 「징병제 형성과정을 통해서 본 양심적 병역거부의 역사」, 『사회와 역사』 88집, 2010, 402~3면.

8 신병식 「박정희시대의 일상생활과 군사주의 — 징병제와 '신성한 국방의 의무' 담론

을 중심으로」,『경제와사회』72호, 2006년 겨울호, 155~56면.

9   같은 글 163면.

10 박노자「인간성을 파괴하는 한국의 군사주의」, 임지현 외『우리 안의 파시즘』, 삼인
    2000, 90~91면.

11 한홍구, 앞의 책 280면.

12 신병식, 앞의 글 155~59면.

13 김영미「주민등록증은 왜 생겼나?」,『내일을 여는 역사』25호, 2006년 가을호 143면.

14 홍성태「주민등록제도와 총체적 감시사회 ─ 박정희 독재의 구조적 유산」,『민주사
    회와 정책연구』9호, 2006년 상반기호 265~66면.

15 김기중「전체주의적 법 질서의 토대, 주민 등록제」, 임지현 외, 앞의 책 69~71면.

16 홍성태「일상적 감시사회를 넘어서」, 공제욱 엮음『국가와 일상 ─ 박정희 시대』, 한
    울 2008, 127~29면.

17 홍성태「유신 독재와 주민등록제도」,『역사비평』99호, 2012년 여름호 105~6면.

18 최규진「학교를 덮친 '전시체제', 동원되는 학생」,『내일을 여는 역사』50호, 2013년
    봄호 297~303면.

19 박한용「유신체제와 일제말 파시즘체제」,『역사가, '유신시대'를 평하다』(유신선포
    40년 역사4단체 연합학술대회 자료집), 2012, 20면.

20 이종한「향토예비군 훈련」,『말』1990년 12월호 114면.

21 전재호「박정희 정권의 '호국 영웅 만들기'와 전통문화유산정책」,『역사비평』99호,
    2012년 여름호 128~29면.

22 허은「20세기 총력전하 한국인의 정체성과 식민지주의」,『한국사연구』150호, 2010,
    254~56면.

23 김경민「1960년대 군사주의의 인권 침해에 대한 소설적 대응」,『현대문학이론연구』
    46집, 2011, 32~34면.

천리마운동과 사회주의 근로인민의 탄생

1   길확실『천리마 작업반장의 수기』, 평양: 조선로동당출판사 1961.

2   김연철『북한의 산업화와 경제정책』, 역사비평사 2001, 232~34면.

3   리홍종「사회주의적 생활 태도에 대하여」,『근로자』152호, 1958, 45면; 윤하규「근로
    자들 속에서의 집단주의 교양」,『근로자』159호, 1959, 124면.

4   진응원「여기가 천리마의 고향입니다」,『인민들 속에서 4』, 조선로동당출판사 2005,

53~54면.

5 허재수「우리 로동 계급의 공산주의적 발기 —《천리마 작업반》운동」,『근로자』162호, 1959, 20면.

6 조선중앙통신사『조선중앙년감』, 1961, 197면.

7 하정희·오송식「천리마 시대의 새 인간들」,『천리마 시대 사람들 1』, 조선로동당출판사 1961, 7면.

8 윤세중『천리마공장 사람들』, 평양: 직업동맹출판사 1965, 246면.

9 김성보·기광서·이신철『사진과 그림으로 보는 북한현대사』, 웅진지식하우스 2014, 161면.

10 이성봉「1960년대 북한의 노동정책과 분배」, 경남대학교 북한대학원 엮음『북한현대사 1』, 한울아카데미 2004, 400~1면.

11 『전국 어머니 대회 문헌집』, 평양: 조선녀성사 1962, 21면.

북으로 간 재일조선인 '째포'의 삶

1 인민지원군 철군과정에 관해서는 박종철「북한에서 '중국인민지원군'의 철군을 둘러싼 북중관계연구」,『군사사연구총서』5집, 2008 참조.

2 Tessa Morris-Suzuki『北朝鮮へのエクソダス』, 東京: 朝日新聞社 2007.

3 石丸次郎「40年目のSOS 在日帰国者難民」, テレビ東京ニュース 2000년 5월 23일자(Asia Press 제공).

4 1961年3月14日, SAPMO-BA, Dy 30, IV 2/20/137, T6910, No. 1, *CWIHP Bulletin*, Winter 2003–Spring 2004, Issues 14/15, 39~41면.

기획위원

김성보   연세대학교 사학과 교수. 연세대학교 사학과에서 박사학위를 받았다. 주요 저서로『남북한 경제 구조의 기원과 전개』『사진과 그림으로 보는 북한 현대사』, 주요 논문으로「남북국가 수립기 인민과 국민 개념의 분화」「1960년대 남북한 정부의 '인간개조' 경쟁」등이 있다.

김종엽   한신대학교 사회학과 교수. 서울대학교 사회학과에서 박사학위를 받았다. 주요 저서로『연대와 열광』『에밀 뒤르켐을 위하여』『우리는 다시 디즈니의 주문에 걸리고』『左充右突』『시대유감』 『87년체제론』(편저) 등이 있다.

이혜령   성균관대학교 동아시아학술원 HK교수. 성균관대학교 국문학과에서 박사학위를 받았다. 주요 저서로『한국 근대소설과 섹슈얼리티의 서사학』『검열의 제국』(공저), 주요 논문으로「해방 (기): 총 든 청년의 나날들」「친일파인 자의 이름」등이 있다.

허은   고려대학교 사학과 교수. 고려대학교 한국사학과에서 박사학위를 받았다. 주요 논문으로「유신 시대 학생, 모의 수류탄을 던지다」「1970년대 박정희 정부의 총력안보체제 구축과 학교의 역할」「동아시아 냉전의 연쇄와 박정희정부의 '대공새마을' 건설」등이 있다.

홍석률   성신여자대학교 사학과 교수. 서울대학교 국사학과에서 박사학위를 받았다. 주요 저서로『분단 의 히스테리』『통일문제와 정치·사회적 갈등』『박정희시대 연구』(공저), 주요 논문으로「4월혁 명과 이승만 정권의 붕괴과정」「5·16쿠데타의 원인과 한미관계」등이 있다.

지은이

이혜령   성균관대학교 동아시아학술원 HK교수.

오제연   성균관대학교 사학과 조교수. 서울대학교 국사학과에서 박사학위를 받았다. 주요 저서로『보수 주의자의 삶과 죽음』(공저), 주요 논문으로「전인적 지도자 양성에서 고급 기술인력 양성으로」 「4월혁명의 기억에서 사라진 사람들」등이 있다.

임유경   연세대학교 국학연구원 전문연구원. 연세대학교 국어국문학과에서 박사학위를 받았다. 주요 논문으로「1960년대 '불온'의 문화 정치와 문학의 불화」「'신원'의 정치」「일그러진 조국」등이 있다.

이순진   영화사 연구자. 중앙대학교 첨단영상대학원에서 박사학위를 받았다. 주요 저서로『조선인 극장 단성사 1907~1939』『식민지시대 대중예술인 사전』(공저)『한국영화와 민주주의』(공편), 주요 논문으로「냉전체제의 문화논리와 한국영화의 존재방식」「아시아재단의 한국에서의 문화사 업」등이 있다.

이정은 역사문제연구소 연구원. 고려대학교 한국사학과 박사과정에 있다. 주요 논문으로 「전경련의 '합리적' 내자 조달 방안 요구와 전개」「자본시장 육성과 기업공개」「5·16군사정부의 상업차관 도입과 운용」등이 있다.

윤충로 한국학중앙연구원 현대한국구술자료관 구축 연구단 전임연구원. 동국대학교 사회학과에서 박사학위를 받았다. 주요 저서로 『베트남전쟁의 한국 사회사』『베트남과 한국의 반공독재국가형성사』『박정희 시대의 새마을운동』(공저), 주요 논문으로 「새마을운동 이후의 새마을운동」「한국의 베트남전쟁 기억의 변화와 재구성」등이 있다.

이세영 숭실대학교 강사. 연세대학교 사학과 박사과정에 있다. 주요 논문으로 「1950년대 북한 노동자층의 형성과 의식 변화」「1945~1950년 북한의 과학기술과 근로인민 형성에 대한 인식」등이 있다.

정은이 경상대학교 사회과학연구원 연구교수 및 통일부 자문위원. 일본 도호쿠대학교에서 박사학위를 받았다. 주요 논문으로 「북한에서 시장의 역사적 형성과정과 경제구조의 변화」「동포경제네트워크의 형성과정과 북한의 개방」「북한 부동산시장의 발전에 관한 분석」등이 있다.

강진아 한양대학교 사학과 교수. 도쿄대학교에서 박사학위를 받았다. 주요 저서로 『동순태호』『문명제국에서 국민국가로』『1930년대 중국의 중앙·지방·상인』, 주요 역서로 『다시 보는 동아시아 근대사』『베이징의 애덤 스미스』『미완의 기획, 조선의 독립』등이 있다.

이미지 제공처

이 책은 다음의 단체 및 저작권자의 허가 절차를 밟았습니다.
이미지를 제공해주신 분들께 진심으로 감사드립니다.
수록된 사진은 대부분 저작권자의 사용 허가를 받았으나,
일부 저작권자를 찾지 못한 경우는 확인되는 대로 허가 절차를 밟겠습니다.

경향신문사　40, 46, 51, 54, 62, 63, 64, 70, 75, 144, 153, 180, 185, 208, 210
고려대학교　80
교도통신　246, 279
국가기록원　123, 124(위, 아래 왼쪽)
국사편찬위원회　35(왼쪽)
독립기념관　201
문학과지성사　108
민족21　226(위, 아래), 230
서울역사박물관　155
서울특별시　35(오른쪽), 182(위 오른쪽, 아래 양쪽)
조선일보사　98, 169
한국일보사　103(오른쪽)
e-영상역사관　133
KTV 국민방송　114, 124(아래 오른쪽)
Nicor　234

＊위 출처 외의 이미지는 (주)창비의 자료사진과 퍼블릭 도메인을 사용했습니다.
＊퍼블릭 도메인을 제외한 모든 이미지는 재사용 시 해당 단체 및 저작권자의 재허가 절차를 밟아야 합니다.

한국현대 생활문화사 1960년대

초판 1쇄 발행 / 2016년 8월 30일
초판 2쇄 발행 / 2022년 5월 20일

지은이 / 이혜령 오제연 임유경 이순진 이정은 윤충로 이세영 정은이 강진아
기획 / 김성보 김종엽 이혜령 허은 홍석률
펴낸이 / 강일우
책임편집 / 윤동희 최란경 신채용
조판 / 박아경
펴낸곳 / (주)창비
등록 / 1986년 8월 5일 제85호
주소 / 10881 경기도 파주시 회동길 184
전화 / 031-955-3333
팩시밀리 / 영업 031-955-3399 편집 031-955-3400
홈페이지 / www.changbi.com
전자우편 / nonfic@changbi.com

ⓒ 김성보 김종엽 이혜령 허은 홍석률 오제연 임유경 이순진 이정은 윤충로 이세영 정은이 강진아 2016
ISBN 978-89-364-7306-8 04910
      978-89-364-7962-6 (세트)